Malaiische Literatur

mit romantischen Erzählungen, epischer

Poesie und königlichen Chroniken

Chauncey C. Starkweather

Writat

Diese Ausgabe erschien im Jahr 2023

ISBN: 9789359255330

Herausgegeben von
Writat
E-Mail: info@writat.com

BESONDERE EINFÜHRUNG

Das wohl bezauberndste Gedicht der malaiischen Literatur ist das Bidasari-Epos. Es hat die ganze fesselnde Faszination eines Märchens. Wir werden in die verträumte Atmosphäre eines verwunschenen Palastes und eines wunderschönen Vergnügens geführt: Wir gleiten in den malerischen Vorstellungen des orientalischen Dichters vom Charme all dessen, was in der Natur träge und verführerisch ist, in die schattigen Bereiche des Übernatürlichen. In einem Moment steht der kräftige Bogenschütze oder der geschmeidige und wendige Lanzenträger in eiliger Kolonne vor uns, und im anderen Moment erzählt man uns von mystischen Wächtern aus einer anderen Welt, von Dschinns, Dämonen und Geisterprinzen. Alles erscheint düster, vage, geheimnisvoll, bezaubernd.

In dieser Geschichte gibt es eine Fülle von Bildern, einen Luxus an Bildhaftigkeit, gepaart mit dieser geradlinigen Einfachheit, die den Geschichtenerzähler so verlockend macht. Nicht nur ist unsere Aufmerksamkeit so gefesselt, dass wir wie verzaubert zu sein scheinen, sondern auch unser Mitgefühl wird erbeten und bewahrt. Wir zucken tatsächlich vor den grausamen Schlägen der bösen Königin zusammen. Und die heißen Tränen von Bidasari bewegen uns zu lebendigem Mitleid. An der poetischen Gerechtigkeit, die die Königin bestraft und die Heldin belohnt, empfinden wir eine kindliche Freude. Mit anderen Worten: Der orientalische Dichter ist einfach, sinnlich, leidenschaftlich und verwirklicht damit Miltons Ideal poetischer Exzellenz. Wir hoffen, dass kein Philosoph, Philologe oder Ethnologe darauf bestehen wird, den Sonnenmythos oder eine andere Allegorie aus diesem schönen Gedicht zu demonstrieren. Es ist eine Geschichte, eine bezaubernde Geschichte, die dazu dient, eine müßige Stunde zu vertreiben, und nichts weiter. Alle Liebhaber des Einfachen, Schönen, Malerischen sollten solchen gelehrten Spähern und Botanikern sagen: „Hände weg!" Lassen Sie hier keine gelehrten Theorien herrschen. Überlassen Sie diese schöne Geschichte Künstlern und Liebhabern der Geschichte schlicht und einfach. Suchen Sie hier nicht nach mehr Moral als bei einer Rose, einer Lilie oder einer anmutigen Palme. Licht, Liebe, Farbe, Schönheit, Sympathie, fesselnde Faszination – diese können sowohl von Philosophen als auch von gewinnenden Jugendlichen gefunden werden. Die Geschichte ist nicht unmoralischer als ein Tautropfen oder eine Lotusblüte; und was das Interesse angeht, muss man im Land der Improvisatoren und Geschichtenerzähler interessant sein. Denn dort ist das Publikum entweder gebannt oder verschwindet schnell und lässt den Dichter erkennen, dass er bessere Dinge versuchen muss.

Wir glauben, dass diese Volksgeschichten zwar einen gemeinsamen Ursprung haben, dieser aber im menschlichen Herzen liegt. Wir suchen nicht auf jeder Seite nach einem Sigurd oder Siegfried. Stellen Sie sich eine Nation vor, die aus einem unwissenden Paar auf einer vom Meer umgebenen Insel hervorgegangen ist. In ein paar Generationen hätten sie ihr Dornröschen und ihren Märchenprinzen, ihre verzauberten Schlösser sowie ihre Dschinns und Feen entwickelt. Sie sind dem menschlichen Herzen ebenso innewohnend wie das Wiegenlied oder der Schlachtruf. Wir stehen nicht auf der Seite derjenigen, die alles auf ein erstes Exemplar zurückführen würden. Kinder haben gespielt, und Männer haben geliebt, und Dichter haben von Anfang an gesungen, und wir müssen nicht nach Asien rennen, um die Quelle von allem zu finden. Die universelle menschliche Natur hat eine gewisse Spontaneität.

Der Übersetzer hat versucht, die Glaubwürdigkeit wiederzugeben und in gewissem Maße die anmutigen Formulierungen des Originalgedichts wiederzugeben. Der Autor von Bidasari ist unbekannt und das Datum des Gedichts ist äußerst ungewiss. Einige haben ihm einen javanischen Ursprung zugeschrieben, allerdings aufgrund sehr dürftiger Beweise. Die besten Experten verorten die Szene im Land Palembang und die Zeit nach der Ankunft der Europäer im indischen Archipel, vermuten jedoch, dass die Legende viel älter sein muss als das Gedicht.

Das „Makota Radja-Radja" ist eines der bemerkenswertesten Bücher der orientalischen Literatur. Laut M. Aristide Marre, der es ins Französische übersetzte, stammt es aus dem Jahr 1603. Sein Autor war Bokhari, und er lebte in Djohore. Es enthält Auszüge von mehr als fünfzig arabischen und persischen Autoren. Es geht um die Pflichten des Menschen gegenüber Gott, sich selbst und der Gesellschaft sowie um die Pflichten von Herrschern, Untertanen, Ministern und Beamten. Beispiele stammen aus dem Leben der Könige in Asien. Der Autor hat nicht die schlechteste Meinung über sein Werk und sagt deutlich, dass es ein vollständiger Leitfaden zum Glück in dieser und der nächsten Welt ist. Besonders ausführlich warnt er Kopisten und Übersetzer, warnt sie vor der geringsten Nachlässigkeit oder Ungenauigkeit und verspricht ihnen für ihre Treue einen Zugang zu den Herrlichkeiten des Himmels. Dies zeigt, dass der Autor das Werk zumindest ernst genommen hat. Dass das Buch keine Spur von Humor enthält, würde es zweifellos den würdevollen und lethargischen Orientalen empfehlen, für die es geschrieben wurde. Bokhari schien sich als Prophet, Priester und Dichter-Preisträger in einem zu betrachten. Das Werk genießt auf der malaiischen Halbinsel einen hohen Stellenwert und wird dort von Jung und Alt gelesen. Die „Krone der Könige" ist in der Hofsprache von Djohore geschrieben. Der Autor war ein mohammedanischer Bettelorden. Er nannte das Buch die Krone der Könige, weil „jeder König, der seine Gebote las und befolgte, ein vollkommener König wäre und nur so seine Krone gut auf seinem Kopf sitzen würde und das Buch selbst für ihn eine wahre Krone sein würde."

La Fontaine und Lamartine liebten Geschichten. Seine Schulkameraden nannten ihn „Geschichtenliebhaber". Sie hätten die Geschichte der Prinzessin Djouher Manikam geliebt, die in einem einfachen und natürlichen Stil geschrieben ist und im Osten gefeiert wird, oder wie die Malaysier sagen, im „Land zwischen Luv und Lee".

Aus dem „Sedjaret Malayou", so wertlos es als Geschichte ist, kann man Einblicke in das orientalische Leben gewinnen. Manieren werden in leuchtenden Farben dargestellt, sodass man sie sehr genau kennen kann. Es werden Bräuche dargestellt, aus denen man die Formalität und die Achtung vor Präzedenzfällen erkennen kann, die ein deutliches Merkmal des orientalischen Charakters sind. Bemerkenswert ist die strenge Etikette vor Gericht und zu Hause. Aus der hier beschriebenen moralischen Sichtweise kann man erkennen, wie weit wir in der ethischen Kultur im Vergleich zu der in früheren Zeiten unter den Kindern dieser winterlosen Länder vorherrschenden Kultur fortgeschritten sind.

Den Lesern dieser Reihe ist zu gratulieren, dass sie hier in den Besitz einer einzigartigen und unschätzbar wertvollen Informationsquelle über das Leben und die Literatur der weit entfernten Menschen des indischen Archipels gelangen. Ein zusätzliches Interesse an diesen Seiten entsteht durch die Tatsache, dass die Philippinen nun durch unsere Flagge geschützt sind.

Der Name Malay bedeutet „Wanderer". Als Volk sind sie leidenschaftlich, eitel, empfänglich und mit rücksichtslosem Mut und Todesverachtung ausgestattet. Die Malaien verfügen über eine beträchtliche Originalität in der Versliteratur. Das Pantoum gehört ihnen besonders – eine Form, die aus ihren Gewohnheiten der Improvisation und des kompetitiven Versierens entsteht. Sie haben auch das Epos oder *Sjair* , im Allgemeinen eine reine Liebesgeschichte mit viel naiver Einfachheit und natürlichem Gefühl. Und schließlich haben sie das beliebte Lied, das Rätsel und die Fabel.

Und so überlassen wir den Leser seiner angenehmen Reise in die Länder der Dschinns und Mantris sowie der Zaubersprüche und mystischen Talismane. Er wird von der Chrestomathie von Bokhari unterhalten werden; Er wird von der Geschichte der gewinnenden und anmutigen Bidasari fasziniert sein.

BIDASARI

LIED I

Hören Sie jetzt das Lied, das ich über einen König
von Kembajat singe. Ein Fakir hat die Geschichte fertiggestellt, damit er ein
Gedicht verfassen kann. Es gab einen König, einen Sultan, und er war
gutaussehend, weise und in jeder Hinsicht perfekt, stolzer Spross einer
Rasse mächtiger Könige. Er füllte das Land mit Kaufleuten, die Reichtum
brachten, und Reisenden. Und aus dem Bericht dieses Tages geht hervor,
dass er ein äußerst tapferer und starker Fürst war, der nie auf ärgerliche
Hindernisse gestoßen war. Aber der Morgen ist immer unbekannt.
Nachdem der Sultan, ein überaus gebildeter Mann, seit einem Jahr oder
etwas länger verheiratet war, sah er, dass er sehr bald einen Erben haben
würde. Da jubelte sein Herz, und er war froh, als ob ihm eine Mine voller
Diamanten gehörte. An manchen Tagen ging die Freude ohne Wolken
weiter. Doch bald kam der Moment, in dem der Prinz die vernichtende
Macht des Kummers erkannte und die Hauptstadt seines Landes aufgeben
musste. Ein wilder Vogel, genannt Garouda, ein sehr schrecklicher Vogel,
schwebte in der Luft und verwüstete das ganze Land. Es flog mit weit
ausgebreiteten Flügeln und Krallen, mit Schreien, die selbst das stärkste
Herz in Angst und Schrecken versetzten. Alle Menschen, groß und klein,
wurden von Angst ergriffen, und das ganze Land fürchtete sich und wurde
unterdrückt, und die Menschen liefen bald hierhin und bald dorthin. Das
Volk näherte sich dem König. Er hörte das Geräusch eines Kampfes und
fragte wütend den Wachmann: „Woher kommt dieses Geräusch?" Sobald
er dies sagte, antwortete einer seiner Leibwächter voller Ehrfurcht:
„Erhabener Herr, gnädigster aller Könige, ein grausamer Garouda folgt
uns." Das Gesicht des Königs erbleichte, als man diese schrecklichen
Worte hörte. Die Beamten standen auf und schlugen sich auf die Brust. Der
Kummer des Königs war noch größer, weil die Königin krank war. Er
nahm ihre Hand und begann ohne Essen oder irgendetwas.
Er vertraute alles Gott an, der über
die Sicherheit der Welt wacht. Die leidende Königin sprach kein Wort und
ging weinend weiter. Sie zogen durch weite *Felder* und trostlose Felder,
unter einer brennenden Sonne, die ihre Kräfte überwältigte. Und so wurde
das schöne Gesicht der schönen Königin
von blassem Gelb ganz schwarz. Der Prinz näherte sich der Wüste, sein
Körper war von Dornen und Brombeersträuchern zerrissen. All seine Sorge
und sein Kummer verdoppelten sich, als er seine schöne Frau sah, die sich
kaum schleppen konnte und die er führen musste. Am trostlosesten war er,
als er seine Gedanken dem traurigen Los der guten Königin zuwandte.

Unterwegs übergab er ihr alles. Zwei Monate reisten sie und eines Tages kamen sie zu einem *Lager* eines Kaufmanns, wo
sie Ruhe suchten, weil die Königin schwach war. Der Weg war holprig und der Weg hart. Der Prinz machte vor den Palisaden Halt, denn Gott hatte ihn dazu gebracht, eine Weile anzuhalten und auszuruhen. Der Sultan sagte: „Was ist das für *ein Campong* hier?
Ich würde gerne eintreten, aber ich traue mich nicht." Die gute Königin weinte und sagte: „O meine Geliebte, was soll ich sagen? Ich bin so müde und schwach, dass ich nicht weiter reisen kann." Der König war ganz außer sich und wurde ohnmächtig, wo er saß. Doch weiter reisten sie zum Flussufer und blieben bei jedem Schritt stehen.

Und als der König
das Ufer erreicht hatte, sah er ein kleines Boot mit einem Dach aus gebogenem Bambus und *einem Kadjang* -Schirm.
Dann zur Königin: „Ruhe hier, mein Schatz." Der silberne Mond war voll, aber von Wolken verschleiert, wie bei einer Magd, die ihr Gesicht verbirgt und schüchtern auf ihren Geliebten blickt. Dann wurde eine Tochter geboren, wie eine Blume, schöner als eine Statue aus purem Gold, genau wie die Tulpen, die die Prinzessin pflückte. Das Herz der Mutter brach bei dem Gedanken, dass sie das Baby verlassen musste, das geliebte Kind, das sie beide verehrten, eine solche Schönheit war ein Vorbote. Der König rief unter Tränen: „Wie können wir das Kind über diesen steinigen Weg mitnehmen, der
von Dornen gesäumt und von schrecklicher Hitze verbrannt ist?
Perle meines Palastes", sagte er zur Königin. „Weine nicht so bitterlich darüber." Kind. Lasst uns von ihr eine Opfergabe an Gott machen. Gott gebe, dass sie von liebevollen Herzen gefunden wird, die sich um sie kümmern und sie in ihrem Zuhause großziehen." Sobald sie sich entschieden hatten, die kleine Prinzessin zu verlassen, kannte ihre große Trauer keine Grenzen. Doch bevor sie gingen, nahm der König das Kind in seine Arme und wiegte es auf seinen Knien, bis es schlief. „Schlaf weiter, Herzensliebe, meine Seele, meine Kleine, Weine nicht um das Los deiner lieben Mutter. Sie würde dich gerne mitnehmen, aber der Weg ist hart. Schlaf weiter, liebes Kind, der Apfel meines Auges, das Bild." Deines Vaters. Bleib hier, fürchte dich nicht. Denn auf Gott vertrauen wir dir, Herr über alles.
Schlaf weiter, mein Kind, Hauptjuwel meiner Krone, und lass deinen Vater gehen. Dich anzusehen, durchdringt mein Herz wie durch ein Der Schlag eines Dolchs. Ach, mein süßes Kind, liebes, zartes Kleines, Dein Vater liebt dich und verlässt dich doch. Sei glücklich, Und möge dir kein Unheil widerfahren. Lebe wohl." Die kleine Prinzessin schlief, eingelullt von seiner Stimme. Er hob sie von seinen Knien und legte sie auf ein fein gewebtes Tuch aus Ind und bedeckte sie mit Satin, der mit Gold überzogen war. Mit

fließenden Tränen wickelte die Mutter sie in ein feines Seidentuch, geschmückt mit Juwelen wie geschnitzten Blumen. Sie ergriff das Kind und weinte leise: „O liebstes Kind, mein hübsches kleines Mädchen! Ich überlasse dich dem Herrn der Welt. Lebe glücklich, auch wenn deine Mutter geht und dich hier zurücklässt. Ach, traurig ist das Los deiner Mutter! Dein Vater." zwingt sie, dich jetzt zu verlassen. Sie würde lieber bei dir bleiben, aber nein! Dein Vater befiehlt ihr zu gehen. Und deshalb bricht das liebevolle Herz deiner Mutter, sie liebt dich so sehr und muss dich dennoch verlassen. Oh, wie kann das Ich lebe?" Die Mutter fiel in Ohnmacht, und der trauernde König wollte sich am liebsten umbringen, und so war er bewegt. Er nahm den Kopf der Königin auf seine Knie. Und bald kam sie durch Gottes Ratschluss und ihre stets schützende Gnade zur Besinnung und stand aufrecht da.

Wieder weinte sie, als sie das Kind ansah. „Wenn ich dich nie wieder sehen würde, süße Seele, oh, möge deine Mutter dein Schicksal teilen! Ihr Leben ist an dein gebunden. Das Licht ist aus den Augen deiner Mutter verschwunden. Die Hoffnung stirbt in ihrem Herzen, weil sie Angst hat, dich nie wieder zu sehen." . Oh, möge ein barmherziges Herz dich entdecken, mein Kind!" Der Prinz versuchte, Ihre Tränen zu trocknen. „Jetzt komm weg, meine liebste Liebe. Bald wird der Tag anbrechen." Der Prinz machte sich voller Kummer auf den Weg, drehte sich aber jemals um und wollte zurück. Sie gingen zusammen, Mann und Frau, ganz einsam, ohne Freunde in der Nähe, erschöpft und besorgt, und der Mond schien hell.

LIED II

Ich singe in diesem Lied von einem großen Kaufmann
und von seinem Reichtum. Seine Güter und Schätze waren unzählig, sein Glück ohne Legierung. In der Stadt Indrapura gab es kein Vermögen, das seinem Vermögen entsprach. Er besaß tausend alte und junge Sklaven, die aus Java und anderen Ländern kamen. Sein Rang war höher als der von Pangawa. Er hatte zahlreiche Frauen. Aber eines fehlte ihm, was ihm auf dem Herzen lag: Er hatte kein Kind. Nun, durch den Willen Gottes, kam der große Kaufmann sehr früh aus den Toren des Palastes und suchte das Flussufer auf, begleitet von seiner Lieblingsfrau. Lila Djouhara war der Name des Kaufmanns. Er hörte eine schwache Stimme wie das Weinen eines Säuglings, wie die schrillen Töne einer Flöte, und es schien aus einem Boot zu kommen. Dann ging er zu dem wundersamen Boot und sah ein Kind mit einem hübschen Gesicht. Sein Herz war überglücklich, als hätte er eine Mine voller Diamanten gefunden. Die Eheleute sagten: „Wessen Kind ist das? Es muss sicherlich einem der höchsten Ränge gehören. Aus irgendeinem Grund musste er
sie hier zurücklassen." Das Kaufmannsherz freute sich, die leuchtenden

Augen des Kleinen zu sehen. Er hob sie in seine Arme und nahm sie mit
nach Hause.
Vier Dienstmädchen und zwei Krankenschwestern gab er
dem hübschen Kind. Die Palasträume wurden alle neu geschmückt, mit
weichen Teppichen und Vorhängen und orangefarbenen Wandteppichen
wurden aufgehängt. Die Prinzessin ruhte auf einem mit Gold eingelegten
Sofa, einem prächtigen Sofa mit sanft leuchtenden Laternen und Kerzen,
die in einem sanften Strahl brannten. Der Kaufmann und seine Frau
verehrten das Kind von ganzem Herzen, als wäre es ihr eigenes. Sie sah aus
wie Mindoudari und erhielt den Namen Bidasari. Dann nahmen sie einen
kleinen Fisch und veränderten die Lebensgeister. Sie legten ihn in eine
goldene Schachtel und legten die Schachtel dann in eine reiche und seltene
Schatulle. Der Kaufmann legte einen Garten an, mit allerlei Blumenvasen,
grünen Lauben und Spalierreben. Ein kleiner Teich erfreute die Augen, mit
abwechselnd gefassten Edelsteinen und Topasen, im Stil des Landes
Pellanggam, ein Zauber für alle. Der Sand war reinstes Gold, mit feinem
Alabaster, alles vermischt mit roten Perlen und mit blauen Saphiren. Und
im tiefen und klaren Wasser bewahrten sie den Sarg auf. Seit sie das Kind,
den süßen Bidasari, gefunden hatten, war das ganze Haus voller Freude.
Der Kaufmann und seine Frau taten nichts anderes als zu feiern, in die
Hände zu klatschen und zu tanzen. Sie beobachteten das Kind Tag und
Nacht. Sie gaben ihr Gewänder aus Gold, mit Halsketten und Edelsteinen,
mit Ringen und Gürteln und auch urige Schachteln mit seltenem Parfüm,
und Halbmondnadeln und Blumen aus Gold, die sie ins Haar schmiegte,
und Schuhe, die nach Sourats Art bestickt waren. Der Kaufmann bewachte
sie Tag und Nacht. Während die süße Bidasari wuchs, wurde ihr schönes
Gesicht immer schöner. Ihre weiche Haut war weiß und gelb und sie war
wunderschön. Ihre Ohrringe und Armbänder ließen sie wie einen seltenen
Edelstein aussehen, der in einem Glas gefangen ist. Ihre Schönheit war
unübertroffen und ihr Gesicht war wie das himmlische einer Nymphe. Sie
hatte so viele Kleider, wie sie wollte, so viele wie
eine Prinzessinnenmesse von Java. Es gab keinen
zweiten Bidasari im Land.

Ich werde jetzt von Djouhan Mengindra,
dem Sultan von Indrapura, erzählen. Sein Königreich war sehr weitläufig,
mit Staatsministern und Offizieren und Regimentern ausgewählter junger
Krieger, dem Bollwerk des Throns. Dieser berühmteste Prinz war erst zwei
Jahre lang der Ehemann der schönen Lila Sari, einer liebenswerten und
gütigen Prinzessin. Der König galt als der Schönste. Und in ganz Indrapura
gab es niemanden, der ihm gleichkam. Seine Ausbildung war so, wie sie sein
sollte, sein Gespräch war sehr freundlich. Er liebte die Prinzessin Lila Sari
sehr. Er gab ihr alles, und sie wiederum war gut zu ihm, und doch war sie
so eitel. „Niemand ist so schön wie ich", sagte sie. Sie waren wie Seele und

Körper vereint. Und der gute König dachte, es könne keine andere wie
seine Frau geben. Eines Tages waren sie zusammen und die Königin
begann zu singen: „Oh, komm, mein Geliebter, und höre auf meine Worte.
Du sagst mir, wie sehr du mich liebst. Aber ich kenne dein Herz nicht.
Wenn ein Unglück sie überwältigen würde . "
Willst du mir treu sein? Er lächelte und sagte: „Dir kann kein Schaden
zugefügt werden, mein Lieber. Aber sollte es passieren, werde ich auch
sterben, wenn du überwältigt wirst." Mit Freude sagte die Prinzessin: „Mein
edler Prinz, wenn eine Frau gefunden würde, deren Blumengesicht schöner
wäre als alle anderen auf der Welt, würdest du sie dann heiraten?" Und der
König antwortete: „Mein Freund, meine Schönste, wer ist dir gleich? Meine
Seele, meine Prinzessin, von einer edlen Rasse, Du bist süß und weise und
gut und schön. Du bist mit meinem Herzen verschweißt. Kein Gedanke."
von mir ist von dir getrennt.

Die Prinzessin lächelte;
Ihr Gesicht war ganz verklärt vor Freude. Doch plötzlich kam ihr der
Gedanke: „Wer weiß, dass es niemanden gibt, der gerechter ist als ich?"
Und dann rief sie: „Nun höre mich, o meine Liebe!
Gäbe es eine Frau mit einem Engelsgesicht, würden sie sie zu deiner Frau
machen? Wenn sie in deinen Augen schöner erscheinen würde als ich, dann
würde dein Herz nicht für sie brennen." ?"

Der Prinz
lächelte aber und antwortete nicht. Sie lächelte auch, sagte aber: „Da du
zögerst, weiß ich, dass du sie mit Sicherheit heiraten würdest." Dann
antwortete der Prinz Made: „O mein Herz, Gold meiner Seele, wenn sie in
Form und Geburt dir gleich wäre, würde ich sie mit deinem Schicksal
verbinden." Als die Prinzessin diese Worte hörte, wurde sie blass und
zitterte. Mit gesenktem Blick verließ sie ihren königlichen Gemahl. Aber
schnell packte er sie. Mit einem Lächeln sagte er: „Gold, Rubin, liebster
Freund, ich bete dich jetzt, Oh, sei mir nicht böse. Licht meiner Augen,
behalte nicht die Bitterkeit in deinem Herzen, weil ich so auf deine Worte
geantwortet habe." Er nahm sie in seine Arme und küsste ihre Lippen und
umwarb sie. Und ihr Gesicht wurde wieder süß, während sie es hörte. Und
doch war das Herz ihrer Frau betrübt und traurig. Und sie saß abseits, und
schnell kamen ihr ängstliche Gedanken in den Sinn: „Morgen werde ich
dieses Königreich im ganzen Land durchsuchen, damit es nicht im Land
eine Jungfrau gibt, die schöner ist als ich. Zum Tode werde ich sie direkt
verurteilen
, damit sie nicht zur Rivalin für mich wird. Denn wenn mein Herr sie
heiraten würde, würde er sie mehr lieben als mich. Er würde die Jüngere
lieben, und ständig würde mein gequältes Herz bluten. Diese Gedanken
machten sie wütend, als wäre ihr Herz voller Galle. „Nun möge ich

verflucht sein, wenn ich nicht bis zum Ende in Liebe gehe." Ihr Herz
wurde nicht beruhigt; sie seufzte allein. Am nächsten Morgen zog der
König aus, und mit ihm viele Offiziere und Männer. In der Zwischenzeit
sandte Prinzessin Lila Sari eine Vorladung an einen erfahrenen Juwelier und
rief ihr gleichzeitig vier *Dyangs zu* ,
die kamen und sich setzten. Dang Wilapat verneigte sich tief und sagte:
„Unsere Grüße an dich, große Prinzessin." Die Königin antwortete: „Geht
sofort
los, *Dyangs* , und findet Gold und Goldstaub für mich und bringt
alles zu einem Goldschmied. Er soll für mich einen Fächer anfertigen, ganz
geschmückt mit wunderschönen Edelsteinen, mit roten Rubinen und Perlen
Danach ein jungfräulicher Gürtel. Der Preis zählt nicht. Ich möchte alles so
schnell wie möglich haben. Und so beeilten sie sich, nahmen das Gold und
gingen außerhalb der Stadt durch den ganzen *Goldschmiedecampong*
, um dort das Beste zu suchen, um Fächer und Gürtel herzustellen. Und das
gehämmerte Gold glänzte bald mit vielen Amethysten und Edelsteinen. Es
war ein Wunder, diese seltenen und wundervoll gestalteten Ornamente zu
sehen, die eine Sultanin schmückten. Sie waren von unschätzbarem Wert.
Vier Tage und alles war bereit für die Königin. Aber aus Kummer hatte sie
die ganze Zeit über nie etwas gegessen. Sie hielt den Fächer für schöner,
als es die Java-Prinzessin jemals besessen hatte. Sie rief die vier *Dyangs* und
sagte zu ihnen:
„Ich habe jetzt eine geheime Mission für euch. Geht zwischen den
Offizieren auf und ab und zeigt diesen Fächer zum Verkauf, aber nennt
niemals den Preis. Sucht immer nach, ob es ein Gesicht gibt, das schöner ist
als." meins; und solltest du ein schöneres Gesicht finden , dann sag es mir
direkt.
Wenn du meinem Willen gehorchst, werde ich dich alle zu Inspektoren im
königlichen Haus machen. Dann machten sich die Frauen auf die Suche.
Und zuerst gingen sie zu ihren Freunden mit geheimnisvollen Worten und
Hinweisen auf wundersame Dinge, die sie zum Verkauf hatten. Und so
erzählten diese Diener
ihren Herren die Geschichte: „Die *Dyangs*
haben etwas Wunderbares zu verkaufen." Und bald begannen die Töchter
der reichen Häuser nach einem Anblick dieser großen Beute zu schreien.
Dann gingen die *Dyangs* alle zu den Häusern.
Die jungen Mädchen sagten: „Oh, sagen Sie uns jetzt den Preis." Dyang
Wiravan antwortete schnell, dann Dyang Podagah: „Das ist eine fürstliche
Sache; ich werde gehen und nach dem Preis fragen und ihn dir sagen." Und
so sprachen sie und schauten sich um, um ein Gesicht zu finden, das
schöner und seltener war als das ihrer eigenen Königin, und waren müde
bei der Suche.
„Wo können wir weiter suchen?" sagten sie und

dachten dann an die Fremden und die Priester. Aber in diesem Viertel
wagte niemand, die kostbaren Dinge anzufassen, sondern fand es seltsam,
dass die Königin verkaufen wollte. Als nächstes gingen sie zum *Campong*
der Händler . Eine doppelte Reihe
von Stadtmauern bewachte es. „Hier gibt es mehr Aufregung und
Fröhlichkeit", sagten sie, „mit Sport und Gesang, als wir anderswo
gefunden haben." Und so suchten sie nach
den reichsten Kaufleuten. „Wir haben etwas Seltenes", sagten sie, „gemacht
von einem javanischen Künstler." Als Bidasaris Diener diese Leute sahen,
sagten sie: „Bringt diese Dinge zu unserem Haus und wir werden sie
unserem Herrn zeigen. Er wird sie kaufen." Dann antworteten die *Dyangs*
lächelnd: „Sie gehören
nicht uns, sondern unserer guten Königin. Und nur wir dürfen es ihnen
zeigen, damit nicht etwa ein Stein verloren geht und wir bestraft werden."
Bidasaris Mägde freuten sich und sagten: „Warten Sie hier nur einen
Moment, bis wir finden, was Bidasari will." Sie fanden sie mit ihren Mägden
und erzählten die Geschichte. Dann befahl Bidasari ihnen, das fremde Volk
zu ihr zu bringen, und sagte: „Wenn ich zufrieden bin, werde ich kaufen."
Dang Ratna Watie ging und erzählte den Frauen, dass der junge Bidasari
ihre Waren sehen wollte. Die vier *Dyangs* kamen
zusammen herein. Ihre Gesichter waren voller Freude, aber sie wirkten
schüchtern, bescheiden, voller Angst. Dann sagten Bidasaris Frauen zu
ihnen: „Kommt, oh junge Frauen, hier sind alle treu. Tretet ein, unsere
Schwestern und unsere Freunde."

Als sich nun die
Dyangs der Königin dort umsahen,
waren sie alle geblendet, und Bidasaris Gesicht erschien so schön. Wie
schlagen ihre Herzen! Als sie ihre schönen Gesichtszüge betrachteten,
murmelten sie alle vor sich hin: „Sie ist schöner
als unsere große Königin."

Dann wollte Bidasari
den Fächer kaufen und schickte ein Dienstmädchen, um ihre Eltern um das
Gold zu bitten. Der Kaufmann sagte: „Geh und sieh, was das ist, und wiege
das Gold
für sie." Die Mutter befürchtete eine Falle oder einen Trick.
„Oh, kaufe den Ventilator nicht, mein Kind", sagte sie; „Ich kaufe dir ein
schöneres. Schicke das weg." Aber als ihr Vater ihre Tränen der
Enttäuschung sah, sagte er: „Es gehört dir." „Was ist der Preis? Ich würde
es kaufen, obwohl es Dein Gewicht in Gold kostet, mein Liebling. Sag es
mir jetzt, *Dyangs* ." Tjendra Melinee antwortete ihm:
„Sind zwei Timbangs zu viel?" „Ich bin sehr arm", sagte er; „Aber ich
werde es für das Kind kaufen." Das Gold wurde gewogen. Die vier *Dyangs*

machten sich sofort
auf den Weg, eilten zur Königin und sagten: „Endlich haben wir entdeckt,
oh unsere Königin, was du gesucht hast. Es liegt in einem nahe gelegenen
Campong
voller Kaufleute, die sehr reich und groß sind. Oh, dort fanden wir eine
schönere Prinzessin." als der Tag; eher wie ein Engel als wie eine sterbliche
Magd. Keine Frau in diesem Land ist mit ihr vergleichbar. Ihr Name ist
Bidasari. Und der König würde sie sicherlich heiraten, wenn sie sich einmal
treffen würden, denn bald wird sie bereit für eine Ehefrau sein; sie
Unschuld ist bezaubernd. Wie eine Wolke. Der Kaufmann und seine Frau
halten wachsame Wache. Ihr Haar ist lockig, wie eine ausgewachsene
Blume. Ihre Stirn ist wie der Mond, aber einen Tag alt. Sie ist wie ein Ring,
der in Peylou gefertigt wurde. Sie würde deine überstrahlen Schönheit,
solltest du sie hierher bringen. Die Prinzessin hörte es und sagte schnell:
„Ich spüre, wie mein Hass steigt. Oh, möge ich nie ihr Gesicht sehen!
Wenn ihr von ihr redet, entbrennt mein Herz vor Zorn. Sag mal, warum
denkst du, dass sie schöner ist als ich ? " Dann antworteten
die Frauen: „Bidasaris Augen sind sanft. Ihr Lächeln ist süß, ihre Haut ist
getönt wie die grüne *Tjempakka* und ihre anmutige Gestalt
ähnelt einer berühmten, edel gemachten Statue. Ihre Wangen sind wie der
Schnabel eines fliegenden Vogels. Wir liebten es." Schauen Sie auf ihren
Hals. Ihre Nase ist wie eine Jasminknospe. Ihr hübsches Gesicht ist wie das
Gelb eines Eies. Ihre Gedanken sind rein wie Kristall. Und sie trägt ihr
Haar auf so bezaubernde Weise. Ihre Lippen sind wie ein kleines poliertes
Kästchen . Die Blumen, die sie trägt,
lassen sie aber noch hübscher aussehen. Ihre Zähne
sind wie ein leuchtender Granatapfel. Ah, das Herz öffnet sich, wenn man
ihr Gesicht betrachtet. Sie ist wie eine Prinzessin vom Berg Lidang. Ihre
Gesichtszüge sind wie die von Nilagendi. Ihre Absätze sind wie die Eier
von Hühnern und lassen sie wie eine Prinzessin von Siam erscheinen. Ihre
Finger sind spitz zulaufender als die Stacheln eines Stachelschweins.
Und fest ist der Nagel ihrer linken Hand. Kein Mädchen eines Adligen ist
Bidasaris ebenbürtig." Als nun die Prinzessin sie ihr Lob singen hörte,
wurde ihre Seele wie von einem Dorn verwundet. Ihre dunklen Augen
blitzten. „Ah, sprich nicht mehr von ihr", sagte sie, „und sprich auch nicht
im Ausland, was du gesehen hast. Aber bring mir Bidasari. Ich würde
sehen, ob das, was du sagst, wahr ist."

„Dann müssen wir zuerst ihre Geschenke annehmen
und danach streben, durch sie ihre Freundschaft zu gewinnen und
schließlich unser Ziel zu erreichen." Sie besuchten sie jeden Tag und
brachten reiche Geschenke mit.

Der Kaufmann und seine Frau bemerkten
die Besuche der *Dyangs der Königin* und wie sehr
sie ihre Tochter liebten. Deshalb gaben sie ihnen alles, was sie wünschten.
Aber die *Dyangs*
untereinander sagten immer wieder: „Wie können wir sie wegnehmen? Wir
lieben sie so sehr und tief in unserem Herzen bemitleiden wir sie. Und jetzt
haben ihre Eltern so viel Vertrauen in uns und überhäufen uns mit
Geschenken. Aber als, Leider fragt uns die Prinzessin zu Hause: Was sollen
wir sagen? Denn sie ist eine mächtige Königin. Doch wenn wir dieses liebe
Mädchen dieser guten Leute unglücklich machen, sollen wir dann nicht
sündigen? Und dennoch ist die Prinzessin so gewalttätig und hart! Ihre
Eifersucht Ich würde keine Grenzen kennen, wenn der König von dieser
Angelegenheit erfahren würde.

Dang Djoudah antwortete und sprach: „Wir alle können zu ihr gehen und
sie beruhigen. Ein Wort genügt
oft . Sie ist unsere Königin, aber dem König gehört die höchste Macht.
Wenn Bidasari den Thron verachten sollte, werden wir auf unsere
Funktionen am Hof
verzichten
Was die Königin wünscht, ist höchst ungerecht. Und wenn wir uns als
untreu erweisen , werden wir
mit Verwünschungen überhäuft." So sprachen sie
und kehrten zum geschäftigen *Lager*
der Kaufleute zurück. Hier dachten sie, Djouhara zu finden und zu
bekommen, was sie wollten. Ein Bote ging ihnen nach und sagte: „Zu Dang
Bidouri: Komm sofort; mein Freund, die Prinzessin ruft dich." Dann
gingen die *Dyangs*
zur Königin und fanden sie beim Abendessen beim König. Mit einem
bösen Augenzwinkern machte sie ihnen klar, dass sie vor dem Prinzen nicht
reden dürften. Als er zu Abend gegessen hatte, nahm er
etwas *Siri* aus der Betelbüchse,
salbte sich selbst mit einem süßen Parfüm und ging, um den jungen Leuten
beizubringen, wie man reitet und den Pfeil gerade schießt, und spielte viele
Spiele. Unterdessen rief die Prinzessin Lila Sari die *Dyangs* vor sich her und
fragte sie:
„Warum seid ihr so spät gekommen?" Bidouri verneigte sich und sagte: „Es
war sehr schwer, sie hierher zu dir zu bringen. Der Kaufmann und seine
Frau verlassen sie keinen Moment, denn sie lieben sie so sehr. Ihre
ermüdenden Frauen sind immer in der Nähe. Du solltest sie von ihren
Eltern verlangen." , wenn du sie sehen willst. Behandle sie wie dein Kind,
denn sie ist noch so jung! Von Bidasaris Vater wirst du alles bekommen,
was du dir wünschen kannst, er ist so reich, wenn du nur seine liebe
Tochter lieben willst. Und Gibst du den Befehl, sie hierher zu bringen?

Lasst uns ganz allein gehen und sie rufen, denn Bidasari wird uns frei
folgen." Sie versuchten, den Zorn der Königin zu besänftigen. Sie senkte
schweigend den Kopf, aber ihre Seele war sehr schwer und Heuchelei
wetteiferte mit Hass und Neid in ihrem Herzen. „Sie lieben das Kind, diese
Dyangs ", sagte sie
zu sich selbst , „und ich werde keine leichte Aufgabe haben. Ich werde sie
durch List hierher locken, aber sie wird niemals meine Begleiterin sein.
Wenn Bidasari einmal in meiner Macht ist,
wird mein Herz sein." Nicht mehr auf der Folterbank.
Geht jetzt, *Dyangs* ", sagte sie, „und sucht für mich
den Kaufmann und seine Frau und bringt hierher den jungen Bidasari, den
ich in den Rang einer Prinzessin erheben werde, denn ich habe kein Kind.
Nimm Mazendra." Mit euch. Und wenn die junge Bidasari ankommt,
verbirgt sie ein oder zwei Tage lang. Und sprecht sanft mit dem Kaufmann
und seiner Frau und sagt: Den Priestern und Fremden in ihrem Viertel
werden Zugeständnisse gewährt, sollte sie kommen. Tröste Lila Djouhara
so und gelobe, dass er kommen möge, um sein Kind zu sehen, wann immer
sein Herz ihn drängt. Eine Eskorte ging mit ihnen, und die *Dyangs*
verneigten sich tief vor
dem Kaufmann und seiner Frau und begrüßten auch den schönen Bidasari.
Aber der Kaufmann sagte: „Warum kommt ihr in so großer Zahl hierher?"
Dann antworteten sie direkt: „Unsere allerliebste Königin hat uns mit
Grüßen an dich, den Herrn des Hauses, hierher geschickt. Wenn du
erlaubst, sind wir gekommen, um hier die schöne Bidasari zu suchen." Sie
schlugen sich auf die Brust, der Kaufmann und seine Frau. „Unser Liebling,
einziges Kind! Es wird schwer für sie sein, die Dienerin eines Prinzen zu
sein; denn sie hat sich schon so lange durchgesetzt! Ihre Züge sind noch
nicht geformt. Geh zurück, Dyangs, und bete die Königin *um* Verzeihung
. Sagen Sie, wie wir trauern. Aber die *Dyangs* wiederholten alle Worte

Das sagte die Königin und so wurden ihre Ängste besänftigt.
Sie hofften, dass Königin Lila Sari Fair Bidasari gut gefallen würde. Dann
sagte der Kaufmann: „Ich werde gehorchen und meine Liebste gehen
lassen, damit sie der Königin eine Dienerin und vielleicht eine geliebte
Tochter wird. Jetzt soll sie mit euch gehen. Nur ich bitte die Königin, sie
zurückkommen zu lassen." Am Ende von drei Tagen kehren wir nach
Hause zurück. Sie ist es nicht gewohnt, bei Fremden zu bleiben. Nie hat sie
uns auch nur für einen einzigen Tag verlassen. Dann sagte Dang Bidouri:
„Wir werden vor der Königin unser Bestes geben; und warum sollte sie
Bidasari dies nicht gewähren?" Sie badeten die schöne Bidasari mit süßen
Düften
und kleideten sie dann in prächtige neue Gewänder. Sie trug
einen feinen *Sijrash* mit gestickten
Pekan-Blumen und ein Satingewand, das ganz mit Gold gesäumt war. Sie

trug eine Plakette aus geschlagenem Gold, gebunden an eine Halskette,
gemeißelt und mit Edelsteinen besetzt; Ihre Übertunika war aus gelber
Seide mit winzigen Schlangen auf den Knöpfen, die eingraviert waren. Drei
Armbänder trug die Magd und die seltensten Ringe und Ohrringe, die wie
ein in Bewegung befindliches Rad geformt waren. Keusche Goldglieder
stellen ihre seltene Schönheit dar, eine schöne Blume in einer Vase, deren
süße Duftwehen duftende Atemzüge verbreiten, so weit das Auge reicht.
Sie küssten sie dann unter Tränen und hielten sie fest

Auf ihren Brüsten. „Seien Sie demütig gegenüber der Königin",
sagten sie, „denken Sie daran, dass Sie vor dem König und in der Nähe des
Throns sind. Bitten Sie um Erlaubnis, zu uns zu kommen, wenn Sie es
wünschen. Sprechen Sie süß mit leiser und sanfter Stimme."

      So befahlen sie.
Und dann sagte der Kaufmann: „ *Dyangs* , wenn ihr
Bidasari liebt, dann sorgt dafür, dass ihr sie nicht ärgert." Sie trockneten
ihre Tränen und sagten: „Sei ohne Angst. Vertraue deine Tochter unserer
lieben Geliebten an." „Mein Kind", sagte er, „ich werde dich oft besuchen.
Du wirst dort besser sein, meine Liebe, als hier." Aber Bidasari weinte und
schrie: „Oh, komm, liebe Mutter, mit mir! Willst du nicht, leider?" Doch die
liebevollen Eltern waren erstaunt, als sie erfuhren, dass die Mutter nicht
eingeladen wurde. Sie weinte, während der Vater ging. Bis vor die Tore der
Stadt. Unter Tränen sagte er: „Leb wohl, oh Augapfel, ich lasse dich hier.
Fürchte dich nicht, mein liebstes Kind." Dann weinte Bidasari. Ihr Herz
war zerrissen. Sie ging. Der Kaufmann folgte ihm mit den Augen. Sie trat
durch eine versteckte Tür ein. *Dyangs*
und *Mandars* strömten herbei, um sie zu sehen, aber sie ließ
den Kopf hängen und hielt den Blick gesenkt.

Die Sonne
kündigte den Abend an, und der König war noch immer von seinen
Offizieren umgeben. Dann kam die schöne Bidasari zum Palast
und stand vor der Königin. Alle *Dyangs*
saßen auf dem Boden, zusammen mit den Dienern des Hauses. Wie die
Pengawas verneigte sich Bidasari:
„Mitten in den *Dyangs* , in Gegenwart der Königin."
Als Zeichen ihrer Huldigung überreichten sie ihr alle Geschenke des
Kaufmanns. Ganz erstaunt war die Königin über Bidasaris Schönheit. Sie
wirkte fast göttlich. Bidouri sprach und sagte: „Du siehst Bidasari, oh
unsere Königin, Lila Djouharis Tochter." Bei diesen Worten war die
Königin verblüfft und dachte: „In Wahrheit ist es, wie sie sagten. Sie ist
schöner als das schönste Kunstwerk." Bidouri erzählte All, was der
Kaufmann und seine Frau gesagt hatten. Die Königin neigte den Kopf und
schwieg, doch böse Gedanken schossen ihr durch den Kopf. In ihrem

Herzen tobte ein Kampf. Sie fürchtete, der König könnte die Jungfrau
sehen. „Schickt weg", sagte sie, „die Krankenschwestern und die Frauen
alle." Fair Bidasari weinte, als sie in den Ruhestand gingen. Die Prinzessin
rief sie an ihre Seite und sagte:

„Du darfst nicht so weinen, Bidasari. Sie
werden alle zurückkehren. Wenn du gehen willst, werden sie mit dir gehen.
Jetzt geh, *Dyangs* .
Ihr braucht euch nicht mehr um Bidasari zu kümmern. Ich werde ihr
Gesellschaftsdamen und Diener beschaffen." Sie können von Zeit zu Zeit
kommen. Also standen sie auf und gingen unter Niederwerfungen. Die
Königin führte Bidasari dann in einen Raum und ließ sie ganz allein und
voller Angst zurück.

Als die Abendschatten hereinbrachen,
lud der große König die Königin ein, mit ihm zu Abend zu essen. Er saß
neben ihr, lächelte und redete fröhlich, wie er ein junger Beduwandas
gewesen war, auf seinem Pferd, mit dem Schwert am Gürtel. „Mein
königlicher Gemahl, wie liebst du mich! Denn ohne mich würdest du nicht
essen, obwohl du Essen und Trinken brauchst." Als der König nun
gegessen hatte, zog er sich in seine Schlafkammer zurück.

Immer noch allein
und weinend blieb die schöne Bidasari
in der Dunkelheit, ohne dass jemand mit ihr sprechen konnte.
Sie dachte an ihre lieben Eltern. „O mein Gott! Warum lässt Du mich hier
zurück?" Die Einsamkeit erfüllte sie mit Schrecken, und sie weinte bis
mitten in der Nacht und dachte an ihr Zuhause. Da sprach der König:
„Was höre ich nun? Welche Stimme ist das so traurig und süß?" „Es ist das
Weinen eines Säuglings", sagte die Königin. „In all der Dunkelheit hat es
sich verirrt." Ihr Herz brannte und sie sandte Bidasari ein Wort, dass sie
nicht weinen dürfe, und schwieg und wartete bis zum Morgengrauen. Aber
Bidasari weinte die ganze Nacht und schrie nach Hause. Als die *Dyangs* alle
rannten
, um sie zu trösten, stellten sie fest, dass die Tür verschlossen war und
niemand eintreten konnte. Bidasari dachte: „Was für ein Unrecht habe ich
begangen, dass die Königin so verärgert über mich sein sollte?" Als der Tag
erschien, ging der König zum Pavillon. Die Königin öffnete die Tür von
Bidasaris Zimmer und trat ganz allein ein.

Dann küsste Bidasari
die Hand der Königin und flehte, dass sie ihr die Heimreise erlauben würde.
„O gnädige Königin", sagte sie, „Habe Mitleid mit mir; lass mich gehen. Ich
werde wieder zu dir kommen."

Die böse Königin

schlug sie und sagte: „Du wirst dein Zuhause nie wieder sehen." Die sanfte
Bidasari senkte den Kopf und weinte erneut, zitternd vor Angst. „Vergib
das Böse, das ich getan habe, meine Königin, denn ich bin nur ein Kind
und weiß nicht, wie ich gegen dich gesündigt habe", sagte sie und fiel ihr zu
Füßen. Die Königin schlug sie im Zorn noch einmal. „Ich weiß es genau",
sagte sie, „alle deine Pläne und Projekte. Was! Soll ich in Frieden ruhen und
deine Schönheit wachsen sehen und du mein Rivale mit dem König
werden?" Dann wusste Bidasari, dass es Eifersucht war, die den Zorn der
Königin verursachte. Ihre Angst nahm zu, sie zitterte und beklagte ihr
Schicksal.
Den ganzen Tag über wurde sie beleidigt, geschlagen
und ihrer Nahrung beraubt.

Bevor der König

zurückkehrte, verließ die Königin das Zimmer von Bidasari. Das arme Kind
hatte seine frühere Farbe verloren. Ihr Gesicht war von Schlägen schwarz
geworden, als hätte sie sich verbrannt. Ihre Augen konnte sie nicht öffnen.
Ihre Leiden waren so groß, dass sie nicht gehen konnte. Dann schrie sie zu
Gott: „O Herr, Schöpfer des Landes und des Meeres, ich kenne meine
Schuld nicht, und doch behandelt mich die Königin eines abscheulichen
Verbrechens schuldig. Ich erleide die Hölle auf Erden. Warum muss ich
leben? Oh, Lass mich jetzt im Glauben sterben, lieber Herr. Meine Seele ist
beunruhigt und mein Gesicht ist schwarz vor Kummer. Lass mich vor der
Morgendämmerung sterben. Meine Eltern helfen mir nicht. Sie haben mich
hier allein gelassen, um zu leiden. Im Falschen *Dyangs*, denen ich vertraut
habe, was meine lieben Schwestern betrifft.
Ihre Lippen lächeln, aber ihre Herzen sind niedrig. Ihre Münder sind süß
wie Honig, aber ihre Herzen sind voller Böser. Oh, was soll ich sagen? Es
ist der Wille Gottes."

So groß war der Kummer

von Bidasari, und ihre Tränen flossen schnell. Als nun der König erneut
auszog, begann die Königin erneut mit harten Verfolgungen. Mit vielen
Schlägen und wütenden Worten sagte sie: „Warum stöhnst du so laut?
Versuchst du
, durch dein Schreien den König anzuziehen, um deine Schönheit zu sehen?
Es ist deine Hoffnung, das weiß ich ganz genau, seine jüngere Frau zu
sein." Und Du bist stolz auf all deine Schönheit. Bidasari war verblüfft und
antwortete unter vielen Tränen: „Möge ich verflucht sein, wenn ich jemals
von solchen Plänen wüsste. Du bist eine mächtige Königin. Wenn ich
gegen dich gesündigt habe, lass mich sofort sterben. Denn das Leben ist
nutzlos für die Herzen, die leiden." . Hast du mich hierher gebracht, um zu

schlagen?
Wie hast du mich zum Weinen gebracht! O Königin, bist du ohne Mitleid?"

Voller Wut
antwortete die Königin: „Ich habe kein Mitleid mit dir. Ich hasse dich,
wenn ich dich sehe. Öffne deinen Mund nicht noch einmal." Dann ergriff
die böse Königin die schönen Locken der schönen Magd und nahm ein
Stück Holz, um damit zu schlagen; Aber Bidasari weinte und verlor das
Bewusstsein. Die Stimme des Königs ertönte durch den Korridor, als er
zurückkam. Dann eilte die Königin hinaus und ließ dort einen *Mandar
zurück, um* das Zimmer der schönen Bidasari zu schließen und zu bewachen
, damit nichts gesehen werden konnte.
Dann fragte der König sie: „Wen hast du jetzt geschlagen?" Der Heuchler
antwortete: „Es war ein Kind, das meinem Willen nicht gehorchte." „Gibt
es nicht andere für diese Disziplin? Liegt es an dir, zuzuschlagen?" Dann
nahm er
seine *Siri* und küsste die Königin mit innigster Liebe. Alle *Dyangs* bemerkten
Bidasaris Notlage
, und freundliches Mitleid erfüllte ihre Brüste. „Wie grausam ist das
Verhalten der Königin!" Sie sagten. „Sie ließ uns sie an ihre Seite bringen,
aber um das Kind den ganzen Tag lang zu misshandeln. Es scheint, als ob
sie es ganz und gar töten wollte." Dann gingen sie heimlich mit einigen
Wachen und besprengten Bidasaris Stirn. Sie erwachte zum Leben und
öffnete diese lieben, wehmütigen Augen. „Meine Freunde", sagte sie, „ich
bitte euch, lasst mich wieder nach Hause zum Haus meines Vaters gehen."
„Oh, vertraue auf Gott, mein Kind", sagte einer unter Tränen. „Mein Los
ist von Ewigkeit her geschrieben. Oh, bitte die große Prinzessin, mir das
Leben zu nehmen", schrie das arme Kind; „Ich kann es nicht länger
ertragen; meine Knochen sind schwach. Oh, sie hat kein Herz!" Aber die
Dyangs flohen alle , aus Angst, die Königin könnte es sehen .

Unterdessen weinten der Kaufmann und seine Frau
den ganzen Tag und seufzten um ihr liebes Kind, den süßen Bidasari. Auch
nachts streichelte kein sanfter Schlaf ihre Augen. Jeden Tag schickten sie
reiche Geschenke aller Art, und die Hälfte davon war für das Kind. Aber
die böse Königin gab Bidasari nichts. So vergingen fünf Tage.
Und dann schickten sie Dyang Menzara hinaus.
Der Händler sagte: „Oh, sag der mächtigen Königin
, dass ich Bidasari sehen muss. Ich werde sie in drei Tagen zurückbringen."
Der gute *Dyang* ging zur Königin und verneigte sich tief:
„Der Kaufmann würde gerne sein Kind sehen", sagte sie. Dabei wurden die
Gesichtszüge der Königin hart. „Haben sie mir ihr Kind nicht gegeben?
Jetzt ist kaum ein Tag vergangen, und sie müssen ihr Gesicht sehen.

Ist es dein eigener Wunsch oder der des Kaufmanns? Ich habe gesagt, das Mädchen könnte gehen, wohin sie wollte. Kann ich nicht haben? Sie wurde selbst zurückgenommen?" Dann verneigte sich die *Dyang*, schlug sich auf die Brust und ging,
traurig, dass sie Bidasari nicht sehen konnte, und zitternd vor dem Zorn der Königin. Von dem *Dyang* hörte die schöne Bidasari
die Stimme und spürte, wie ihr das Herz brach, weil sie nicht mit ihr sprechen und keine Nachricht nach Hause schicken konnte.

Am nächsten Morgen, als der König
zu seinen Ministern und Staatsmännern gegangen war, begab sich die Königin erneut in Bidasaris Zimmer, um sie noch mehr zu schlagen. Sobald sie die Königin erblickte, betete die arme Bidasari zu ihr: „Oh große Herrscherin, erlaube mir, zum Haus meines Vaters zu gehen." Die Prinzessin zitterte vor Wut, ihr Gesicht brannte. „Wenn du nur ein Wort sagst, werde ich dich hier töten." An wen könnte sich Bidasari wenden? Sie beugte sich vor dem Willen Gottes und sagte mit süßer Stimme: „O Herr, mein Gott, habe jetzt Mitleid mit mir, denn die grausame Welt hat keins. Erfülle jetzt den Wunsch der Königin und lass mich sterben, denn sie macht mir Vorwürfe, obwohl ich nichts getan habe. Meine Eltern haben mich vergessen und mir kein Wort geschickt. Die wütende Prinzessin schlug erneut in ihr erbärmliches Gesicht, und als sie ohnmächtig wurde, drehte sich eine Serviette zu einer Schnur und erwürgte sie. Sie rief Dang Ratna Wali zu Hilfe. „Hilf mir, dieses Unkraut zu pflücken; ich möchte sie töten." Aber die Frau floh, ebenso niederträchtig wie grausam. Bidasaris Geist erhob sich vor ihr. Doch das Kind kam wieder zu Bewusstsein und dachte unter Tränen: „Ich werde der Königin die Geschichte vom goldenen Fisch erzählen
, damit sie alles weiß;
denn ich kann diese Schmerzen nur eine kurze Weile ertragen." Dann sprach sie zur Königin und sagte: „O Königin, du wünschst, dass ich sterbe. Suche nach einem kleinen Sarg, der ganz versteckt im Fischteich bei unserem Haus liegt. Darin ist ein Fisch. Lass ihn hierher bringen." Und ich werde dir sagen, was es bedeutet. Die Prinzessin rief Dyang Sendari: „Geh und bring die *Dyangs* ohne Verzögerung
hierher, aus dem Haus des Kaufmanns." Als sie ankamen: „Geht jetzt, *Dyangs*, denn Bidasari sagt,
es gibt einen kleinen Sarg im Teich, in dem sie zu baden pflegt. Geht und bringt ihn mir in der Stille, damit niemand euch kommen sieht." Dann antworteten die *Dyangs*: „Oh, erhöre unser Gebet
für Bidasari. Wie ihre Eltern trauern! Oh, Verzeihung, Prinzessin, lass sie mit uns gehen." Die Königin antwortete lächelnd: „Das junge Mädchen ist hier sehr glücklich und voller Freude. Ihre Eltern müssen nicht trauern, denn in zwei Tagen werde ich sie frei schicken, wenn Bidasari den Wunsch

hat zu gehen. Sie ist verärgert, dass ihr hierher kommt." so oft." Die *Dyangs* verneigten sich tief,
lächelten und riefen verlockend: „Komm heraus, oh bezauberndes Kind, reine Seele; es ist nicht richtig, uns so zu behandeln, denn wir sind gekommen, um Dein schönes Gesicht zu sehen und uns in seiner Schönheit zu sonnen." Die süße Bidasari hörte es und konnte nicht sprechen, antwortete aber mit ihren Tränen. Die grausame Königin sagte zu ihnen: „Sprich nicht mehr. Aber wenn du die kleine Schatulle bringst, wirst du das Herz von Bidasari mit großer Freude erfüllen." Dann machten sich die *Dyangs auf den Weg*, fanden den Sarg klein
und brachten ihn zum Palast der Königin. Wieder rief Bidasari die guten *Dyangs*: „Oh, komm, liebes Herz, und nimm es
selbst aus Unseren Händen." „Sie schläft", sagte die Prinzessin. "Komm morgen zurück." Also verneigten sie sich und gingen.
Die Prinzessin eilte mit dem reichen Sarg in Bidasaris Zimmer und öffnete es vor ihren Augen. Darin befand sich eine Kiste aus Achat, wunderschön anzusehen und
mit Wasser gefüllt, in der ein kleiner Fisch
von höchst hinreißender Form schwamm. Die Prinzessin stand erstaunt da und sah mit feurigen Augen einen Fisch, der schwamm. Dann war sie froh und sprach voller Freude zu Bidasari: „Sag, was der Fisch für dich bedeutet? Was soll ich damit machen?" Dann verneigte sich Bidasari und sagte: „Meine Seele ist in diesem Fisch. Im Morgengrauen musst du ihn aus dem Wasser nehmen und nachts wieder einsetzen."

„Lass es nicht hier und dort, sondern hänge es an
deinen Hals. Wenn du das tust, werde ich bald sterben. Meine Worte sind wahr. Versäume keinen einzigen Tag, um zu tun, was ich gesagt habe, und in drei Tagen wirst du mich sehen." tot."

Die Königin empfand in ihrem Herzen
eine unaussprechliche Freude. Sie nahm den Fisch und trug ihn an einem Band um ihren Hals. Dann sprach Bidasari zur Königin: „Oh, gib meinen Körper meinen lieben Eltern, wenn ich tot bin." Wieder fiel die junge Magd in Ohnmacht.
Die Königin glaubte, sie sei tot, und hörte auf, sie noch mehr zu schlagen. Aber sie lebte noch, obwohl sie tot schien. Die freudige Königin breitete dann ein weißes Tuch über sich aus und rief den *Dyangs laut zu*:
„Bringt Bidasari zum Haus ihres Vaters." Sie stöhnten und zitterten, als sie sahen, dass sie tot war, und sagten unter vielen Tränen: „Ach, o Liebster, o Gold, ganz jungfräulich! Was sollen wir sagen, wenn wir deine Eltern sehen? Sie werden sich an die Brust schlagen und vor Kummer sterben.".
Sie haben dich dem König übergeben, weil sie uns vertrauten." Aber die stolze Königin, ihr Gesicht ganz rot vor Hass: „Warum bleibst du? Nimm

das elende Mädchen weg." Sie sahen die große Wut der Königin und trugen
die Magd auf ihren Schultern hinaus und trugen sie mitten in der Nacht
zum Haus ihres Vaters. Angst erfasste den Händler. „Sagen Sie, was Sie
hierher führt? Sag es mir, *Dyangs* ." Sie legten sie auf den Boden.
Der Kaufmann und seine Frau umarmten außer sich mit Tränen ihre
Gestalt. „Ich vertraute auf die Königin und schickte ihr mein Kind. Oh
liebe Tochter, so jung, so rein, so süß,
was hast du getan, dass die Königin missfallen könnte,
dass sie dich auf diese Weise zu mir nach Hause schicken sollte?" Wie
konnte die Königin Bidasari so behandeln? Sieben Tage lang sperrte sie sie
ein und schickte sie im Tod nach Hause. Ach, edles Kind! Ach! Das Herz
deines Vaters wird brechen, wenn du deine Stimme nicht mehr hören
kannst. Sprich mit deinem Vater, oh mein Kind, Meine Perle, mein Juwel
der Frauen, reinstes Gold, Zweig meines Herzens; kannst du mich nicht
beruhigen? Oh Bidasari, warum bist du so still? Steh auf, mein hübsches
Kind, stehe auf und spiel mit all deinen Mägden. Hier ist deine Mutter,
Komm, um dich zu begrüßen. Heißen Sie sie willkommen. Warum bist du
so bewegungslos? Hast du kein Mitleid, Liebling, deinen Vater von
Kummer überwältigt zu sehen? Mein Herz platzt vor Verzweiflung, weil du
für mich verloren bist."

Lange Zeit klagte der Kaufmann so
. „Wofür muss ich jetzt leben? Da du tot bist, wird auch dein Vater sterben.
Es ist sein Los, Tag und Nacht für dich zu seufzen. Mein Gott, ich kann
nicht verstehen, warum dieses liebe Kind so ein Opfer sein sollte!" Es sind
die *Dyangs* , die dieses Übel angerichtet haben. Dann wehklagten
die Kaufleute
im ganzen *Campong* , wälzten sich auf dem Boden, mit Donnergeräuschen
und ihre Herzen brannten. Sie versuchten zu sprechen und konnten es
nicht. Dann begann der Kaufmann erneut und erzählte seinen Freunden
sein Unglück und forderte sein Kind zurück.

Dyangs der Königin vergossen Tränen und sagten sanft:
„Sprich nicht so laut. Du weißt, dass wir nur arme Diener sind, und wir
zittern, damit die Königin es hört. Wenn einer von uns das falsch gemacht
hätte, würden wir es sagen." Dem König. Nur das Schicksal ist schuld. Oh,
sei nicht zornig mit uns. Unser Wille war gut. Wir hatten kein Ende, außer
deine schöne Tochter groß und mächtig zu sehen. Der König hat davon
nichts gewusst. Es war der Wahnsinn der Königin Eifersucht und Hass."

Der Kaufmann und seine Frau akzeptierten diese Worte
der *Dyangs* . „Es ist, wie sie erklären.
Die Königin war eifersüchtig und verbittert
gegen unsere Bidasari. Kehre in deine Heimat zurück, *Dyangs* . Ich fürchte,
dass die Königin von deiner Verzögerung

erfahren und dich bestrafen
könnte ." Sie verneigten sich und gingen mit brennendem Kummer im
Herzen.

Der Kaufmann und seine Frau hoben dann
den armen Bidasari auf. Sie waren vor Trauer fast tot. Auf seinen Knien
nahm der Vater den in purpurrote Seide gehüllten Körper. Er fühlte eine
Wärme. Dann erinnerte er sich daran, dass im Wasser ihr Lebensgeist still
war, und indem er sie auf eine Matte legte, schickte er Dang Poulam, den
Sarg aus dem Teich zu holen. Aber es war nicht da. Dann suchte das ganze
Haus, fand es aber nicht. Der Kaufmann schlug sich auf die Brust. „Zweige
meines Herzens", sagte er, „wir hatten alle gedacht, dass Du eine Prinzessin
werden würdest. Ich habe meinen Verstand verloren. Ich hoffte jetzt,
Deinen Lebensgeist zurückzuholen, aber der Sarg ist verloren. Meine
Hoffnung ist dahin. Vielleicht ist es so." Die *Dyangs*
haben es gestohlen. Sie sind der Königin treu. Wir dürfen ihnen nicht
vertrauen. Sie sind voller Hass und Betrug. Ständig bewusstlos lag Bidasari;
aber um Mitternacht bewegte sie sich zum ersten Mal. Sie brachten Fackeln
und zündeten sie rechts und links hinter ägyptischen Vorhängen mit den
sanften Flammen vieler Lampen an. Die Diener beobachteten und warteten
dort. Der Vater, immer an der Seite seiner Tochter, wartete mit festem
Blick darauf, dass das Leben noch einmal zu seiner Liebsten zurückkehren
würde. Sie zog wieder um. Mit geöffneten Augen sah und erkannte sie Ihr
eigenes weiches Sofa, ihre Eltern und ihre Mägde. Sie versuchte es, konnte
aber nicht sprechen. Ihre heißen Tränen flossen, sie drehte sich langsam um
und blickte voller liebevoller Liebe auf ihre Eltern.

Als der Händler sah
, dass Bidasaris Geist zurückgekehrt war, nahm er sie auf die Knie und gab
ihr Reis. Sie konnte nicht gehen, weil sie solche Schmerzen verspürte. Sie
dachte an die Königin und weinte erneut. Sie trockneten ihre Tränen und
steckten ihr
etwas Essen in den Mund, das sie mochte. Der Kaufmann
sagte zärtlich: „Bidasari, mein Lieber, was hast du getan, um die Königin
dazu zu bringen, so gegen dich vorzugehen?" Der junge Bidasari antwortete
unter Tränen: „Ich habe der grausamen Königin überhaupt kein Unrecht
zugefügt. Plötzlich begann sie mit Beleidigungen und Schlägen." Sie waren
verblüfft, solche Geschichten zu hören. „Licht meiner Augen", sagte der
Vater, „wir zweifeln nicht an deiner Unschuld. Ihre Taten waren die des
Wahnsinns. Ihre hochmütige Geburt ist mir völlig egal. Weisheit und
Tugend binden allein wahre Herzen. Als Freunde müssen wir das nie tun."
Nennen Sie diese falschen *Dyangs* . Keine Heilpflanzen,
sondern vergiftete Gifte, oder? Diese Tage sind schlecht. Es herrscht
Ungerechtigkeit. Glauben Sie mir, Freunde, es ist ein Zeichen dafür, dass

der letzte große Tag bald kommen wird. Diese falschen *Dyangs* sind nur eine Rasse von Sklaven ,

Unempfindlich gegenüber allem Guten. Die Stunde, in der die Prinzessin weiß, dass Bidasari lebt, Wir alle werden sterben, die Prinzessin ist so zornig. Erhabene Königin nennen sie sie – aber ihre Worte sind hart und grausam. Möge der Fluch Gottes sie überwältigen und Vernichte! Von dir, o Gott, wird sie die verdiente Strafe erhalten. Wer so eine Seele verfolgt, wird Reue und Schmerz erfahren. So hat Gott es gewollt.

So hat Gott es gewollt. Wer einem anderen Schaden zufügt, wird seinerseits leiden. Es wird geschehen ihm getan, wie er anderen getan hat. Also, mein Kind, meine Krone, fürchte dich überhaupt nicht mehr. Vertraue dich Gott an. Die grausame Königin soll noch behandelt werden, wie sie dich behandelt hat." So klagte der Kaufmann bis in die Nacht. Er war halb verstorben und vergoss saphirblaue Tränen. Das unschuldige junge Mädchen, dort wie Marmor, schlief, bis die Abenddämmerung kam. Gegen Morgen wurde sie erneut ohnmächtig.

Der Kaufmann und seine Frau

waren sehr beunruhigt, als sie nachts sahen, wie sie zum Leben erwachte, aber als das Tageslicht wieder schien, verloren sie sie und ihr Geist floh. Das betrübte das Herz des Kaufmanns so sehr, dass er nach einem einsamen Rückzugsort suchte. Die Eltern riefen:

„O liebstes Kind, es liegt Verrat in der Luft.

Hass und Zorn sind die Gefährten. Von Wehklagen und schrecklichen Flüchen. Es werden üble Lügen für Gold geäußert. Die Menschen verachten die Versprechen Gottes, den Glauben, den sie schulden. Oh, Verzeihung." , Gott! Ich hätte nie gedacht, dass sich die *Dyangs* so verschwören würden. Aber da sie so schlecht sind und Bidasari so behandelt haben, werden wir gehen und in der Wüste einen Ruheplatz finden. Und möge es für uns alle eine Zuflucht sein, verborgen und unnahbar."

seine Güter

und bezahlte alle seine Diener und baute weit im Wüstenland ein Haus, einen angenehmen Ort. Er errichtete dort eine Hütte mit umzäunten Wällen, starken *Sasaks* und sieben Reihen Palisaden.

Sie stellten dort viele Vasen voller Blumen und Bäume aller Art als Früchte und Schatten sowie kühle Pavillons auf. Dieses so schöne Vergnügen nannten sie Pengtipourlara. Es war wie im Garten von Batara Indra. Ringsherum stellte der Kaufmann Granatapfelbäume und Weinreben auf. Kein anderer Garten war so schön. Es war wie die Gartenmesse des großen Batara Brahma, gefüllt mit Früchten. Als alles fertig war, machten sie sich gegen Abend auf den Weg und nahmen den jungen Bidasari und viel Essen mit. Sie verbrachten zwei Tage und kamen an den Ort, einen Garten in der Wüste. Die weichsten Teppiche aus China waren ausgebreitet und von leuchtenden Farbtönen. Die Dekorationen waren in allen Farbtönen. Das Haus war mit Wandteppichen behängt und mit einer Decke versehen, um den mit Wolken gesprenkelten Himmel darzustellen. Und überall hingen Laternen und Lampen. Weiche Vorhänge und eine Couch vervollständigten diesen verzauberten Ruheplatz. Das Licht war immer gleichmäßig und strahlend wie der Tag. Es war wie der Palast eines mächtigen Königs, unvergleichlich prächtig und großartig. Auf einem feuchten Teppich stand ein Tisch mit Getränken für Bidasari, goldenen Schalen und mit Wasser gefüllten

Souasa -Vasen . All dies

wurde neben dem Sofa platziert, mit gelbem *Siri* und mit reinem

  Pinang , alles duftend, um dem Kind zu gefallen.

Und alles war mit einem seidenen Netz bedeckt. Junge Bidasari trugen Armbänder, Ringe und mit Diamanten besetzte Ohrringe. Die vier Kleidungsstücke, alle mit Edelsteinen geschmückt, lagen für Bidasaris Kleidung auf einem Kissen. Als die Nacht hereinbrach, erwachte der junge Bidasari. Ihre lieben Eltern badeten sie dann und rieben ihren zarten Körper mit Moschus und Aloe ein. Dann wurde sie direkt in Kleidungsstücke ihrer Wahl gekleidet. Ihr liebes Gesicht war wunderschön, fast göttlich. Sie hatte die Schönheit zurückgewonnen, die sie einst besaß. Der Kaufmann war erstaunt, als er sie sah. Er sagte ihr dann, dass sie sie dort zurücklassen würden: „Zweig meines Herzens und Apfel meines Auges, mein liebstes Kind, lass dich dadurch nicht beunruhigen. Ich habe nicht die Absicht, dir Schaden zuzufügen, noch dich zu verleugnen, sondern zu retten." dich vom Tod." Doch als sie diesen Worten lauschte, weinte die junge Bidasari. Sie dachte über ihr Schicksal nach. Sie warf sich in die Arme ihres Vaters und rief: „Warum lässt du mich hier, oh liebster Vater, allein in dieser Wüste? Ich werde niemanden haben, den ich im Bedarfsfall anrufen kann. Ich habe Angst, allein zu bleiben. Niemand da." Ich werde mit mir reden. Ich zähle nur diese Stunden. Als glücklich, wenn ich meine Eltern in der Nähe habe. Der Kaufmann hörte die Worte der schönen Bidasari und weinte mit seiner lieben Frau. Mit bitterer Trauer waren ihre Herzen zerbrochen. Sie gaben Bidasari Ratschläge. „Meine liebste Tochter", sagte der Vater, „Juwel meines Hauptes, meine Krone, Zweig meines Herzens, Licht meiner Augen, oh, höre die Worte deines Vaters und fürchte dich nicht. Wir haben dich hierher gebracht, zu dieser Messe." Rückzug, weit weg von der Stadt, denn wenn die Königin wüsste, dass du nachts lebst, würden die falschen

Dyangs kommen, und wer kann gegen die Prinzessin antreten? Sie würden dich zurücknehmen und sich so selbst entlasten. Ich würde Lass mich in Stücke hauen, bevor du zur Königin zurückkehrst.

Dein Vater kann keine Gefährten hier zurücklassen,
aber nach drei Tagen wird er zu dir kommen. Deine Eltern werden beide
bald wieder zurückkommen. Dann dachte Bidasari: „Die Worte meiner
Eltern sind wahr, und wenn die Königin feststellen sollte, dass ich lebe,
würde sie mich wie zuvor beschimpfen. Gib mir hier eine Dienerin, die bei
mir ist", fragte sie. „Mein Kind, vertraue nicht", sagte er, „auf Sklaven und
Diener, denn sie folgen nur dem Lohn." Dann schwieg Bidasari, und sie,
der Vater völlig verstört und die Mutter liebevoll, weinten bitterlich bei dem
Gedanken, sie zu verlassen. Die schöne Bidasari befahl ihnen zu essen,
bevor sie begannen. Aber schweren Herzens kosteten sie nur einen Bissen
davon. Im Morgengrauen fiel der junge Bidasari erneut in Ohnmacht. Sie
machten alle bereit, in die Stadt zurückzukehren. Unter Tränen sagte der
Vater: „Oh Apfel meines Auges, Perle aller Frauen, Zweig meines eigenen
Herzens, reines Gold, deine Eltern verlassen dich in Bedrängnis. Sie werden
keine Tochter mehr im Haus haben. Aber, mein Lieber, Hab Mut, wir
kommen bald zurück. Sie verließen hier mit einem sprechenden Vogel, um
Ihre Einsamkeit zu bejubeln, und schlossen alle Tore aller sieben
Stadtmauern. Durch einen buschigen und dichten Wald nahmen sie einen
schmalen Pfad, voller Trauer, aber im Vertrauen auf Gott. „O souveräner
Gott, beschütze unser Kind", sagten sie. Als sie zu ihrem Haus kamen,
beteten sie und gaben viele Almosen.

Als die Abendschatten kamen
, wachte die junge Bidasari auf, war allein und hatte Angst. Mit bitteren
Tränen waren ihre Augen gefüllt. Was konnte sie sagen? Sie gab sich Gott
hin. Leider ist unser Schicksal wie ein Stein. Es war ihre Aufgabe, allein zu
sein. Es liegt in der Macht eines Menschen, abzuweichen oder zu ändern,
was das Schicksal so bestimmt hat. Ganz verlassen saß Bidasari. Schlaf
umwarb ihre Augen nicht. Als er nun den Ruf „Peladou" hörte, klagte die
Eule laut. Als ihre Eltern kamen, beladen mit Leckereien für das Kind,
vergaß sie für eine Weile
ihr Leid und aß und trank voller Freude.
Der kleine Vogel, mit dem sie sprach, bestätigte ihren Mut mit seiner
beruhigenden Stimme. So vergingen die Tage. Unter dem Vorwand,
Hirsche zu jagen, kam der Kaufmann täglich.

LIED III

Hören Sie jetzt ein Lied über den König Djouhan.
Der weise und mächtige Prinz folgte seiner Fantasie und Prinzessin Lila
Sari war sehr glücklich in ihrer Eitelkeit. Da sie die Magd, die junge
Bidasari, getötet hatte (denn so dachte sie), war ihre Freude beeinträchtigt.
„Der König wird niemals eine zweite Frau nehmen", überlegte sie, „da
Bidasari jetzt tot ist." Der König liebte Prinzessin Lila Sari sehr. Er erfüllte

ihr jeden Wunsch und gab ihr alles, was sie verlangte, so sehr liebte er sie.
Wann immer die Prinzessin verärgert war, beruhigte der König sie mit
Küssen und sanften Worten und sang ihr süße Lieder vor, bis sie wieder sie
selbst wurde. „Arme, kleine, hübsche Frau", sagte er und lachte ihre
gereizte Stimmung weg. Eines Nachts, als er schlafend auf seinem Bett lag,
quälte ihn ein Traum. „Was kann es bedeuten?" Er dachte. „Ah, nun ja,
morgen früh werde ich eine Erklärung suchen." Im Morgengrauen saß er
auf einem ägyptischen Teppich und brach das Fasten, und bei ihm war die
Prinzessin. Als sie die Leckereien probiert hatte, kamen die
Dyangs mit Parfümblättern. Dann ging der König hinaus in den Garten. Alle
Offiziere waren dort versammelt. Als sie den König sahen, schwiegen sie
alle. Zu einem *Mantri* sprach
der König: „Mein Onkel, komm und setze dich hierher. Ich würde dich
gerne befragen." Der König hatte diese Worte kaum ausgesprochen, als der
Mantri mit einer tiefen Verbeugung in respektvollem Ton antwortete:
„Meine Grüße an dich, oh barmherzigster aller Könige." Er setzte ihn in
die Nähe des Throns. „Ich habe letzte Nacht geträumt", fuhr der König
fort, „dass der Mond in seiner vollen Pracht auf die Erde fiel. Was bedeutet
diese Vision?" Dann antwortete der *Mantri* mit einem Lächeln
: „Das bedeutet, dass du einen Partner finden sollst,
einen lieben Begleiter, wie bei deiner Geburt, weise und gebildet, gut
erzogen und gut, den liebenswertesten im ganzen Land." Die Augen des
Königs leuchteten dabei neu auf. Er sagte mit einem Lächeln: „Ich habe der
Königin mein Versprechen wahr gegeben, dass ich niemals eine zweite Frau
nehmen würde, bis ich eine schönere Frau als sie finden könnte. Und
dennoch ist sie in meinen Augen so schön, dass man nirgends ihresgleichen
finden kann. Das würdest du." Nimm sie für einen Flow'r. Doch wenn ihre
Stürme des Zorns aufsteigen, dauert es lange, bis sich ihr Geist beruhigt, so
wespenhaft ist ihr Charakter. Der Gedanke daran macht mich traurig. Sollte
einer ihren Herzenswunsch nicht befriedigen, fliegt sie in eine Leidenschaft
und Versuche, sich selbst zu töten. Aber es ist mein Schicksal – es steht
fest. Die Königin ist wie ein Juwel mit einem Glanz, so hell wie ein Blitz.
Niemand kann jemals so schön für mich sein, das sage ich dir jetzt. Der
Mantri lächelte. „Was du sagst, ist gerecht,
oh König, aber wenn du dennoch jemanden Schöneres finden solltest,
könntest du dennoch dein Wort halten. Die Schönheit der Königin könnte
verblassen. Die Prinzessin, die du heiraten sollst, oh König, hat vier hohe
Eigenschaften." . Um deine Königin zu sein, muss sie edel geboren, reich,
schön und gut sein." Der Prinz antwortete: „O mein Onkel, deine Worte
sind wahr. Es leben dort viele Prinzessinnen, aber es ist schwer, diese
Eigenschaften zu finden. Die Königin ist gut und weise und liebenswert.
Ich möchte nicht, dass eine andere Frau heiratet, und verwunde die."
Königin, mit der ich drei Jahre lang in Liebe und Harmonie gelebt habe.

Doch wenn ich eine ganz himmlische Magd sehen würde, könnte ich es vielleicht vergessen und sie heiraten und der Königin eine fröhliche Gefährtin schenken." „O vollendeter Prinz, das sagst Du wahrhaftig. Bleibe lange Jahre bei ihr, Deiner Königin, Deiner ersten Geliebten, denn sie hat alles – große Schönheit und Intelligenz." Sie verneigten sich, als der König von ihnen zum Palast ging. Er setzte sich neben die Königin, küsste sie auf die Wangen und sagte: „Deine Gesichtszüge leuchten vor Schönheit, wie ein Juwel in einem Glas. Wenn ich
deine Seite verlassen muss, habe ich keinen anderen Wunsch, als zurückzukehren. Wie der Berg Maha Mirou Kunst." Die Prinzessin sagte: „Warum bist du heute so temperamentvoll? Du bist wie ein Junge." „Zweig meines Herzens, meine teuerste Liebe", sagte er, „verärgere dich nicht. Du kennst das alte Sprichwort: Zuerst wird man mit einem hübschen Gesicht angenommen, dann kommt Weisheit und Klugheit, und mit diesen liebt man das Seine." Frau bis zum Tag des Todes. Wenn du dich so benimmst, meine Liebe, wird mein Herz zwischen zwei Frauen niemals geteilt werden; du allein sollst alles besitzen. Die Königin war entzückt, seine liebevollen Worte zu hören. Nachts schlief die Königin, aber der König blieb wach, beobachtete den Mond und erinnerte sich an seinen Traum. Als die Morgendämmerung nahte , schlief er ein und schien
die schrille Stimme einer Eule zu hören, wie die von Pedalou. Als es ganz Tag war, brach das Königspaar gemeinsam sein Fasten. Der König ging hinaus und befahl, innerhalb von zwei Tagen eine gewaltige Jagd vorzubereiten, um den gesprenkelten Hirsch zu jagen, mit Männern und Hunden und aller Kleidung. Dann ging der König zurück in den Palast und sagte es der Königin, die sofort befahl, Essen vorzubereiten. Um Mitternacht ruhten sich der König und die Königin hinter ägyptischen Vorhängen aus, schliefen aber nicht. Dennoch war der Traum immer in seinen Gedanken und machte ihm Sorgen. Im Morgengrauen verabschiedete er sich von der Königin. Sie strahlte und sagte lächelnd: „Bringt mir ein Reh. Ich werde den Dienern alles sagen, damit sie gut auf es aufpassen, damit es ganz zahm wird." „Was wir tun können, meine Liebe, das werden wir tun, damit alle deine Wünsche in Erfüllung gehen." Und so verabschiedete sich der König mit liebevollen Küssen und machte sich auf einem braunen Jäger auf den Weg, mit einem Samtsattel, der mit Perlenfransen geschmückt war. Lanzen und Schilde und Pfeile und Blasrohre trugen sie. Sie betraten den Wald und die Tiere flohen alle vor ihren Schritten im ersten Morgengrauen. Und als die Sonne aufging, ließen sie die Hunde
mit wildem Geschrei los . Gegen Mittag
sahen sie ein fliegendes Tier und wollten ihm folgen.
Doch dann erhob sich der König und sagte: „Wir sind so heiß und müde, lasst uns hier verweilen, um uns auszuruhen." Die Hälfte der Gruppe war in

die Irre gegangen, jeder strebte danach, der Erste zu sein. Der König,
begleitet von drei treuen Gläubigen, lehnte sich auf den Boden und schickte
sie hinaus, um Wasser zu holen. Also machten sich
die *Mantris auf die Suche nach* einem Fluss oder Teich, und als sie weit kamen,
kam endlich Bidasaris Wohlgefallen. Sie blieben erstaunt stehen und
näherten sich dann dem Ort. Als sie in der Nähe des schönen Gartens
waren, sagten sie: „Vorher gab es hier keinen Garten. Wem gehört dieser? '
Wen sollen wir rufen, damit keine Gespenster auftauchen?" Sie gingen um
die Stadtmauer herum und entdeckten ein Tor, das mit schweren
Eisenstangen verschlossen war, und versuchten vergeblich, es zu öffnen.
Dann ging einer von ihnen zurück und fand den König und sagte:
„Gegrüßet seist du, souveräner Herr, wir haben kein Wasser gefunden,
sondern einen *Campong* hier in der Wüste, einsam,
so prächtig wie der eines Sultans, mit allen Arten von Bäumen und
Flüssen." rs, und kein Sterblicher dort. Es ist mit starken doppelten Wällen
umgeben. Kein Name ist zu sehen, und alle Tore sind verschlossen, sodass
wir nicht hineingehen konnten.

Kaum hatte der König die Worte
des Mantris gehört, eilte er los,
um das schöne Reich zu besichtigen. Vor dem Tor stand er erstaunt.
„Wahrlich, meine
Mantris , es ist, wie du gesagt hast. Ich war einmal hier und dann war der
Wald voller Dornen und Disteln." „Es handelt sich nicht um einen *Campong*
für Adlige . Er muss
vor kurzem hergestellt worden sein. Rufen Sie jetzt alle *Mantris* hierher und
sehen Sie, was sie sagen werden."
Sie riefen laut: „Oh, beeilt euch, Freunde, und bringt das Wasser hierher."
Sieben Mal haben sie angerufen, aber keiner hat geantwortet. Der König
sagte: „Es ist genug. Es ist, als würde man die Toten rufen."

„Wir sollten besser nicht hineingehen", sagte die *Mantris* dann,
„Es könnte die Wohnstätte gefallener Dämonen sein. Wir haben Angst.
Warum sollten wir hier verweilen? Kehre zurück, oh König, denn sollten
die Geister kommen, könnte uns das Unheil bringen." . Du solltest dich
keiner Gefahr aussetzen." Aber der König auf der *Mantris* lächelte. „Ihr
habt Angst
vor Dämonen, Gespenstern, Geistern? Ich habe keine Angst. Durchbricht
die Barrieren. Ich werde alleine durch die Bezirke gehen." Als die Tore
aufgebrochen wurden, trat Er ganz allein ein. Die *Mantris hatten* alle
Angst, dass ihm etwas passieren könnte. Sie wollten mit ihm gehen. Er
sagte leichthin: „Nein, meine *Mantris* , was auch immer Gott gewollt hat,
muss passieren. Wenn ich in Flammen brennen würde, sollte ich immer
noch auf Gott vertrauen. Es ist nur Er, der das Böse abwenden kann. Wir

sterblichen Menschen besitzen keine Macht. Mit." Mit meinen eigenen
Augen möchte ich diese Erscheinung sehen. Sollte es der Wille Gottes sein,
werde ich gesund und munter herauskommen. Lasst euch nicht stören. Im
dringenden Bedarf werde ich euch anrufen. Alle erwarten mich hier." Die
Mantris verneigten sich und antworteten:
„Geh also allein, denn du hast es so gewollt." Der König betrat das
Schmuckstück. Er sah, dass alles wie ein reich geschmückter Tempel war,
mit Teppichen aus Seide und farbigen Wandbehängen mit abgebildeten
Wolken und Rädern, die alle strahlten, und Lampen und Kandelabern, die
herumhingen, und leuchtenden Laternen. Es war wie ein reicher Palast. Die
Augen waren von Pracht geblendet. Und Sitzplätze gab es, und hübsche
Tische waren selten. Als der König durch den Palast ging, war er umso
erstaunt, was er sah, aber nirgends fand er eine Spur menschlicher Seele.
Dann sprach der kleine Vogel: „Erhabener König, was suchst du hier?
Dieses Herrenhaus ist das Haus von Geistern und Dämonen, die dir
Schaden zufügen werden." Der König war voller Staunen, als er hörte, wie
ein Vogel ihn ansprach. Aber es flog davon und versteckte sich hinter einer
Couch. „Den Vogel werde ich finden", sagte er und öffnete sanft die
Vorhänge. Er sah, ausgestreckt auf einem Bett in Drachengestalt,
eine menschliche Gestalt, in einem Schlaf mit schweren Lidern,
der wie der Tod aussah, und bedeckt mit einem blauen Tuch, dessen
Gesicht tiefste Trauer verriet. „Ist es ein himmlisches Kind?" dachte der
König, „Oder tut sie so , als würde sie schlafen? Wach auf, meine Süße,
und lass uns gute Freunde und treue Liebhaber sein." So sprach der König,
doch er sah noch immer keine Bewegung. Er setzte sich auf die Couch und
sagte zu sich selbst: „Wenn es ein Phantom ist, warum sind dann die Augen
so fest geschlossen? Vielleicht ist sie tot. Sie ist wirklich göttlichen
Ursprungs, obwohl sie als Prinzessin geboren wurde." Dann hob er die
zarte Hülle hoch, die Bidasaris süße Gestalt verbarg, und stand erstaunt
über der magischen Schönheit ihres Gesichts. Außer sich schrie er: „Wach
auf, meine Liebe." Er hob sie hoch und sagte mit warmen Küssen: „Oh,
fürchte dich nicht vor mir, liebes Herz. Deine Stimme Oh, lass mich hören,
mein Gold, mein reiner Rubin, mein jungfräuliches Juwel. Deine Seele
gehört mir. Wieder drückte er sie in seinen Armen und gab ihr viele Küsse,
während er leise Liebeslieder sang. „Du erwachst nicht, oh Liebster, aber du
bist noch am Leben, denn ich sehe dich atmen." Schlaf nicht zu lange,
meine Liebe. Erwache für mich, denn du hast mit deiner Lieblichkeit mein
Herz und meine Seele erobert." So verliebte sich der König in Bidasari.
„Ah, meine Süße", sagte er, „in der ganzen Welt der Liebe bist du der
würdigste." *Mantris* wurde bei seinem Aufenthalt unruhig.
Sie standen auf und sagten: „Was wünscht sich der König so lange?" Wenn
ihm etwas zustoßen würde, was würde unser Schicksal sein? Oh, lasst uns
ihn sofort zurückrufen, meine Herren." Also näherte sich einer dem Palast

und rief: „Kehre jetzt zu uns zurück, oh vollendeter Prinz." Schon ist die Nacht nahe. Zurück kommst du vielleicht morgen vor Tagesanbruch. Wir haben Angst, dass Geister dir Schaden zufügen könnten. Komm, oh König, denn wir sind hungrig und warte auf deine Rückkehr." Aber der berühmte Prinz war wahnsinnig vor Liebe zu Bidasari. Nachdenklich rief er: „Zweig meines Herzens, Licht meiner Augen, meine Liebe, reines Gold." , du bist wie ein Engel. Jetzt muss ich
gehen. Morgen werde ich wiederkommen."
Ohne weitere Worte verließ er sie, sondern kehrte zurück. „Mein Herz würde mir sagen, ob du wirklich tot bist." Hast du irgendwelche Schwierigkeiten, Liebster? dir widerfahren. Welcher Anblick hat dich all diese Stunden so seltsam gesehen?" Der König antwortete lachend: „Es gab nichts zu sehen." Aber sie bemerkten, dass seine Stirn nachdenklich gerunzelt war, und sagten: „O König, dein Herz ist sehr betrübt." „Nein, nein", antwortete der König, „ich bin eingeschlafen." Außer der Stimme *des Mantri** hörte ich nichts . Es ist sicherlich die Heimat der Dämonen und der Geister. Lasst uns gehen, damit sie uns hier nicht überraschen." Er schien sehr bewegt. „Wir haben nichts gewonnen außer Müdigkeit." Also lasst uns heute Abend alle nach Hause gehen und im Morgengrauen wieder hierher kommen. Denn ich habe der Königin ein Versprechen gegeben , ein Rehkitz und einen *Kidjang* mitzubringen
." Die *Mantris* sagte:
„Wir haben noch keines genommen." Aber morgen werden wir Wild finden und ein hübsches Reh retten." Als sie zurückkamen, ging der König direkt in den Palast. Dort sah er die Königin, dachte aber an Bidasari „O meine Liebe", sagte er „Morgen bin ich entschlossen, wieder zu jagen und dir ein Reh zurückzubringen und deinen Dank zu gewinnen." Ich bin nie glücklich, wenn ich von dir getrennt bin, meine liebste Liebe. Dein Bild ist in mein Herz eingraviert." Dann streichelte er die Königin und streichelte sie, doch sein Herz wandte sich immer noch Bidasari zu. Die ganze Nacht über schloss er seine Augen nicht im Schlaf, sondern dachte an sie in all ihrer seltenen Schönheit. Vor der Morgendämmerung stand das königliche Paar auf. Der König gab dann den Befehl, dass diejenigen, die es wünschten, erneut mit ihm jagen sollten. Bei Sonnenaufgang machten sie sich auf den Weg.

Schauen wir uns Bidasari noch einmal an.
Als die Nacht vorbei war, stand sie einsam auf und aß und trank. Dann ging sie in das parfümierte Bad, kam in ihre Kammer und nahm etwas *Siri* aus der Betel-Box. Sie sah
eine kürzlich in Gebrauch befindliche *Sepah* und warf
sie weg. Sie dachte bei sich: „Wer hätte es gebrauchen können? Jemand war hier." Sie durchlief alle Räume, fand aber nichts außer der *Sepah* in der Betel-Box.

„Wäre es mein Vater gewesen, er hätte mir etwas zu essen hinterlassen. Oh, er ist sehr voreilig, mich hier in Ruhe zu lassen." Sie saß auf dem Sofa und weinte und konnte niemandem ihre Trauer sagen. „Wenn wir nicht länger glücklich leben können", sagte sie, „ist es das Beste zu sterben. Meinen Eltern kann es nie vergeben werden, dass sie mich wie jeden Ungläubigen hier zurücklassen. Und wenn ich leide, werden sie auch traurig sein." Die *Minahs*, die *Bajans* und sprechenden Vögel
begannen zu singen. Sie nahm ein besticktes Tuch und schlief unter seinen Falten sanft ein.

Das Pferd des Königs flog schnell zum *Campong*
von Bidasari. Alle *Mantris* sagten:
„Du nimmst nicht den Weg zum Jagen, Herr. Dies ist nur der *Kampf* der Dämonen, der Angst
und der Gespenster. Sie können uns tödlichen Schaden zufügen." Der große Prinz lachte nur und tat so

Er hörte es nicht und richtete seine Flotte immer noch
auf Bidasaris Garten, obwohl sie versuchten, sich seinen Wünschen zu widersetzen. Als sie vor den Palisaden ankamen, rief die
Mantris: „Avaunt, ihr verfluchten Dämonen, und begebt euch in die Dornen und Dornen." Dann zum König: „Wenn du den Mut deiner Männer beweisen willst, führe uns hinter die Barrieren, inmitten der bösen Geister. Wir werden mit dir gehen." „Nein. Lass mich alleine gehen", antwortete der Prinz, „und in Kürze werde ich wieder herauskommen." Sie sagten: „O Fürst, für uns ist dein Wille Gesetz. Dem höchsten Gott empfehlen wir deine Seele." Allein setzte der Prinz seinen Fuß in Bidasaris Haus. Er war erstaunt, denn er sah, dass das Bad erst kürzlich benutzt worden war und alle Lampen sauber und voller Öl waren. Dann öffnete er die Truhen und sah die Spuren einer Mahlzeit und frisch geleerte Gläser. Er durchsuchte alle Kammern
und kam zu Bidasaris Lager.
Als er die Vorhänge hochzog, sah er sie dort unter der bestickten Decke schlafen. „Es ist sicher, dass sie lebt", sagte er. „Vielleicht ist es ihr Schicksal, nachts zu leben und im Morgengrauen zu sterben." Dann kam er noch näher und blickte auf ihre Schönheit. Mit Tränen in den Augen sah er ihre langen Wimpern benetzen und sein ganzes Herz war traurig. Ihr Gesicht war wunderschön. Ihre Locken sind äußerst anmutig von Locken umrahmt. Er nahm sie in seine Arme und rief mit warmen Küssen:
„Warum hast du gelitten, mein Augapfel?" Er weinte reichlich und sagte:
„Mein Gold, mein Rubin, mein strahlender Karfunkel, dein Gesicht ist wie das von Lila Seprara, und deine Geburt ist rein und makellos. Wie könnte ich ein schönes Wesen nicht lieben, so wie du mir vorkommst? Deine Schönheit." ist unaussprechlich; du bist über allen Kronen, der Ruhm aller

Länder. Meine Seele betet dich an. Herr, ich bin nicht mehr aus meinem eigenen Herzen. Ohne dich, Liebe, könnte ich nicht länger leben; du bist meine wahre Seele. Hast du nicht Schade, es mir zu schenken? Je mehr er hinsah, desto mehr liebte er. Er küsste Ihre rubinroten Lippen und sang dieses leise *Pantoum*:

LIED

In einer Vase steht eine Porzellanrose;
Geh und kauf dir eine Schachtel Betel, Liebste. Ich liebe die Schönheit, die deine Augen offenbaren; Meiner Existenz, Liebling, bist du die Sonne.

Geh und kauf dir eine Schachtel Betel, Liebste.
Geschmückt mit *tapferen Rufen* süßen *Campaks*:
Meiner Existenz, Liebling, bist du die Sonne; Ohne dich würde mir alles im Leben fehlen.

Geschmückt mit *Klängen* von süßem *Campak*.
Eine große Karaffe fasst das seltene Sorbet; Ohne dich würde meinem Herzen alles fehlen; Du bist wie ein Engel, der so schön vom Himmel kommt.

Eine große Karaffe fasst das seltene Sorbet und
eignet sich hervorragend für die schwache Statur einer Frau.
Du bist wie ein Engel, der so schön vom Himmel kommt,
Trost der Liebe, Hüter ihrer Flamme.

Als die Nacht nahte, sagte die
Mantris: „Was hält der König von uns fern?" Sie waren beunruhigt, der Prinz schien sich so unähnlich zu sein und war von solcher Unruhe erfüllt. „Ich fürchte mich sehr", sagte dann dort
ein *Mantri*, „dass ein Missgeschick den König überwältigt hat. Vielleicht ist er von einem bösen Geist besessen, dass er gerne an diesen seltsamen Ort zurückkehren würde." Einer ging und rief: „Komm her, o unser König! Der Tag neigt sich dem Ende zu; wir haben hier seit dem Morgengrauen gewartet." Der König antwortete auf den Ruf und kam mit lächelndem, wenn auch blassem Gesicht zum Tor: „Komm her, mein Onkel; komm und rede mit mir, deinem König. Es ist nichts Schlimmes geschehen." „Oh oberster Herr, würdigster Prinz, kehre zurück. Wenn dir Schaden zugefügt wird, müssen wir alle sterben." „Sei ruhig, mein Onkel, ich werde diese Nacht nicht zurückkehren, aber er kann bei mir bleiben, wer will." „O König, was hast du mit Geistern zu tun? Dein Gesicht ist blass und abgenutzt und zeugt von Fürsorge." Der König seufzte jedoch und sagte: „Mein Herz ist voller Kummer, aber der Wille Gottes ist gut. Hier sah ich gestern eine schöne himmlische Gestalt mit Engelsgesicht. Sie war allein hier." Und so erzählte der König alles, was geschehen war. „Geh zurück",

fügte er hinzu. „Lassen Sie mich hier bei ihr. Sagen Sie der Königin, dass ich zu meiner Unterhaltung noch einen Tag mit meinem Gefolge verweilt habe." Dann blieb die Hälfte der Eskorte und die Hälfte reparierte. Zurück zum Palast, um die Königin bekannt zu machen. Der König würde noch einen Tag bleiben und jagen. Als alles dunkel war, erwachte der süße Bidasari, sah den König und versuchte zu fliehen. Er ergriff und küsste sie. „Rubin, Gold", sagte er, „Meine Seele, mein Leben, oh, sag mal, wohin willst du gehen? Ich war zwei ganze Tage mit dir allein, und den ganzen Tag hast du in Schlaf gehüllt gelegen. Wo wolltest du? Gehst du, meine Taube?" Das sanfte Mädchen hatte große Angst und zitterte und dachte: „Ist es ein Geist, der gekommen ist, um mich hier zu finden? Übertrete dich und verschwinde, oh Schreckensgespenst", sagte
sie unter Tränen. „Kein Phantom, ich",
antwortete der König; „Hab keine Angst. Ich möchte dich heiraten." Dann versuchte Bidasari erneut zu fliehen. Dann sang der König ein Lied, das von Liebe und Glück erzählte. Seine Worte versetzten Bidasari in Erstaunen, und sie schrie: „Bist du ein Pirat? Warum kommst du hierher? Sprich solche Dinge nicht mit mir. Wenn du von meinem Vater entdeckt würdest, würde er dich in Stücke schneiden. Du solltest allein in den Tod gehen." , und finde keine Vergebung in seinem Herzen. Nimm alle meine Edelsteine und beeile dich sofort. Der König antwortete: „Es sind nicht deine Edelsteine, die ich will, sondern dich. Ich bin ein Pirat, aber dein Herz ist alles, was ich stehlen möchte. Sollten Gespenster zu Tausenden kommen, würde ich sie überhaupt nicht fürchten. Keine Tränen, meine Liebe." , strahlender Glanz meiner Krone. Wohin willst du gehen? Hast du kein Mitleid, Süße, für mich? Ich bin ein mächtiger Prinz. Wer wagt es, sich meinem Willen zu widersetzen? Reines Gold, ganz jungfräulich, wohin willst du gehen?" So sprach der König und die schöne junge Bidasari zitterte immer mehr. „Komme nicht auf mich zu", rief sie, „sondern lass mich mein Gesicht baden." „Ich werde es für dich baden, Liebes", sagte er. Aber Bidasari warf ihm das reine Wasser ins Gesicht. „Nicht so, Kind", lachte er; „Mein Gewand hast du nass gemacht. Aber ich werde bleiben und deine Eltern hier treffen. Oh, höre, Liebling. Ich folgte der Jagd weit und wanderte hierher. Ich suchte nach einem hübschen Rehkitz, um die Königin zu nehmen; aber jetzt habe ich dein Gesicht gesehen, nicht mehr möchte ich weggehen. Oh, fürchte dich nicht, mein Kind; ich würde dir nichts tun. Wenn deine Eltern kommen, werde ich sie um deine Hand bitten. Ich vertraue darauf, dass sie mein Gebet erhören werden. Ich' Ich werde dich von diesem schönen Ort zu meinem Palast führen. Du sollst neben der Königin sitzen und in vollkommenem Glück leben. Die süße Bidasari senkte den Kopf und weinte, ganz rot vor Bescheidenheit. Sie sagte zu sich selbst: „Ich hätte nie gedacht, dass es ein König wäre. Wie unhöflich ich war! Ich hoffe, der König wird nicht verärgert sein." Er beruhigte ihre

Ängste mit zärtlichen Worten der Liebe. „Zweig meines Herzens", sagte er,
„Licht meiner Augen,
fürchte dich nicht mehr. Sobald deine Eltern
ihr Einverständnis gegeben haben, werde ich dich hinausführen. Mein
Palast ist nicht weit. Ein einziger Tag wird uns brauchen." dort. Es ist nicht
schwer zu gehen und zu kommen. Dann wusste Bidasari, dass es der König
desselben Landes war. Vor Schreck fiel sie fast in Ohnmacht, als sie an all
das Leid dachte, das die Königin ihr zugefügt hatte. „O mein Herr", sagte
sie, „ich bin nur ein bescheidener Untertan. Gib mir nicht den Thron. Ich
habe meine Eltern und muss bei ihnen bleiben." Der König war
überglücklich. „Meine Liebe", sagte er, „unter welchen Namen sind deine
Eltern bekannt?" Mit leiser, süßer Stimme antwortete das zarte Mädchen:
„Lila Djouhara ist der Name meines Vaters. Er wohnt in Pesara." „Liebster,
sag mir die Wahrheit. Warum haben sie dich so behandelt – warum haben
sie dich in der Einsamkeit verlassen? Dein Vater ist nicht arm. Ein reicher
Kaufmann ist er von Geburt, der eine Schar von Sklaven und Dienern hat.
Wofür Denn hat er seine Tochter an diesem fernen Ort zurückgelassen? Er
ist unter allen Kaufleuten bekannt, sowohl gut als auch ehrlich. Was hat ihn
hier in diesem einsamen Wald gezwungen, dich zu verstecken, mein Lieber?
Oh, erzähl mir alles; lass nichts verbergen. " Sie dachte: „Es war die Schuld
seiner eigenen Königin. Aber wenn ich ihm alles erzähle – er hat mich nie
dort im Palast gesehen – sollte er nicht glauben, wäre ich in seinen Augen
ein Lügner." Sie hatte Angst, mit ihm zu sprechen und ihm von der
Königin zu erzählen. Sie dachte: „Die Königin war so grausam zu mir, als
sie sich nur vor einer Rivalin fürchtete, was würde dann geschehen, wenn
ich neben ihr auf dem Thron sitzen würde?" Dann sagte Bidasari mit ihrer
süßen Stimme: „Mein glorreicher König, ich habe Angst zu sprechen. Ich
bin nicht für einen königlichen Thron geeignet. Aber da du mich liebst, wie
kann ich es wagen zu lügen? Wenn du mich begünstigst, wird die Königin
sie ärgern." Herz. Meine Eltern fürchten sie. Das ist der Grund, warum sie
mich hierher gebracht haben. Vor drei langen Monaten kam ich aus Angst
vor der Königin. Sie dachte an all den Schrecken dieser Tage, und
schluchzte, und sie konnte nicht mehr sprechen.
Dann sprach der König zärtlich zu dem Mädchen:
„Ah, nun, meine Liebste, vertraue mir das Geheimnis an, das dein liebes
Herz verbirgt. Fürchte dich nicht; die Königin ist gut und weise und weiß,
wie sie alle Herzen gewinnen kann. Warum sollte sie vergelten?" Bist du
unglücklich? Sprich nicht so, meine Schöne. Die Königin könnte niemals
eine böse Tat begehen. Wenn du in ihrer Nähe bist, wirst du sehen, meine
Liebe, ob sie dich liebt oder hasst.

Bei diesen Worten
wusste die junge Bidasari, dass der König die Königin schätzte, und fühlte,
wie ihr das Herz in der Brust sank. „Meine Worte sind wahr", sagte sie,

„aber vielleicht kann mein Prinz es dennoch nicht glauben. Aber war ich nicht sechs oder sieben Nächte in deinem Palast? Der Schweiß des Schmerzes wurde zu meiner Couch, so groß war mein Wunsch, meine lieben Eltern zu sehen." Sie schickten mir Leckereien, aber alle *Dyangs* wurden von der dortigen Prinzessin als Gefangene festgehalten. Sie sagte, sie würde mich selbst zurücknehmen. Eines Tages wurde ich tatsächlich nach Hause geschickt, aber kaum noch am Leben." Sie erzählte ihm alles, was geschehen war. Er hörte verblüfft zu und sagte: „Wie konnte es sein, dass du im Palast versteckt warst und ich dich dort nicht sah? Warum warst du nicht neben

der Königin? Ich habe den Palast keinen einzigen Tag lang verlassen. Wo." Hast Du Dich versteckt? Deine seltsamen Worte glaube ich, meine Liebe. Sprich ohne Angst und lass mich das Ganze wissen." Auf Drängen des Königs erzählte ihm der junge Bidasari alles. Und als er das Verhalten der Königin erfuhr, war der König erstaunt. Eine schreckliche Wut erfasste ihn. Aber seine Liebe zu Bidasari wurde noch größer und sein Mitgefühl. „ So hat die Königin so gehandelt!

Ich hätte nie gedacht, dass Heuchelei so groß sein könnte! Ich habe bei der Prinzessin nie eine solche Neigung zum Bösen gesehen. Aber sei nicht, mein Lieber, trostlos. Es ist ein Glück, dass du nicht ganz erlegen bist. Sprich nicht mehr Von den Wegen dieser bösen Frau. Gott sei Dank haben wir uns getroffen! Weine also nicht mehr, meine Liebe. Ich werde dir einen Thron geben, der schöner ist als ihrer, und dein lieber

Begleiter bis zum Tod sein." „Oh König",

sagte sie: „Ich habe keine Schönheit, die geeignet wäre, einen Thron zu schmücken. Oh, lass mich eine einfache Magd bleiben und nicht mehr an mich denken." Der König antwortete: „Ich werde dich nicht aufgeben. Aber ich muss trotzdem zurückkehren und darüber nachdenken, wie ich dich in das vollständige Leben zurückgewinnen kann." Mit warmen Küssen bedeckte er ihr schönes Gesicht. Sie senkte den Kopf und schwieg. und als der Morgen anbrach, wurde sie erneut ohnmächtig. Für ihn war es ein Beweis dafür, dass sie die Wahrheit gesagt hatte. Dann erfüllte ein tödlicher Hass das Herz des Prinzen gegen die Königin. Von tiefem Mitleid mit dem jungen Mädchen erfüllt, küsste er sie noch einmal und ließ sie dort zurück, so weiß und still, als ob sie im Tod läge. Was ist mit der *Mantris* ? Sie warteten lange

schweigend auf den König. Dann sagte der Älteste: „O souveräner Herr, oh großer Kalif, willst du jetzt nicht zurückkehren?" „Ich komme wieder, mein Lieber", sagte er und suchte die Stadt auf. Sofort ging er in den Palast, zur Königin, die fragte: „Was bringst du von der Jagd mit?" Er antwortete murmelnd: „Ich habe überhaupt nichts genommen. Zu meinem eigenen Vergnügen blieb ich die ganze Nacht." „Es ist nichts, Herr, vorausgesetzt, dass dir kein Schaden zugefügt wird. Aber sag, was du wolltest, um so lange

zu bleiben? Ich habe immer das Essen für deine großen Jagden für dich
vorbereitet, aber noch nie habe ich eine Belohnung erhalten?" Darauf
antwortete der König lächelnd: „Macht euch erneut bereit, denn morgen
werde ich wieder abreisen. Wenn ich nichts mitnehme, werde ich sofort
zurückkehren." Als er die Königin streichelte, spürte er auf ihrer Brust, wie
der kleine magische Goldfisch in Sicherheit war. Dann gab er allen schnelle
Befehle. „Ich werde morgen jagen und werde bestimmt ein wunderbares
Wild mitbringen." Als die Prinzessin nun einschlief, fand er in ihrem
Herzen den kleinen Fisch nicht mehr. „Es ist, wie das Mädchen sagte",
dachte er. „Die Prinzessin hat eine böse Seele. Mit einem solchen Herzen
kann ich nicht mit ihr durchs Leben gehen." Die ganze Nacht über konnte
er nicht schlafen, dachte aber an das Mädchen. Er war so traurig
, als ob er ein rührendes Lied gehört hätte. Im Morgengrauen
stand das Königspaar auf und ging baden. Der König kam wieder in den
Palast und setzte sich auf den mit Edelsteinen geschmückten Thron. Er
legte das königliche Gewand an, um es vor dem lieben jungen Mädchen zu
tragen. Ein Gewand aus Seide, komplett mit Gold bestickt, mit einer
leuchtend orangefarbenen Tunika. Seine Miene war überaus großartig, wie
es sich für einen mächtigen König gehört. Er trug einen Köcher aus
Ceylon, höchst geschickt gearbeitet. Als sich alle *Mantris* dort versammelt
hatten,
ging der König noch einmal in den Palast und traf die Königin. Er
streichelte sie und nahm den kleinen Fisch, der auf ihrer Brust lag. Die
Prinzessin weinte und rief an der Tür: „Warum nimmst du mein kleines
Schmuckstück?" Der große König achtete nicht darauf und ging weg, in der
frohen Morgenstunde, wenn die Vögel zu singen beginnen. Schwerter
glänzten und Lanzen leuchteten, und sie eilten mit Köchern und
Blaspistolen durch den Wald und schienen eine wandelnde Stadt zu sein.

Wenden wir uns nun wieder Bidasari zu.
Als die Morgendämmerung erschien, stand sie auf und saß einsam da. Ihr
Gesicht wurde noch schöner. Ihr Zustand überraschte sie. „Vielleicht ist es
der König, der dieses Wunder vollbracht hat. Wie glücklich bin ich, nicht
länger tot zu sein!" Sie wusch ihr Gesicht und fühlte sich immer noch
traurig, aber in ihre Nachdenklichkeit mischte sich eine gewisse Freude,
denn ihr Schmerz war vorüber. Der „sprechende Vogel" linderte ihre
Trauer mit Liedern über den mächtigen König und die Liebe.

LIED

Da ist *Siri* in einer goldenen Vase,
Good Dang Melini pflanzt eine Rose; Der König bewundert ein hübsches
Gesicht. Heute wird er diese Messe zu Ende bringen.

Der gute Dang Melini pflanzt eine Rose,
hier im Garten werden sie sich treffen; Heute wird er dieser Messe zu Ende
gehen. Zu Mann und Jungfrau ist die Liebe süß.

Hier im Garten werden sie sich treffen.
Geht auf die Suche nach den schönsten Früchten und Blumen. Für Mann
und Jungfrau ist die Liebe süß. Der König kommt zur Laube.

Siehe! In diesem Moment näherten sie sich.
Der liebe Bidasari versteckte sich hinter der Couch. Der König suchte
überall und fand schließlich die Jungfrau, die sich versteckte und in bittere
Tränen gebadet war. Dann küsste der König sie und fragte: „Meine Liebe,
strahlende Herrlichkeit meiner Krone; bitte sag mir, warum du traurig bist.“
Er trocknete ihre Tränen. Aber sie ließ immer noch schweigend den Kopf
hängen. Dann gab der König den Befehl, Elefanten und Pferde zu
schicken. „Gehe mit zwei *Mantris* auf einmal
und bringe den Kaufmann und seine Frau und befiehl vierzig *Dyangs* ,
sofort hierher zu eilen.“
Dann ging die *Mantris* eilig hinaus, fand
den Kaufmann und seine Frau und sagte: „Der König lädt euch ein zu
kommen.“ Dann eilten die Eltern durch den Wald zum Vergnügungsmarkt
von Bidasari, um dort den König zu treffen. Vor Seiner Majestät verneigten
sie sich vor Angst. Der große König lächelte. „Hab keine Angst“, sagte er,
„Mein Onkel und meine Mutter. Lasst uns hineingehen, um dein schönes
Kind zu sehen. Ich mache euch jetzt zu meinen Eltern. Wir waren
freundschaftlich verbunden und werden es auch weiterhin sein.“ Neben
dem König sahen sie die schöne Bidasari sitzen, als sie mit noch zögernden
Schritten den Palast suchten. Der Vater freute sich tief in seinem Herzen,
seine Tochter war so schön. Sie schien eine schöne Prinzessin vom Berg
Lidang zu sein. „Liebe Bidasari, süßestes Kind“, sagten sie, „Hinter dem
König, liebe Tochter, solltest du stehen.“ Sie wollte gehen, aber der König
hielt sie noch immer zurück. „Nein, meine Hübsche“, sagte er; „Dein Platz
ist an meiner Seite. So hat Gott es gewollt.“
Der älteste *Mantri* , der um Rat gerufen wurde, sprach:
„Lila Djouhara gut, was sagst du? Bist du nicht froh, deine Tochter zur
Königin gemacht zu sehen? Welches Glück ist dir widerfahren!“ Der
Kaufmann verneigte sich vor dem König und sagte: „Machen Sie sie zu
Ihrer Dienerin, nicht zu Ihrer Frau, mein Herr.
Wir fürchten Ihre glorreiche Königin. Sie hat immer
schrecklichen Hass auf Bidasari gezeigt, weil ein so schönes Kind den
König anziehen könnte.“ " Als der Monarch ihn so sprechen hörte, wurde
noch mehr zu ihm getragen. „Mein Onkel“, dann rief er, „habe keine Angst
mehr. Aber ich werde deine Tochter niemals zum Diener machen.“

Dann gab er
den Befehl, im Wald eine Burg zu bauen. Und alle Arbeiter kamen und
bauten es dort mit drei Wällen. Wie von Zauberhand erhob sich dann ein
goldener Palast. Das äußere Tor war aus Eisen, mit Waffen beladen und
wurde von Dämonen und Äthiopiern gehalten. Dies waren die Hüter der
Tore mit ungezähmten Rossen. Mit gezückten Schwertern standen sie
wachsam da und warteten auf die Befehle des Königs. Ganz aus Messing
gemeißelt war das zweite Tor, ausgestattet mit Kanonen und Pulver, sicher
bewacht von übernatürlichen Wesen. Der dritte war aus Silber, wie man es
im fernen Eirak sehen kann. Die Schönheit des Schlosses war
unvergleichlich! Von weitem schien es so doppelt zu sein, wie ein Elefant
mit zwei Stoßzähnen aus weißem Elfenbein. Wo kann man so etwas
finden? Drei reine Diamanten reflektierten das ganze Licht, groß wie eine
Melone. Nun baute der König ein schönes, begehrtes Schmuckstück mit
bunten Pavillons und allerlei Pflanzen. In der mittleren Kabine befanden
sich neun geräumige Räume, einer für die königlichen Audienzen,
geschmückt und angenehm wie ein Blumenbeet.

Der König
Ein Fest, das vierzig Tage lang gefeiert wird, mit Spielen, Sport und Tänzen
zur Unterhaltung. Und noch nie hat man eine solche Animation gesehen!
Alle aßen und tranken zu süßer Musik. Sie reichten den Liebesbecher und
tranken nacheinander.

Vierzig Tage lang erklangen dort
die Gongs und *Gendarangs* und die fröhlichen Töne
fröhlicher *Serouni* und *Nefiri* .
„Wie schön ist Bidasari!" alle
riefen aus; „Tausendmal lieblicher als die Königin. Dreimal glücklich sind
jetzt der Kaufmann und seine gute Frau; durch Heirat sind sie mit unserem
großen König verbündet, obwohl sie dem Land fremd sind. Wir finden es
seltsam, dass Bidasaris Gesicht in nichts dem ähnelt Kaufmann noch seine
Frau. Wer weiß, wenn nicht, dass sie in sterblicher Gestalt ein schöner
Engel sein könnte? Der Kaufmann hat viele Sklaven, aber niemals eigene
Kinder." „Er fand sie, als sie noch ein Baby war, am Ufer", sagte ein
anderer, „und zog sie groß."

Der König
hörte alle ihre Worte. Er dachte: „Das ist die Wahrheit. Und das nehme ich
als Beweis ihrer hohen Abstammung. Sie ist gewiss edel oder vom Himmel
herabgekommen."

Als vier Tage vergangen waren, kleideten die Frauen
der *Mantris* das schöne Mädchen an. Sie bekleideten
ihre Gestalt mit weichem ägyptischem Satin, durchzogen mit Gold,

geschmückt mit eingesetzten Edelsteinen und vielen Edelsteinen. Ihre
Schönheit wurde immer größer, bis sie wie ein strahlender Engel wirkte. Sie
trug eine Tunika in Purpur und Granatapfel, mit Knöpfen in Form von
Schmetterlingen. Sie war mit *einem Padaka* aus fünf malerischen
Verschlüssen
und einem Gürtel namens *Naga Souma* geschmückt . Sie hatte reiche
Ohrringe aus in Gold gefassten Diamanten, die auf wundersame Weise
gearbeitet waren, so hell wie der Glanz des Tageslichts;
Sie trug einen äußerst wunderbaren und seltenen Ring namens „ *Astakouna* "
und einen anderen namens „Astakouna".

   Drüsenkana und ein Drittel aus dem fernen Ceylon,
besetzt mit Edelsteinen. Ihre Augen waren wie die Sterne des
Orienthimmels. Ihre Zähne waren schwarz, ihr Gesicht glänzte wie Wasser.
Ihre gemeißelte Nase war hervorstehend und Mike war eine frisch
gepflückte Blume. Als sie angezogen war, legte ihre Mutter sie auf ein
Perlenbett. Geschmeidig war ihre Gestalt und weiß, als sie sich
zurücklehnte, umgeben von vielen Mägden. Der Prinz war in sein
königliches Gewand gekleidet und blendete die Augen aller, die es sahen.
Er trug eine Königskrone, die
mit leuchtenden Diamanten, leuchtenden Amethysten
und vielen Steinen glänzte und alles majestätisch wirkte. Dann wurde Reis
gebracht. Der König aß mit Vergnügen und was übrig blieb, gab er den
Frauen
der Mantris . Als alles fertig war , parfümierte er sich
und blickte auf seine schöne Frau. Ihr Gesicht und ihre Gestalt waren
bezaubernd. Ihre weichen Locken kräuselten sich
in Anmut. In ihren Augen waren immer noch Tränen zu sehen, die sie noch
schöner machten. Die seidenen Falten weicher ägyptischer Vorhänge fielen.
Sie waren allein. „Wach auf, mein Liebling", sagte der Prinz im
Morgengrauen, „Krone meines Lebens, wach, meine Hübsche." Dann
erwachte Bidasari und sagte unter Tränen: „Mein Freund, ich hatte alle
möglichen wundersamen Träume. Ich sah eine hohe Palme mit büscheligen
Ästen und reifen Früchten." Als drei weitere Tage vergangen waren und alle
Menschen es sahen und laut jubelten, nahm Bidasari den Rang einer
Königin an. Der König überhäufte sie mit Geschenken und liebte sie
zärtlich. „Oh, lass uns zusammen leben und sterben, mein Lieber, und im
Laufe der Tage denken wir mehr aneinander und bewahren unsere Liebe,
als ob in der hohlen Hand Öl gehalten wird, und kein einziger Tropfen
fällt." So sprach der König.

Der Kaufmann und seine Frau
ließen sich bald in der Nachbarschaft nieder, in der Nähe des großen
Palastes von Königin Bidasari. Hundert Diener hatten sie, um ihre Befehle

zu erfüllen. Sie schickten allen ihren Freunden Geschenke und
Lebensmittel für einen Monat.

An einem bestimmten Tag
sagte Bidasari: „Oh König, warum gehst du nicht mehr in die Tore deines
anderen Palastes? Tatsächlich wird Königin Lila Sari verärgert sein, weil du
sie so lange verlassen hast. Sie wird es tun." Ich denke, dass ich dich von
ihrer Seite ferngehalten habe. Du wolltest nicht gehen. Also bemühte sich
die schöne Bidasari, den König mit allen möglichen Worten zu drängen,
Lila Sari zu besuchen. „Ich werde morgen gehen", sagte er schließlich.
Er ging, als der Morgen kam, und traf die Königin.
Sie wies ihn zurück und machte ihm mit scharfen, bitteren Worten
Vorwürfe. „Elender, ich werde dein Angesicht nicht sehen. Ich liebe dich
nicht. Ich hasse dich. Geh! Lila Djouharas Schwiegersohn, du bist mir nicht
ebenbürtig. Deine neue Frau ist ein Affe, der im Wald lebt." ."

Aber als der König
diese Laute der Königin hörte, sagte er: „Zweig meines Herzens, Licht
meiner Augen, Oh, sei nicht verärgert, meine Liebe. Nicht ich war es, der
Unrecht begann, sondern du hast alles verursacht. Denn." Du hast deine
Tat vor mir verheimlicht und mich in diese Extremität getrieben. Oh,
warum bist du jetzt zornig auf mich? Wenn du sie nur liebst und dein Herz
an ihr hängst, wird sie dir verzeihen und dich als solche annehmen ein
Freund." Je wütender die Königin wurde, desto stärker wurde ihr Zorn mit
heftigen Vorwürfen. „Geh von hier, Verfluchter von Gott! Du bist nicht
mehr mein Gemahl. Lebe bei ihr, die Gott geschlagen hat, an deren Ehre
du aber Freude hast. Früher warst du von edlem Geblüt, aber jetzt bist du
nicht mehr als zerbrochenes Stroh. Du brauchst Versuchen Sie nicht weiter,
mir zu schmeicheln. Auch wenn du dich siebenmal reinigen müsstest,
Falscher, würde ich dir nicht erlauben, dich meiner Seite zu nähern. Der
König wurde wütend und antwortete: „Du bist es, der
verabscheuungswürdig ist. Deine listigen Tricks sind jetzt wertlos. Deine
Eifersucht war wahnsinnig ohne Grund, und gewöhnlich waren deine
Taten. Dein Witz steht weit unter deiner Schönheit. Ich werde dir folgen,
sollte mein Schutz aufhören." ." „Habe ich meine edle Herkunft
vergessen?" Sie fragte.

„Aber du hast dich geirrt, indem du deinen hohen Stand
gegenüber Leuten von solch niedriger Abstammung herabsetztest. Hier und
überall ist deine Schande bekannt, dass du mit einem Gadabout verheiratet
bist. Ist es für Prinzen so, das Kind eines Kaufmanns zu heiraten? Sie sollte
weit in der Wälder, um zu wohnen und das schlimmste Schicksal zu
kennen. Der König lächelte nur und sagte: „Wenn dieses Ereignis im
Ausland bekannt wird,
bist du es, der einen bösen Ruf erhält.

Denn wer im ganzen Land würde es wagen, den König von der Hochzeit abzuhalten? Ich sollte dir alles nehmen, was ich gegeben habe." Aber vor dem Volk habe ich nicht den Wunsch, dich zu demütigen. Liegt es daran, dass ich jeden deiner Wünsche erfüllt habe, dass du so schlecht geworden bist? Dein Verhalten war sehr böse, und ich bin mit dir zornig." Und in heißer Wut stürmte der König weg und ging direkt an Bidasaris Seite.

LIED IV

Dieses Lied wird noch einmal vom
mächtigsten Prinzen von Kembajat erzählen . Er wurde vom schrecklichen *Garouda* , einem schrecklichen Raubvogel,
verfolgt und suchte ein anderes Land. Seinen Weg nahm er Richtung Indrapura. Im Morgengrauen wurde eine schöne Tochter geboren, eine wahre Prinzessin, in einem Boot, das am Ufer lag. Die Königin und er verließen sie, kehrten zum königlichen Palast zurück und beklagten tagelang ihr Schicksal. Von ihr hörten sie nichts. „Ach, mein Kind!" Der Vater schrie: „Meine Liebe, in wessen Obhut stehst du jetzt? Wir wissen nicht, ob du tot oder lebendig bist. So hat dein Vater
keine Ruhe. Das Licht meiner Augen, meine Liebe, mein reinstes Gold, unsere Herzen sind zerrissen." Trauer. Ein böses Schicksal war unser Schicksal, dich dort zu verstecken. Wir bereuen die Tat. Zu denken, dass du vielleicht unter die ärmsten Leute gefallen bist! Ein Sklave bist du vielleicht!" Der Sohn des Prinzen bemerkte den Kummer seiner Eltern und war zutiefst bewegt. „Habe ich", fragte er, „eine Schwester? Sage mir, warum ihr sie so weit versteckt habt? Habt ihr euch nicht um sie gekümmert? War sie eine Last, dass ihr sie auf diese Weise verlassen musstet? Erfüllt Scham nicht die Herzen eurer Eltern?" Aber als er die Geschichte vollständig hörte, sagte er: „O Vater, lass mich gehen, um sie zu suchen, meine liebe Schwester. Wenn es mir gelingt , werde ich
sie zu dir zurückbringen." „Oh, verlass uns nicht, mein Sohn", sagte der Vater. „Du bist unser einziger Erbe. Wie ein gezähmter Vogel auf unseren Schultern
haben wir dich getragen und Tag und Nacht auf dich geachtet.
Warum solltest du uns jetzt verlassen? Oh, geh nicht hinaus. Ärgere dich nicht über deine Schwester, meine Liebe." Von Reisenden werden wir Neuigkeiten von ihr erfahren und ihren Aufenthaltsort entdecken.

Dann verneigte sich der Prinz
tief und sagte: „Mein Vater, Herr und König, ich bin nur noch stärker in meinem Wunsch, zu gehen und meine Schwester zu finden. Lass mich jetzt gehen und nach Neuigkeiten von ihr suchen." Der König antwortete: „Nun geh, mein liebster Sohn; dein Herz ist gut. Auch wenn du nur ein Kind bist, hast du noch ein Gehirn." Dann rief der junge Prinz alle Kaufleute zusammen, kaufte viele Waren und befragte sie der Reihe nach über alle

benachbarten Dörfer und Lager. Sie erzählten bereitwillig, was sie wussten,
denn der junge Prinz war ihnen sehr beliebt. Unter ihnen war ein junger
Mann mit hübschem Gesicht, der großgewachsene Pflegebruder des
schönen Bidasari. Inmitten der Fremden saß er neben dem Thron; Sein
Name war Sinapati. Er war mutig und weise. Als er nun den Prinzen
beobachtete, dachte er: „Wie seltsam das Gesicht des lieben Bidasari ihm
ähnelt, als ob ein Rohr, das in zwei Hälften gespalten wird, keinen
Unterschied zwischen den Hälften macht." Sein Zuhause verließ er, als
Bidasari zur Königin ernannt wurde. Er dachte an sie und weinte. Der Prinz
beobachtete ihn dort und sagte lächelnd: „Junger Mann, mein Freund, aus
welcher fernen Stadt kommst du? Warum weinst du so bitterlich? Welche
Gedanken tauchen in dir auf und machen dein Gesicht dunkel?" Der junge
Sinapati verneigte sich und sagte: „Mein Herr, ich bin aus Indrapura auf
einem Schiff gekommen, um meine Waren zu verkaufen. Deshalb weine ich
nicht. Aber Trauer kommt mir ins Herz, wenn ich an mein Zuhause denke,
und liebe Brüder, Und Schwestern."

Bei diesen Worten jubelte der Prinz.
Er dachte: „Von ihm werde ich sicherlich einige Neuigkeiten erfahren."
Sorbets und Leckerbissen bot er dann allen Leuten an, und der Becher ging
vom Morgengrauen bis zum Mittag herum, und dann gingen die Kaufleute
weg;
Aber der junge Prinz hielt Sinapati dort.
Jetzt empfand er bereits starke Zuneigung für ihn und sagte: „Mein Freund,
ich fühle mich zu dir bewegt und betrachte dich als einen lieben Bruder. Du
wirst in Indrapura leben, aber wer könnte dort dein Gönner sein?" Dann
sagte der junge Sinapati mit einem Lächeln: „Mein Gönner heißt Lila
Djouhara, ein großer Kaufmann. Er besitzt etwa sechs oder sieben schnelle
Schiffe und verfügt über mehr als je zuvor, seit er Bidasari als Kind
angenommen hat." Zwei Tage später ging der junge Prinz
mit Sinapati zum Haus seines Vaters. „Ich bringe dir Neuigkeiten", sagte er,
„aber noch ist nichts sicher. Seht aus der Ferne von Indrapura einen
Jugendlichen, von dem ich wichtige Dinge habe. Ein sehr reicher
Kaufmann aus Pesara, den meine Schwester gefunden haben muss. Alles
gut stimmt mit dem überein, was du zu mir gesagt hast. Jetzt müssen wir
um Bestätigung des frohen Berichts bitten. Sie gaben Sinapati Gold und
Edelsteine. Dann sprach der König: „Wenn das so ist, werde ich einen
Gesandten mit den reichsten Geschenken und Danksagungen in einem
schriftlichen Brief schicken."

Der junge Prinz
verneigte sich tief und sagte: „Oh, schick mich auf diese Suche! Lila
Djouhara würde ich gerne sehen. Vielleicht ist er tugendhaft und gerecht.

Wenn ich völlig sicher bin, dass es meine liebe Schwester ist, schicke ich einen Boten." Und wenn es so ist, bringe ich sie zurück.

Der König war bewegt,
seinen Sohn so sprechen zu hören. „O liebstes Kind", sagte er, „ich lasse dich nur ungern gehen. Aber du musst viele Reiter mitnehmen, damit du nicht lange abwesend bleibst."

„Warum sollte ich
lange weg sein?" antwortete der Prinz mit Verbeugungen; „Denn wenn Lila Djouhara sie nicht kommen lässt, werde ich sofort zu dir zurückkehren."
Der König konnte nun nichts mehr einwenden. Er gab Befehle, um eine Expedition großartig zu machen. Mit reichsten Gaben und Speise und fürstlichen Dingen,
und sandte ihn hinaus mit Segen auf seinem Haupt.
„Bleib nicht zu lange; du bist meine einzige Hoffnung", rief der König;
„Ich werde alt, mein Sohn, und du musst mein Erbe auf dem Thron sein."
Sie begannen früh am vierzehnten Tag desselben Monats. Und Sinapati ritt neben dem Prinzen.

Einige gingen zu Fuß, andere
zu Pferd. Als sie weit gegangen waren, sagte der Prinz zu dem Jüngling:
„Jetzt hör zu, Freund. Wenn wir ankommen , darfst du meine Familie und meinen Rang nicht nennen. Ich bin jemand aus einer anderen Stadt. Es gefällt mir nicht, Fremden meinen Rang zu verkünden." . Sollte sich das Mädchen als meine Schwester erweisen ,
kannst du alles erzählen, denn ich werde bald zurückkehren. Mit diesen Worten behielt der junge Prinz seinen Weg bei und gelangte bald in die Nähe der gesuchten Stadt. Er, Sinapati, verließ das Tor und ging mit vier Gefährten, treu wie Stahl, und sechs Dienern durch die Tore. Sie begaben sich sofort zum *Campong* der guten Lila Djouhara.
Sie fanden es geschlossen vor, mit einem verlassenen Blick. „Hier ist niemand. Der König hat alles weggenommen, sowohl Alt als auch Jung", sagte der *Mandar* .
Dann schlug sich Sinapati an die Brust und sagte: „Was ist dann aus meinem lieben Gönner geworden?" „Sei nicht beunruhigt. Ihm ist kein Schaden zugefügt. Der Kaufmann ist mit dem König gegangen, denn der König hat die schöne Bidasari geheiratet und sie zur Königin gemacht und einen schönen neuen Palast in der Wildnis gebaut. Da ist alles Freude." und Glück." Über alle Maßen: War Sinapati froh, diese Worte zu hören? Dann sagte er zum Prinzen: „Mein gnädiger Herr, Lila Djouhara ist in unmittelbarer Nähe. Er steht in höchster Gunst beim König und trägt einen neuen Titel." Sie eilten los, um seinen Wohnsitz zu finden. „Es ist der linke *Campong* ",
bemerkte ein Landsmann. „Dein Herr ist jetzt groß und mächtig und Herr

über uns hier. Der König ist jetzt sein Schwiegersohn geworden." Dann ging Sinapati durch die Tore und sah dort seine Mutter. Ihr Herz war berührt.

Sie küsste ihn und fragte: „Wen hast du mitgebracht?"

„Es ist ein Freund", antwortete er. „Komm, mein Herr", sagte sie zu dem jungen Prinzen, „tritt ein und ruhe dich aus." „Er ist Bidasari so ähnlich", sagte sie zu sich selbst. „Wie heißt du, mein tapferer junger Mann? Du scheinst von edler Geburt zu sein. In Wahrheit bist du gutaussehend und gut erzogen." Dann sagte der Prinz: „Ich werde Poutra Bangsawan genannt. Deinem Sohn bin ich hierher gefolgt." Aber Sinapati huldigte ihm und sie erkannten ihn als Prinzen. Vor seiner Tür schlief der junge Sinapati nachts, um ihn zu beschützen. Am nächsten Tag kam eine Einladung von Lila Mengindra (Before, Djouhara). Also machten sie sich auf den Weg.

Lila Mengindra war ganz erstaunt, das Gesicht des Prinzen so schön zu sehen. „Wer ist dieser angesehenste Fremde hier?" Er fragte sich. „Mein Meister, sprich ein Wort mit Poutra Bangsawan, einem Freund von mir", sagte Sinapati. Da drehte sich der alte Mann um

und sprach zum Prinzen: „Komm her, mein Sohn, und setze dich neben deinen Vater." Er fühlte sich zu ihm hingezogen, er sah Bidasari so ähnlich. Der junge Prinz lächelte und setzte sich auf das Podium .

„Was ist der Zweck Ihres Besuchs?" dann erkundigte sich der gute alte Mann. Der Prinz antwortete mit höflichen Verbeugungen: „Ich bin nur ein bescheidener Fremder, komm, um meine Schwester zu finden. Ich verspreche dir deine Hilfe." „Fürchte dich nicht, mein Sohn, aber vertraue mir, und fürchte dich auch nicht, den Namen deiner Schwester zu nennen. Wenn du ihn haben willst, werde ich dich für einen Sohn halten; ich liebe dich, weil du ein Gesicht hast, das dem meiner Tochter so ähnlich ist." Dann begann der tapfere junge Prinz und erzählte die Geschichte seiner Schwester, wie sie in stressigen Zeiten am Ufer zurückgelassen wurde. „Und wenn ich nur wüsste", sagte er, „wo sie jetzt ist, wäre ich der willige Sklave ihres Herrn." Als Lila Mengindra nun seine Geschichte hörte, war seine Freude unaussprechlich. Seine Liebe zu Bidasaris Bruder wuchs. Mit einem Lächeln fragte er: „Nun, Poutra Bangsawan, sag, aus welcher Familie du kommst, damit ich dir bei deiner Suche helfen und dir helfen kann, deine

Schwester zu finden." Dann senkte der junge Prinz den Kopf und überlegte: „Soll ich lügen?" Denn er wusste nicht, ob es seine Schwester wäre. Lila sah seine Stimmung und sagte: „Lass dich nicht stören. Es ist ganz sicher, dass deine liebe Schwester hier ist. Also sprich die Wahrheit,

damit mein altes Herz mit Freude erfüllt sein kann. Deine Schwester sitzt auf einem Thron und ist wie ein strahlendes Juwel." Ihre Familie. Tut mir nicht mehr leid. Was mich betrifft, mein Herz ist voller Freude."

Der Prinz sah ihm ins Gesicht
und sagte: „Kann ich mich ihm anvertrauen? Ich bin hier ein Fremder und
habe Angst, getäuscht zu werden." Sinapati sagte: „Sprich nicht so, ich bete,
denn jeder weiß, dass dieser Mann zehnkarätiges Gold von Schlacke
unterscheiden kann. Nun liste auf, mein Herr. Auch wenn er mich
stillschweigend befiehlt, sei er ein Prinz, der Sohn eines mächtigen Königs,
und." kommt, um seine Schwester zu suchen. Dann freute sich der
ehemalige Kaufmann in seinem Herzen sehr, als hätte er einen Berg reiner
Edelsteine gefunden. Er huldigte dem Prinzen in angemessener Form und
nahm ihn mit in seine Wohnung, um seine Frau und alle darin zu treffen.
Die beiden Eheleute riefen ihm zu: „Lieber Prinz, in unserem Alter sind wir
sehr glücklich. Als wir deine Schwester süß fanden, waren wir
überglücklich. Und nun hat der König sie geheiratet und auf den Thron
erhoben. Er hat unsere Familie in den Adelsstand erhoben und uns mit
Wohltaten beschenkt." Dann sagte der Prinz lächelnd: „Mit Freude erfahre
ich, dass meine süße Schwester hier ist. Wann kann ich zum König gehen
und sie sehen? Denn ich bin gekommen, um sie nach Hause zu bringen.
Und doch fürchte ich, dass der König sie niemals gehen lassen wird." von
ihm. Wenn ich sie gesehen habe, werde ich wiederkommen.
Drei Tage später gab der König eine Audienz. Der ehemalige Kaufmann
nahm den Prinzen mit, der zuvor die reichsten Geschenke schickte. Der
Prinz war prächtig gekleidet und zeigte sich mit hochmütiger Würde. Sein
Gewand war reich, seine Tunika violett und feurig. Sein vielfarbiger Turban
trug
leuchtende Achate. An seinem Gürtel hing sein Kriss.
Er war vollständig gekleidet, wie es sich für einen Prinzen gehörte, und trug
Armbänder mit kleinen Glöckchen und Ringen. Seine Leggings waren mit
leuchtenden Blumen bestickt, die *Pouspa Angatan genannt wurden* . Er schien
göttlich zu sein –
seine Schönheit war außergewöhnlich. Perlen in unzähligen Mengen
bedeckten sein gesamtes Gewand; Er hatte ein Amulett mit heiligen Versen
aus dem Koran, einen reinen Diamanten. Er ritt auf einem äußerst reich
bekleideten Ross mit einer Shabraque, die mit glänzenden Juwelen
geschmückt war, die Lichtstrahlen warfen. So machte sich der Prinz auf den
Weg, um den König zu treffen. Lila Mengindra begleitete ihn. Der Prinz
näherte sich dem Pavillon des Königs und sofort bemerkte der König seine
Schönheit und sein edles Anmut. „Wer kann er sein?" er dachte.
Unterdessen stieg der Prinz ab und erschien vor dem König. Ganze sieben
Mal verneigte er sich und sagte: „O möge dein Glück zunehmen, erhabener
Herrscher!"

Dann fragte der König mit einem Lächeln
Lila Mengindra: „Wer ist dieser, den Du hierherbringst, mit so edler Miene
und so liebenswürdigem Gesicht?"

Mit demütiger Verbeugung
sagte der ehemalige Kaufmann: „Dieser deine Sklave kam aus fernen
Ländern, von Kembajat, an die Küste, seit er deine Majestät sehen wollte.
Er sandte ihm nur wenige Geschenke vor, von denen er hofft, dass du sie
annehmen wirst." Der ehemalige Kaufmann dachte: „Ich würde seinen
Rang preisgeben. Aber einige könnten denken, ich hätte gelogen, weil der
König Bidasari geheiratet hat, und wenn sie wüsste, dass sie als Prinzessin
geboren wurde, wäre sie vielleicht sehr eitel und hochmütig."

Dem Prinzen gegenüber
war der König sehr freundlich. „Komm und setz dich hier an meine Seite",
sagte er, „für dich halte ich einen Bruder." „Lass mich hier bleiben, mein
Herr, ich bin ein armer, unwürdiger Diener. Ich hoffe, dass du mir
verzeihst. Ich würde gerne ein Untertan deiner Krone werden."
Der König dachte: „Dies könnte ein königlicher Erbe sein,
der hierher gewandert ist. Er ähnelt sehr unserem Bidasari. Schade, dass er
einer anderen Nation angehört." Dann sagte er freundlich: „Bete, sag
wahrhaftig, woher du kommst? Behalte nichts zurück. Wie heißt du? Die
ganze Wahrheit lass es mich wissen." Der junge Prinz verneigte sich tief vor
ihm und sagte: „Mein Name ist Poutra Bangsawan, ich stamme aus der
bescheidensten Familie. Ich suche überall, um eine verlorene Schwester zu
finden. Wenn sie gefunden wird, werde ich sofort zurückkehren." Dann
sagte der König: „Wo ist deine Schwester? Ich werde dir bei der Suche
helfen. Bleib ein oder zwei Monate hier bei mir, damit wir uns
kennenlernen und schnelle Freunde werden können." Dann machte der
junge Prinz seine Ehrerbietung und sagte: „Ich trage deine Befehle auf
meinem Haupt. Du bist ein berühmter König und ich ein bescheidener
Diener. Ich bin der Sohn der guten Lila Mengindra, aber ich war schon
lange weg. Meine liebe Schwester . " Ich suche.
Ich spreche deine Hilfe aus. Aus Kembajat komme ich, ein Untertan deines
Vaters dort, des Königs. Vergib mir, Herr, denn jetzt weißt du alles." Der
König freute sich, eine Stimme zu hören, die der von Bidasari so ähnlich
schien, und fragte Sinapati: „Sag mir jetzt seine Rasse." Dann verneigte sich
Sinapati und sagte: „Mein Herr, aus Fürsten und Kalifen ist sein
Geschlecht. Sein Königreich ist, soweit nicht, das großartigste; Sein Palast
ist der schönste und prächtigste. Schnelle Schiffe liegen im Hafen, alle gut
ausgerüstet." Da war der König entzückt und fand einen Prinzen, der der
Bruder seiner Frau war. Noch mehr fragte er und Sinapati sagte: „Weil sein
Reich vom Feind verwüstet wurde, hat er viel Unglück erlitten." Dann
erkannte der König, dass er von königlichem Blut war und Widrigkeiten
erlebt hatte. Der König stieg von seinem Thron und sagte: „Mein Freund,
tritt in meinen Palast ein." Also gingen der König und der Prinz
hinein. Dort trafen sie die schöne Bidasari. Sie saß neben einem
malerischen chinesischen Fenster,

alles sorgfältig geschnitzt. Sie sah den König und dachte:
„Was ist das für ein feiner junger Mann, den er hierherbringt?" Als sie alle
Platz genommen hatten, blickte der junge Prinz Bidasari an: „Wunderschön
ist sie", dachte er, „meine liebe Schwester und meinem Vater sehr ähnlich."
Dann sagte der König mit lächelndem Gesicht: „Bidasari, Liebling, sprich
mit ihm. Er ist dein jüngerer Bruder, komm, um dich hier zu suchen. Aus
Kembajat kam er. Und dein lieber Vater trauert den ganzen Tag um dich."
Bei dieser Messe seufzte Bidasari. Sie senkte den Kopf und schwieg. Sie war
sehr bewegt, weil sie ihre Eltern nicht richtig gekannt hatte, sich aber für
sie, Djouhara und seine Frau, interessierte. „Ich bin nur die Tochter eines
Kaufmanns", sagte sie schließlich. „Alles ist ungewiss, hat dieser junge
Prinz erzählt. Wenn ich die Tochter eines Königs bin, warum hat er mich
dann hier zurückgelassen und in all den Jahren nie nach mir gesucht? Von
hier bis nach Kembajat ist es nicht weit." Der junge Prinz verneigte sich.
„Deine Worte trage ich auf meinem Haupt", sagte er, „O Schwester, meine
Liebe. Bete, verbanne allen Hass aus deinem Herzen. Wenn du aus
niedrigen Verhältnissen geboren bist, bin ich es auch. Unser Reich wurde
bei deiner Geburt verwüstet. Aber kurz darauf herrschte schöner Friede."
kehrte zurück, und mein Vater kam wieder zu den Seinen. Ich habe
gesehen, wie sehr er in seinem Herzen leidet. Deinen Namen spricht er nie
ohne Tränen aus – Er hat dich nie vergessen. Dann vergib ihm, was er
nachlässig gemacht hat. Außer Er würde dich niemals aus strenger
Notwendigkeit aufgeben.

Dann sagte der König lächelnd
: „Sprich mit ihm, mein Lieber. Er sagt die Wahrheit. Deine Eltern
wanderten durch ein Wüstenland unter einer grausamen Sonne. Es war
unmöglich, dich durch Dornen und Gestrüpp zu tragen." Zu Füßen seiner
Schwester kniete der junge Prinz. Dann nahm Bidasari ihn in ihre Arme.
Der tapfere junge Prinz erzählte ihnen alle Sorgen seiner Eltern. Er weinte
sehr, und sie weinten auch, als er die Geschichte erzählte. Dann setzten sie
sich zum Essen hin. Und danach
nahmen sie Parfüme aller Art an.
Dann verabschiedete sich der junge Prinz. „Wohin gehst du, mein Bruder?"
fragte der König. „Am liebsten würde ich direkt nach Hause zu meinen
lieben Eltern gehen", sagte der Prinz. Aber mit liebevoller Stimme
antwortete der König: „Suche nicht Lila Mengindra. Hier solltest du
bleiben, denn in diesem Palast hast du deine liebe Schwester getroffen. Es
gibt genug Platz für dich. Bleib hier mit deinem ganzen Volk und deinem
Gefolge." Der Prinz verneigte sich tief und ging zum Kaufmann und sagte
zu ihm: „Jetzt werde ich mit meinem ganzen Gefolge im Palast bleiben,
denn so befiehlt der König." Der Kaufmann sagte: „Das ist sehr gut, denn
wo kann man besser übernachten als im Palast?" So kehrte der Prinz mit
seinem ganzen Volk zum Palast des Königs zurück. Dann kamen alle

und Feste wurden abgehalten. Solange er in Indrapura blieb, empfing der junge Prinz alle Höflichkeiten. Und die schöne Bidasari war als Tochter eines mächtigen Königs bekannt. Die Nachricht verbreitete sich weit und breit und alle wiederholten, dass ihr tapferer Bruder gekommen sei, um nach ihr zu suchen.

Königin Lila Sari hörte es
und war überrascht. Sie seufzte einsam und empfand ein unaussprechliches Leid. Sie sagte zu einem *Mandar* : „Ich hatte es zu eilig. Ich habe
auf die *Dyangs* gezählt, aber sie kommen
nicht mehr. Alle vier sind gegangen und haben Bidasari gehuldigt. Alle meine Tricks sind vereitelt. Ich kann niemandem vertrauen." Dann näherte sich Dang Lila und sagte: „Handlungen der Untreue bringen niemals Glück. Gott ist auf der Seite
der Loyalität. Nun sind diese *Dyangs* traurig
und schmachten hinter dir her, aber fürchte den König. Denkst du nicht, oh Königin, dass du Böses getan hast? Denn während der König abwesend ist, wird niemand Dein Herz erfreuen." Die Königin antwortete wütend: „Suche nicht nach Trost. Der König
schätzt mich nicht
nennt sich einen Prinzen. Geht, *Dyangs* , leistet dem König Dienste, und er mag euch begünstigen, so wie er es mit ihr getan hat. Sie schien äußerst zornig zu sein. Aber sie bereute die Wahrheit sehr und schmachtete in tiefem Kummer dahin. An anderen Tagen blieben ihr weder Wünsche noch Launen unbefriedigt. Jetzt waren alle für den König. Das Herz der Königin wurde von Tag zu Tag wütender, als ob der Stich eines Skorpions sie verletzt hätte. Und ihr Kummer wurde größer, als sie an die Liebe früherer Tage dachte. Ihr Herz war untröstlich, weil sie den Prunk und die Herrlichkeit ihres Hofes so bitterlich vermisste. Doch eines Tages sagte Bidasari zum König: „Schickt diese *Mendare zurück* ; denn wenn sie alle hier bleiben, wird Königin Lila Sari ganz allein sein." Der König antwortete lächelnd: „Oh nein! Ich werde sie nicht gehen lassen. Sie ist so niedergeschlagen und barbarisch, dass niemand sie liebt. Alleine geht es ihr viel besser." Dann sagte Bidasari zum schönen König: „Dein Zorn war zu schnell. Sie sprach im Zorn, weil sie an einen Hof gewöhnt war. Was hat ihr an dir gefehlt, dass du sie auf diese Weise zurückweisen solltest? Du hast ihr Liebe geschenkt, und nun wirst du sie voller Kummer verlassen. Sei nicht so erzürnt über sie, denn sollte es ihr mangeln, würde sich die Schande auf deinem Kopf widerspiegeln. Das Gesicht des Königs hellte sich auf und er sagte: „Meine Liebe, ich ging, um sie zu sehen, aber sie trieb mich mit bitteren Worten hinaus. Ihr Verhalten war unerträglich. Und sie überhäufte mich mit Beschimpfungen." Aber Prinzessin Bidasari sagte: „Verweile nicht darüber, mein Freund. Sie war von Zorn und Eifersucht beunruhigt. In

anderen Tagen hast du sie umarmt und geküsst. Jetzt ist sie allein. Und vielleicht hast du ihr irgendwie wehgetan oder ihren Körper gequetscht." Daraufhin verließ der König seine ganze Wut. Er sagte: „O reinste Seele, Du sprichst gut und weise. Wie könnte ich dich nicht lieben, mein Lieber, und ein Leben lang an dir festhalten? Oh, niemals mögen wir getrennt sein! Zweig meines Herzens, Licht meiner Augen, das tust du.
"

Aber guter Wunsch. Du bist die ganze Welt für mich. Ich werde zu ihr gehen, wenn du darum bittest. Vielleicht findet eine Versöhnung statt. Aber sie muss zuerst ihre Fehler eingestehen. Wenn sie Reue zeigt, werde ich sie sehen gehen." Die Frau des Kaufmanns war gekommen und hatte diese Worte gehört. Ihre warmen Tränen flossen. Sie dachte bei sich: „Meine Tochter hegt keine Rache im Herzen." Dann brachte Dang Bidouri dem König und der Königin köstlichen Reis. Sie aßen und tranken, und ihre Liebe wuchs von Stunde zu Stunde. Dann gab er dem König den Befehl, den Prinzen zu rufen. Er kam mit lächelndem Gesicht und anmutigen Verbeugungen. „Setzen Sie sich hier neben uns", sagte der König, und alle drei speisten dort zusammen, die Königlichen, umgeben von geschickten Dienern und *Dyangs*.
Sie unterhielten sich fröhlich und aßen lachend. Als alles fertig war, nahm der König von
Siri etwas aus der Beteldose , parfümierte sich und dann zog sich der Prinz zurück.

Als zwei kurze Monate
vergangen waren, dachte der Prinz an sein Zuhause und seine Eltern. Zu sich selbst sagte er: „Ich gehe." Er gab den Befehl, sich auf seine Abreise vorzubereiten. „Es widerstrebt mir, meine Schwester zu verlassen", sagte er zu Sinapati. „Hier ist mein Leben voller Freude. Aber daheim habe ich meine Eltern in Sorge gelassen." Dann verneigte sich Sinapati und sagte: „Mit dir werde ich gehen."

LIED V

Eines bestimmten Tages kamen die
Mantris vor den König im großen Pavillon. Und mit ihnen kam der junge Prinz und warf sich vor den Thron. Der König sagte lächelnd: „Setz dich an meine Seite, mein lieber Bruder, ich habe dich einen ganzen Tag lang nicht gesehen." Der Prinz verneigte sich und sagte: „Mein gnädiger Herr, wenn du mir verzeihen würdest, würde ich zurückkehren und meinen Eltern die freudige Nachricht überbringen.
Mein Vater befahl mir, meine verlorene Schwester zu suchen,
und dennoch weiß er nichts von ihrem guten Schicksal." Der König antwortete voller Trauer: „Mein Bruder, warum willst du so schnell gehen?

Wir kennen uns kaum, und ich habe nicht genug von deiner lieben
Gesellschaft gehabt." Der Prinz antwortete: „Oh, sei nicht traurig, mein
gnädiger Herr. Sobald ich meinen lieben Vater gesehen habe, werde ich ihm
sagen, was für gute Dinge geschehen sind. Es wird sein Herz beruhigen, die
Freude meiner Schwester zu hören. Meine Eltern." Ich werde froh sein, all
Deine große Güte zu erfahren. Und bete, betrachte mich als Dein Thema.
Bald werde ich wieder zurückkehren. Die Emotionen des Königs wuchsen.
Mit angenehmer Stimme sagte er: „Lass dich von deiner Schwester beraten.
Achte darauf, was sie sagen mag." Sie fanden die Königin im Inneren, die
schöne Bidasari, und die anwesende Dyang Agous Djouhari. Alle setzten
sich und nahmen etwas *Siri* aus der Betelbox.
Dann sprach die Königin zu dem jungen Prinzen: „Komm her. Mein
Bruder, warum habe ich dein Gesicht zwei lange Tage lang nicht gesehen?"
Mit Verbeugungen antwortete der Prinz: „Ich hatte eine Menge Dinge zu
tun. So bin ich nicht gekommen; denn meine Gefährten streben alle nach
Hause, um zurückzukehren. Deshalb muss ich mich am nächsten Morgen
von dir verabschieden, wenn der
silberne Mond verblasst." vor dem Sonnenuntergang." Die Königin war
betrübt, als sie diese Worte hörte, und vergoss eine Flut von Tränen. Ihr
zartes Herz war berührt. Außer sich vor Kummer rief sie: „Oh erlauchter
Prinz! Wie kannst du gehen, seit wir uns kennengelernt haben? Ich habe
dich geliebt, seit ich wusste, dass du mein Bruder bist. Es schmerzt mich,
dich sagen zu hören, dass du so bald gehen wirst." Ich muss von geringer
Abstammung sein! Es war falsch, dass du dich mein Bruder nennst. Ich bin
ein armes und schwaches Waisenkind, und wie sollte ich die Liebe eines
großen Prinzen verdienen?" Als er das hörte, senkte der Prinz den Kopf
und war sehr beunruhigt. „Süße Schwester", sagte er, „trauere nicht so. Ich
kehre nur zurück, weil unsere Eltern so besorgt sein müssen. Ich liebe dich
so sehr, mein Liebling, dass mir fast das Herz bricht. Wenn du so zu mir
sprichst,
meine
Liebe , mein Kummer wird noch zunehmen. Ich konnte dich nicht
verlassen, aber ich muss die Wünsche unserer Eltern respektieren. Sie
haben mir befohlen, mich zu beeilen. Also – süß – ich bete, dass du Mitleid
mit mir hast."

Der König war sehr beunruhigt und
bemerkte den Kummer der schönen Prinzessin. Er küsste ihre Lippen, gab
ihr einen *Sepah* und sagte mit zärtlicher Stimme: „Meine geliebte Frau, was
wünschst du? Lass jetzt deinen Bruder gehen. Wir werden deine Eltern in
wenigen Tagen hier sehen." Die Königin weinte bitterlich und sagte zu ihm:
„Seinen Wünschen widersetze ich mich nicht. Er soll tun, was immer es
ihm gefällt. Denn ich bin nur ein Fremder, ein verlorenes Kind, und wer
sollte an mich denken oder mich lieben." WAHR?" Dann verneigte sich der

Prinz und sagte: „In Wahrheit weiß ich, dass du meine Schwester bist.
Sprich nicht so. Gott weiß, wie sehr ich dich liebe, meine Schwester. Wenn
du mir nicht erlaubst zu gehen, werde ich keinen Widerstand leisten. Ich
bin glücklich hier mit dir, aber unsere lieben Eltern sind in grausamen
Zweifeln und warten auf Neuigkeiten von dir. Jetzt, wo ich weiß, dass dein
Mann ein König ist, würden unsere lieben Eltern so überglücklich sein, es
auch zu erfahren!" Dann sprach der König mit strahlendem Gesicht:
„Kehre nicht zurück, mein Bruder", sagte er. „Ich werde schnelle Boten
schicken, um die frohe Nachricht zu überbringen, dass Bidasari gefunden
wurde. Dann, wenn er will, hoffen wir, deinen königlichen Vater hier zu
sehen. Ich werde selbst gehen, um ihn zu treffen, wenn er kommt." Der
junge Prinz verneigte sich und sagte: „Nein, sende lieber deine Boten, ein
großer König kann nicht so weit weggehen." Königin Bidasari hörte diese
Worte und freute sich sehr und gab ihrem Bruder fröhlich ihre Betelbüchse.

Der König
streichelte seine Frau und sagte: „Meine liebste Seele, liebe deinen Bruder
nicht mehr als mich." Er rief Lila Mengindra an. Bald kam der Kaufmann
vor den König und den Prinzen. Der König rief aus:
„Komm her, mein Onkel. Sag mir, willst du einen Brief an den König von
Kembajat bringen –
um ihm zu beweisen, dass wir leben?"

So sprach der König
und rief seinen Staatsrat, der kam und ihm die Hände küsste. Der König
befahl ihm dann, einen Brief zu schreiben, alles in goldenen Buchstaben.
„Nun", rief der König, „lasst uns jetzt den Brief hören." „Jetzt sei Gott
gepriesen", so begann er, und die ganze schöne Geschichte von Bidasari
wurde rezitiert. Dann versammelte der König ein mächtiges Heer und mit
Elefanten und Rossen brachten zehn *Mantris* den Brief des Prinzen
zu seinen Eltern. Mit der Kavalkade ging ein großer *Laksimana* , der
als Botschafter des Königs juwelengeschmückte Fahnen, reiche Standarten
und Geschenke von großem Wert trug. Dann wurde Sinapati vom König
Laksimana Mantri genannt und erhielt
eine schöne Ausrüstung, gefolgt von hundert Männern, die ihm folgten.
Auf diese Weise bewahrte der König seinen Ruf als mächtiger König.

Als er die Gesandtschaft geschickt hatte,
ging der König zu seiner Frau, und sie waren sehr fröhlich. Seine Liebe zu
ihr wurde von Tag zu Tag größer. Auch der ehemalige Kaufmann war
beliebt. Er gab dem König gute Ratschläge und gehorchte seinen Befehlen
bereitwillig. Er speiste oft zusammen mit dem König und der Königin. Sein
Reichtum wuchs enorm. In Indrapura konnte überhaupt niemand mit ihm
konkurrieren. Er war dem Hauptmantri sehr *verbunden* . Sie waren
gleichermaßen

an Klugheit, Weisheit und Treue und hatten unbestrittene Macht über das
ganze Volk. Unter ihrer Herrschaft wuchs der Wohlstand, und viele
Kaufleute kamen von nah und fern. Im Königreich herrschte Frieden. Der
König jubelte, und alle im Land waren glücklich.

LIED VI

das *Laksimana-Mantri* singen,
das zur Botschaft ging. Sobald
der große König von Kembajat die Nachricht
von seiner Ankunft erhielt, freute er sich sehr. Er sagte es der Königin und
wartete im Audienzsaal. Dann zogen die Offiziere mit Elefanten und
Payongs aus . Eine zahllose Menschenmenge
war mit Musik und Fahnen dabei. Sie trafen die Botschaft und gaben mit
reichen Geschenken die Befehle des Königs. In die Stadt. Dann traten alle
ein. Der König war sehr froh, als ob seine einzige Tochter zurückgekehrt
wäre. Alle verneigten sich vor dem König, der die Geschenke
entgegennahm, während Diener den Brief dem Häuptling der *Mantris*
überbrachten . Und er gab es dem König.
Der Monarch las und war von Freude erfüllt. Er konnte dem guten
Kaufmann nicht genug danken, der seine Tochter auf den königlichen
Thron erhob. Er wollte sofort sein Kind besuchen. Der Brief gab eine
herzliche Einladung. Aber eine Sache beunruhigte ihn: „Er fragte direkt:
‚Hat der Prinz, mein Sohn, nicht die Freiheit, nach Hause
zurückzukehren?‘“ Der *Laksimana* verneigte sich
und sagte: „Der König wollte ihn nicht kommen lassen und flehte unter
Tränen, dass er würde bleiben. Die Königin fürchtete, wenn ihr Bruder
ginge , würde sie ihren Vater nie sehen
. Von euren beiden Kindern überbringe ich herzliche Grüße. Freundliche
Nachsicht aus eurem Herzen. Sie bitten und drücken ihre Einladung aus.
Ich sehne mich nach Vergebung für mich selbst, oh König, und hoffe, dass
deine lieben Kinder das Angesicht ihres Vaters sehen und dass die
Königreiche ein Reich werden mögen. Bei diesen Worten lächelte der
König. "Ah, gut!" Er sagte: „Ich werde noch sieben Tage warten.“ Dann
flogen Fragen, und der große König erfuhr alles über sein Kind.

Die Indrapura- *Mantris* zerfielen,
als der Abend kam. Der König wies ihnen einen separaten Palast zu, mit
dem besten Essen. Er gab Befehle für die Vorbereitungen großartig. Zur
Königin sagte er: „In sieben Tagen, meine Liebe, möchte ich anfangen,
denn ich werde keine Ruhe haben, bis ich unser geliebtes Kind gesehen
habe.“ Dann versammelte er dort alle seine *Mantris* ,
Jung und Alt, mit Elefanten und Rossen. Und alles war bereit, wie er es sich
gewünscht hatte, weiterzugehen.
Während die Morgensterne noch funkelten,

erklang der königliche Gong viele Male. Die Wachen machten vor Freude
einen Satz. Die Offiziere kamen heraus und nahmen ihre glänzenden
Kriegshelme. Ihre nackten Schwerter glänzten alle. So bildeten sie die
glitzernde königliche Kavalkade. Ihre Fahnen und Banner wehten in der
Luft. Alle, die zurückblieben, waren traurig, als hätte ein Messer sie verletzt.
Alle zusammen marschierten, die Lanzenreiter und die Reiter, und sie
schienen eine bewegte Stadt zu sein. Bald verdunkelte sich alles. Der Mond
war wie jemand, der traurig war. Die Schwerter und Lanzen glitzerten wie
eine Insel mitten im Meer. So wird die königliche Eskorte beschrieben,
die durch das Land marschiert. Der König saß auf einem Elefanten, dicht
dahinter saß sein *Siri* -Träger.
Über seinem Kopf spannte sich ein reiches königliches
*Payong , ganz bestückt mit Glocken, und Trommeln und andere Instrumente erklangen
ohne Unterlass.* So machte sich der König auf den Weg
und kam bald nach Indrapura.

Als er in der Nähe war,
blieb er stehen und sogleich sandte ein Gesandter seine Ankunft an, um ihn
zusammen mit dem *Laksimana Mantri anzukündigen* . „Mächtiger König",
sagten sie, „dein königlicher Vater ist angekommen." Der König, seine
Herolde, befahlen daraufhin, Lila Mengindra zu rufen. Mit einem Lächeln
sagte er zu ihm: „Versammelt das Volk und die Armee auf dem Platz. Lasst
sie direkt zu meinem Pavillon kommen, und alle in Festtagskleidung, denn
ich, mein Vater, soll mich heute treffen." Lila Mengindra verneigte sich und
scheuchte ihn hinaus, um die Befehle des Königs auszuführen. Der König
ging in seinen Palast und setzte sich auf einen juwelenbesetzten Sitz. Die
Königin war da und die gute Lila Mengindra an ihrer Seite. Der König sagte
lächelnd: „Licht meiner Augen, lass den ganzen Palast geschmückt sein.
Versammle alle Palastleute und alle jüngeren Mädchen. Unsere Eltern
warten vorerst ohne die Tore. Morgen werde ich gehen, um sie zu
treffen
." Dann rief Königin Bidasari
lächelnd: „Sie sind gekommen, um meinen Bruder zu sehen. Ich kann nicht
vor sie treten und mich zu ihrer Tochter erklären." Aber der junge Prinz
sagte: „Oh, sprich nicht so, meine Schwester, sondern achte auf das, was
ich dir sage, und sei nicht zornig. Wenn ich der Einzige bin, den sie lieben,
werde ich allein mit ihnen gehen." " Dann sagte er zum König: „Mit meiner
lieben Schwester scherze ich nur, um ihre Ängste zu beruhigen." Er
verneigte sich vor dem König und bat um Erlaubnis, sofort zu seinem
Vater gehen zu dürfen. „Nein", antwortete der König, „wir gehen
zusammen." Zu jeder Art von Speisen wurde eine Mahlzeit serviert. Die
königlichen drei aßen zusammen. Dann nahmen sie *Siri* aus der
Betelbüchse und verwendeten süße Parfüme.
Der Prinz verließ daraufhin den Palast. Am nächsten Tag lud ihn der König

ein, mit ihm den königlichen Fortschritt zu beginnen. Alle Banner wehten
und alle freuten sich. Dann sagte er zur Königin: „Bleib hier, meine Liebe,
und ich werde deinen Vater hierher bringen, Schatz." Diese Worte freuten
die Königin. Sie sagte: „Geh hinaus, meine Liebe, und ich werde mit
meinen Augen folgen." Dann verabschiedete sich der König mit dem
jungen Prinzen, gefolgt von vielen *Mantris*. Die Klänge
fröhlicher Musik erklangen. Alle Glocken wurden geläutet, und diejenigen
ohne die Kavallerie waren traurig.

Bald erreichten sie die Grenze,
und König traf König. Die Leute von Kembajat waren alle erstaunt über
das Gesicht des jungen Königs, so schön wie ein Meisterwerk des Malers.
Der alte König blickte alle lächelnd an. Seine Freude war groß. Der König
von Indrapura verneigte sich respektvoll und ließ sich den Elefanten
bringen, der unter dem Vater seiner Gemahlin *gebar*.
„Sohn, wohin gehst du?" „Ich bin gekommen, dich zu suchen." Dann sagte
der alte König: „Warum bist du persönlich gekommen? Es hätte gereicht,
wenn du stattdessen *Mantris* geschickt hättest."
Seine Freude überströmte sein Herz. Er liebte seinen Schwiegersohn sehr.
Auf seinem Elefanten
sagte er: „Komme her, mein Sohn, du bist ein
berühmter König. Dein Körper und deine Seele sind beide gleich und beide
von königlicher Abstammung!" Er drückte ihn in seine Arme und sagte:
„Licht meiner Augen, der allmächtige Gott hat meine vielen Gebete erhört
und mir einen perfekten Schwiegersohn geschenkt." Der König von
Indrapura verneigte sich und lächelte äußerst gnädig. Dann sagte sein Vater
zu dem jungen Prinzen: „Berg, mein Sohn, hier neben mir." Der junge
Prinz bestieg die Seite seines Vaters. Er war so schön wie gemeißeltes Gold.

Inmitten einer fröhlichen Menschenmenge zogen die Könige in die Stadt
ein .
Als sie angekommen waren, verneigte sich der ehemalige Kaufmann vor
ihnen beiden, jetzt dem *Mangkouboumi*. Der mächtige König
von Indrapura verneigte sich und sagte: „Mein Herr, sprich hier mit
meinem Onkel; denn er hat deine Tochter großgezogen." Kaum hatte der
alte König diese Worte gehört, als er voller Freude ausrief: „Komm her,
mein Bruder, lass uns jetzt Bekanntschaft machen." Der alte König, der auf
seinem Elefanten saß, schüttete überall Strahlen des Glücks aus,
und alle Menschen dort waren sehr bewegt. „Das ist mein geliebter
Bruder", sagte er und küsste seine Stirn. „Wie groß war seine Liebe, seine
Treue war unvergleichlich." Der ehemalige Kaufmann verneigte sich und
antwortete dem König: „Ich bin dein Sklave, o König, und trage deine
Befehle auf meinem Kopf. Du überwältigst deinen Diener mit deiner
Gunst." Dann saß der alte König auf dem königlichen Thron, der ganz mit

Edelsteinen geschmückt war, mit dem jungen Prinzen an seiner Seite und allen *Mantris* in der Nähe . Dann kam die Königingemahlin
. Der Prinz und die schöne Bidasari kamen von ihren Sitzen, um ihre Mutter zu empfangen. Alle betraten dann den Palast. Die junge Königin, Fair Bidasari, verneigte sich und wurde von ihren beiden Eltern umarmt. Mit einer Flut von Tränen sagte ihr Vater: „Ach, mein geliebtes Kind, Frucht meines Herzens, Licht meiner Augen, behalte jetzt keinen Hass in deiner Seele gegen uns. Der Wille Gottes ist jetzt offenbar geworden. Wir haben uns schon lange getrennt." Endlich sehen wir einander mit unseren eigenen Augen.
Wir haben großes Unrecht getan, dich zu verlassen, aber lass dein Herz uns trotzdem nicht fremd sein. Später kam Frieden in unser liebes Land – das war unser Schicksal. Was konnten wir
Wir waren auf der Flucht. Wir dachten: „Möge Gott beschließen, dass ein ehrenwerter Mann sie hier finden wird!" Wie können wir jetzt froh sein, dass es so verordnet wurde? Welchen Lohn können wir bieten?" Die süße Bidasari weinte, als sie sich an die Vergangenheit erinnerte. Der König, ihr Mann, war sehr bewegt und empfand großes Mitleid, als er ihre Tränen sah. Und alle waren traurig vor Kummer und Freude, weil sie wussten, dass sie königlicher Abstammung war. Jetzt wurde Essen serviert, und schnell brachten die *Dyangs*
Tabletts für die Prinzen. Die beiden Könige aßen vom Reis, bis sie satt waren, und boten ihn dann ihren Kindern an. Alle nahmen den vor ihnen platzierten *Siri an* und
salbten sich sofort mit seltenen, süßen Düften. Als alle gegessen hatten, riefen die fünf Königlichen Lila Mengindra und gaben ihm die Reste des Festes. Dann sprachen die Könige mit ihm und seiner Frau. Sie verneigten sich beide tief und küssten die königlichen Hände. Dann sagte der König von Kembajat: „Meine Kinder, ich hatte geplant – für den Fall, dass wir uns jemals auf der Erde treffen und bevor die Beute des Todes wird – ein Fest zu geben, das einen Monat dauern sollte, und zu dem ihr einlädt. Im Triumph bin ich mein Meine Tochter würde es gern mit euch allen ertragen. Ich würde mich sofort auf die Insel Nousa Antara begeben und dort ein königliches Fest mit allen Mitgliedern unserer Familie und allen Bitis , Mandars *und* Dyangs *abhalten* .
So war mein Plan – falls ich meine liebe Tochter jemals finden sollte. Nun, solange dieser Mond noch währt, lass mich das Projekt erfüllt sehen, bevor deine Eltern sterben."

Der gnädige König
von Indrapura verneigte sich bei diesen Worten tief und sagte: „Ich trage deine Worte auf meinem Kopf. Es soll geschehen, wie du es gewünscht hast, mein König."
Und als der Abend kam, war alles vorbereitet.

Weiche Matratzen wurden ausgebreitet, und die beiden Königinnen
brachten sie in ihre Gemächer, und die reichen ägyptischen Vorhänge fielen
herab. Sie versuchten vergeblich zu schlafen. Sie sprachen gemeinsam über
ihre vergangenen Sorgen und bösen Tage. Und weder Könige noch
Königinnen konnten in dieser Nacht schlafen.

Bei Tagesanbruch
begann der sprechende Vogel zu singen und zu plappern. Wenig später
begannen die
Bajangs ihr Lied. Dann standen sie alle auf, badeten, brachen ihr Fasten und
plauderten und vergnügten sich. Dann gab der König von Indrapura den
Mangkouboumi die Nachricht: „Alles bereitet sich
darauf vor, bevor der Vollmond ist. Bereitet alle Arten von Schiffen vor
und belädt sie mit Waffen aller Art. Bereitet alle möglichen Spiele vor, um
zu bestehen." Zeit und alle großen Kanonen und Feuerwaffen in Ordnung
bringen. So befiehlt der König.

Sofort verneigte sich
der *Mangkouboumi* vor dem König
und folgte seinen Befehlen, um ihm zu gehorchen. Er machte die Schiffe
fertig, mit neuer Farbe und Gold. Als drei gut ausgerüstet waren, nahm er
die Menschen der Stadt an Bord. Alle Alten wurden zurückgelassen, aber
von den Jungen blieb keiner. Dann sagte der
Mangkouboumi zum König: „Alles ist vorbereitet." Darüber freute sich der
König und sandte eine Nachricht an den König von Kembajat. Der sagte es
seiner Frau, und sie strahlte. Sie verließen den Palast, Könige, Königin und
Prinz sowie die schöne Bidasari, begleitet von allen Höflingen. Die Klänge
der Musik erklangen und die Glocken wurden geläutet. Alle, deren Los es
war, zu Hause zu bleiben, hatten Schmerzen, als hätte ein Messer sie
getroffen. Die Kanonen donnerten; die königlichen Banner wehten.

Nach einer dreitägigen Fahrt erreichten sie die Inselmesse
Nousa Antara, und die Schiffe machten fest. Die beiden Königinnen saßen
da und sahen zu, wie die geschickten *Dyangs*
die weißen und rosa Korallen aufhoben und
mit hübschen Muscheln spielten. Der König betrat
die Insel Nousa Antara. Der König und seine liebe Frau kamen mit ihrer
süßen, reinen Tochter Bidasari ans Ufer. Der König von Indrapura ging mit
ihnen. Der Prinz ging links neben ihnen her.

Der König
von Indrapura befahl, ein Zelt zu errichten, und eines wurde gebaut. Es war
so groß wie jeder Palast, ausgestattet mit einem königlichen Thron. Die
beiden Königinnen betraten es und suchten Ruhe. Der Prinz verneigte sich
vor seinem Vater und sagte: „Mein königlicher Vater, lass mich auf die Jagd

gehen." Darauf antwortete der König von Kembajat: „Tu, was du willst,
Licht meiner Augen." Der König von Indrapura sagte lächelnd: „Ich werde
mit dir auf die Jagd gehen, mein lieber Bruder." Der Prinz antwortete: „Ich
werde wahrlich entzückt sein, mein Bruder." „Weiter geht es morgen früh",
erwiderte der König von Indrapura. „Ruft das Volk zusammen."

Als die Morgendämmerung erschien,
machten sich der König und der Prinz gemeinsam auf den Weg, eskortiert
von einer Gruppe Jäger, die es versuchten, und machten sich auf den Weg
in die Wälder, um Wild zu erbeuten. Der König und der Prinz und alle ihre
Gefolgsleute leisteten schnelle Arbeit. Das Spiel nahm Fahrt auf. Dann
spannte der König seinen Bogen und viele Tiere wurden getötet. Ein Reh
kam vorbeigerannt. Sein Pfeil traf ihn voll an der Schulter, und die Jäger
packten ihn und töteten ihn schnell. In den weglosen Wäldern von Nousa
Antara gab es viel Wild. Ein Tiger brüllte, der König und der Prinz
verfolgten ihn. Der Tiger floh schnell. Der Prinz setzte sich tief in den
Wald. Er konnte das Biest nicht überholen. Er suchte nach der Rückkehr,
konnte aber den Weg nicht finden. Er war allein und in Ratlosigkeit, weil er
seine Jäger nicht mehr erkennen konnte. Dann, als er hin und her wanderte,
fand er schließlich einen Vergnügungsgarten aus vergangenen Tagen, der
König Lila gehörte, wunderschön
und makellos. Er war ganz erstaunt,
als er einen Palast sah. Ganz allein fand er sich, als er dort eintrat. Er ging
umher, fand aber keine lebende Seele. Zu sich selbst sagte er: „Kann dieses
Reich eine Behausung für Dämonen und Geister sein? Kann dies der
Grund für all die Einsamkeit sein, die herrscht?" Dann schaute Er nach
allen Seiten. Plötzlich hörte er eine Stimme, die aber immer noch niemand
sehen konnte. Erstaunt stand er auf. Die mystische Stimme rief: „Habe
Mitleid, Herr, und befreie mich aus diesem Raum." Wie in einem Traum
hörte der Prinz diese Akzente. Dann antwortete er: „Wer bist du? Wessen
seltsame Stimme höre ich, während ich niemanden sehe? Gehörst du zum
Geschlecht der Dämonen und Gespenster? Wo ist der Schlüssel, damit ich
die Tür öffnen kann?" Dann sagte der *Dyang* von Mendoudari
zum Prinzen: „Schau nach links, denn dort wirst du den Schlüssel finden,
der den Palastturm öffnet." Er nahm den Schlüssel und öffnete die Tür
weit. Alle, die drinnen waren, fielen ihm zu Füßen, als sie das Gesicht des
Prinzen sahen. Der Prinz rief ihnen zu: „Sagen Sie, welcher Rasse Sie
angehören. Sagen Sie es schnell. Und wem gehört dieser Palast?" Dann
antwortete ihm Dang Tjindra Melini: „Oh königlicher Prinz, wir sind
Gottes Geschöpfe, wie du. Und dieser schöne Palast des Königs Lila wird
jetzt von Ifrid bewohnt, einem Geisterkönig, mit dem jetzt der berühmte
Prinz Lila lebt." Seine Tochter, Prinzessin Mendoudari, ist hier allein in
einer Kammer eingeschlossen, und Ifrid, der König der Geister, kommt oft.
An jedem dritten Tag kommt er. Seine Augen leuchten wie die Sonne." Als

er das hörte, war der Prinz froh. Den Raum betrat er dann. Die Prinzessin
Mendoudari wollte fliehen. „Wohin willst du gehen, mein Freund", sagte er.
„Ich habe dich gesucht und gefunden. Fliehe nicht vor mir." Die Prinzessin
Mendoudari sagte unter Tränen: „Und bist du verrückt genug, hierher zu
kommen? Die Geister werden dich ohne Zweifel zerstören."
Diese Worte freuten den Prinzen, und er sang ihr dann
ein leises, süßes Lied der Liebe und des Werbens. Die Prinzessin antwortete
mit einem verträumten Gesang. Und als der junge Prinz ihre sanfte Stimme
hörte, verspürte er sehnsüchtiges Mitleid mit ihrem Schicksal. „Fürchte dich
nicht, meine Liebe", sagte er, „denn ich werde über alle deine Feinde
triumphieren." Dann servierte ihnen Dang Sendari köstliches Essen; Und
was übrig blieb, gab ihr die Prinzessin. Auch der Prinz *Siri* aus der
Betelbüchse
und seltene süße Parfüme verwendet. Als es Abend wurde, wurde ein
weiches Lager für den Prinzen ausgebreitet. Und dann suchte die Prinzessin
ihr Zimmer auf, und Vorhänge aus edlem ägyptischen Stoff wurden
zugezogen. Der Prinz hatte gefragt: „Wann kommt der Geisterkönig?" Und
sie hatte gesagt: „Im frühen Morgengrauen." Der junge Prinz konnte nicht
schlafen, aber in den langen Nachtstunden sang er sanfte *Pantoums* .
Als es hell wurde, erhob sich der Prinz. Er hörte, wie ein Geist zum Palast
kam. Dann wurde die Prinzessin voller Angst ergriffen. „Siehe", rief sie, „er
kommt." Dann ergriff der junge Prinz seine Arme. „Fürchte dich nicht",
sagte er; „Vertraue auf Gott. Was er beschließt, muss immer in Erfüllung
gehen. Wenn ich zerstört werde, dann folge mir im Tod. Ich bitte dich nur
um eines, meine Liebe. Wenn ich tot bin, bitte ich dich, um mich zu
weinen, Und lass deinen Mantel mein Wickeltuch sein. Nun lass deine
Blicke folgen, während ich gehe.

Ich werde jetzt von Ifrid erzählen – dem Geisterkönig.
Er lauerte unter dem Palast. Als er hörte, wie die Prinzessin mit dem
Prinzen sprach, stieg sein Zorn wie eine brennende Flamme auf. Sein Schrei
war wie ein Donnerschlag. Der ganze Palast bebte. „Geh von hier", brüllte
er dem Prinzen zu, „und spüre meine mächtige Macht." Dann erklangen
süße Liebeslieder, die er mit der Prinzessin austauschte. Seine Miene war
wie die von Sang Samba, und sein Gesicht war edel fest, als ginge er einem
brüllenden Tiger entgegen. An seiner Seite trug er ein seltenes
Karfunkelschwert und Pfeile, deren Spitzen in tödliches Gift getaucht
waren. Ifrid, die Kreatur mit zwei Köpfen, wie ein Gespenst, kam mit
schrecklichem Gelächter. Er hob einen Stein auf
und schleuderte ihn auf den Prinzen, der ihm jedoch ausweichen konnte.
Dann stürzte sich voller Zorn Ifrid auf ihn. Doch schnell ließ der Prinz
einen scharfen Pfeil fliegen und durchbohrte sein Herz. Ein Stöhnen, und
dann fiel er und starb am Fluss. Dann beeilte sich der Prinz, sich der
Prinzessin anzuschließen.

Als sie
den Geist Ifrid tot sah, freute sie sich sehr und verneigte sich vor dem
Prinzen. Große Freude strahlte in ihrem schönen Gesicht, weil ihr Leid
aufgehört hatte, und sie war froh, dass sie dem Prinzen ihre Rettung
verdankte. Es war, als hätte sie einen Berg voller Juwelen gefunden. Dann
sagte sie: „Einst war ein Kalif eine hohe Gottheit und nannte sich König
Lila. Gott wird dich für deine Taten segnen, oh mächtiger Prinz."

Der Prinz
sagte mit Küssen: „Du hast einen bezaubernden Mund. Deine Form ist
geschmeidig. Bitte sag mir, warum ich dich nicht lieben sollte? Du bist
schön wie eine Statue aus reinem Gold, und du sollst eine Prinzessin in
meinem Palast sein. Nun, ich . " Wisse,
dass deine Herkunft edel und deine Rasse hoch ist. Sie unterhielten sich
fröhlich, während etwas Essen serviert wurde. Der Prinz aß mit Vergnügen
an der Seite der schönen Prinzessin. Als alles erledigt war, nahm er etwas
Siri aus der Betelbüchse
und benutzte Parfüm. „Du bist ein süßer Jasmin", sagte er, „ein
Gegenmittel gegen jedes Übel, und du sollst meine Frau sein."

Am nächsten Tag nahm der Prinz
sie auf seinem Pferd hinter sich und sie zogen ab. Die *Dyangs* begleiteten
sie.

Jetzt werde ich alles über die *Mantris* erzählen .
Bis zum Einbruch des Abends blieben sie beim König von Indrapura und
warteten, um den Prinzen wieder willkommen zu heißen. Und es
beunruhigte sie sehr, dass er so lange auf sich warten ließ. Der König befahl
ihnen dann, den Prinzen aufzusuchen und herauszufinden, warum er so
lange von ihnen getrennt blieb. Dann machte sich *Mantris* vier auf den Weg
und jagte weit
und breit, fand ihn aber nicht. Sie überbrachten die Nachricht
, dass er nicht gefunden werden konnte. Der König war traurig und befahl
ihnen, dem König, dem lieben Vater seiner Frau, zu sagen, dass der Prinz
verloren war. Der alte König fiel in Ohnmacht, als er die Geschichte hörte.
Sie besprengten ihn mit Rosenöl und er kam wieder zur Besinnung. „O
mein Kind", sagte er, „mein Herz hat alle Hoffnung verloren. Wo bist du
jetzt? Ich selbst werde gehen, um zu suchen."

Der König
weinte viel und seine liebe Frau. Und was sie betrifft – die süße Bidasari –
schien sie den Wunsch zu haben, sich umzubringen, denn nie auf der Welt
hat ein Bruder seine Schwester so geliebt wie der Prinz und Bidasari. Als
der Tag anbrach, kam der König von Indrapura zurück, traurig und
weinend. Dann sagte der König von Kembajat: „O mein Sohn, sei still.

Weine nicht, denn du vergrößerst nur den Schmerz, den ich fühle." Aber Indrapuras König antwortete: „Leider! Er war mein wahrer Bruder, so mutig und gut!" Doch während sie so klagten, stand der Prinz mit seiner schönen Gemahlin vor ihnen. Er verneigte sich vor allen. Der König, sein Vater, sah es und konnte nicht sprechen. Er dachte: „Es ist die Stimme meines lieben Sohnes." Dann kam die Erkenntnis und er war wild vor Freude. Der Prinz erzählte dann, wie er den Tiger gejagt hatte und sich in einem Wald verirrt hatte: wie er dort einen Geist getötet hatte, Ifrid, den Schrecken.

Der König
hörte alles, was er sagte, und freute sich sehr. Dann kamen die Diener, die allen köstliches Essen servierten. Der König aß mit seiner Frau und seinen lieben Kindern. Zusammen waren sie sechs. Ihnen wurden allerlei seltene und köstliche Speisen serviert, und der König
nahm *Siri* aus der Betelbüchse und benutzte
süße Parfüme. Der große König von Kembajat veranstaltete dann ein Fest, das ganze sieben Tage dauerte, mit Musik und unterhaltsamen Unterhaltungen. Ich bin froh, dass die Freude ihren Höhepunkt erreicht hat, die geborene Freude und der Tanz. Die Könige amüsierten sich. Alle möglichen Spiele gab es. Intji Bibi,
ein Sänger aus Malakka, sang mit Anmut. Die sieben Tage vergingen, die Prinzessin Mendoudari war ganz in ihren Prunk gekleidet. Die Frauen der beiden Könige nahmen sie in die Hand. Der Prinz stand unter der Leitung des
Mangkouboumi Ta'en. Die süßesten Düfte der Prinzessin verströmten. Ihre Manieren waren äußerst liebenswürdig und höflich wie bei einer wohlgeborenen Person. Jede Art von Edelstein und Juwel funkelte in ihren Gewändern. Sie trug einen Ring – der hieß
Astokouna – und noch einen anderen mit dem Namen
Glangkano und noch einen, mit hellen Steinen, alle nach Ceylon-Art geschnitzt. Ihre Locken kräuselten sich wie eine voll erblühte Blüte, und auf ihnen glänzten viele Edelsteine. Die *Tourie-* Knospen
wurden ihr gut. Ihre Gesichtszüge waren so strahlend wie die eines reinen himmlischen Wesens. So wurde die schöne Mendoudari gekleidet und zum Sitz der Braut geführt, und zu beiden Seiten standen sieben Töchter
der Mantris mit schwenkenden Fächern. In der Zwischenzeit sorgte der
Mangkouboumi geduldig
dafür, dass der Prinz ermüdete. Er trug eine Königskrone, hergestellt auf der Inselmesse namens Nousa Antara, und einen reichen Mantel, der an den Seiten offen war und im Westen hergestellt wurde. Um seinen Hals hing eine gemeißelte Halskette. Seine Tunika flammte in Orange, wie die Robe des großen Schahid Schah Pri. Sein leuchtender Gürtel bestand aus *Tjindi-* Stoff und war mit seltenen Achaten gesäumt.

Er trug ein Amulett mit reinem Diamanten, in das heilige Worte des
Korans eingraviert waren. Er trug ein Juwel wie einen Schmetterling, den
schönsten, und viele Ringe und Edelsteine. Seine Gesichtszüge waren von
höchster Schönheit und glichen denen einer Gottheit im Himmel. Als er so
gekleidet war, trat der junge Prinz hervor und huldigte seinen beiden Eltern.
Er ging zum vereinbarten Ort und alle Kinder des Hofes versammelten sich
dort vor ihm, während zwei Heroldssöhne neben ihm standen und Fächer
wie schwebende Wolken schwenkten. Alle bewahrten strengstes Schweigen.
Dann
kam eine Gruppe Soldaten mit glitzernden Klingen.
Das königliche Schwert, ganz mit Diamanten geschmückt, ließ
Lichtstrahlen aufblitzen. Dreimal gingen sie alle um die Insel, mit Musik
und Glockenlärm. Und alle, die vergeblich hörten, versuchten, die Zahl zu
schätzen. Alle rannten los, um den Fortschritt zu sehen – Männer und
Frauen. Manche zerrissen ihre Kleidung, manche verloren ihre Kinder,
abgelenkt von der Freude und dem Lärm. Als die Prozession beendet war,
wurde der junge Prinz rechts von Prinzessin Mendoudari im Palast
platziert. Dann wurde ihnen Reis namens *Adapadap gebracht*, und sie wurden
ein verheiratetes Paar. Und das ganze Volk zerstreute sich. In drei Tagen
wurde Mendoudari von Bidasari neu gekleidet. Sie war mit einem Gewand
aus bestickter Seide bekleidet. Der Prinz war ebenfalls fröhlich gekleidet,
passend zum frohen Anlass. Nun machten sie wieder in voller Pracht einen
königlichen Rundgang um die Insel. Der König und Bidasari fuhren in
einem großen Streitwagen, und in einem anderen fuhren der Prinz und
Mendoudari, seine schöne Braut. Dann kamen sie zurück, um sich auf den
weichen Kissen des Rich-Palastes auszuruhen. Dann fragte der mächtige
König von Kembajat seine liebe Frau: „Was denkst du, Liebling? Sollen wir
morgen früh zurückkehren?" Mit einem Lächeln antwortete die Königin:
„Ich trage Deine Befehle auf meinem Kopf." Am nächsten Tag waren die
Herzen der gesamten königlichen Gesellschaft voller Freude. Dann
versammelten sich die Offiziere, um die Befehle des Königs zu befolgen,
und er freute sich, sie pflichtbewusst zu sehen. Am nächsten Morgen
weckte das Lied der *Bajans* den König.
Im frühen Morgengrauen begab sich jede Prinzessin mit ihrem Herrn und
allen Offizieren auf das Schiff. Sie segelten weit weg von der Inselmesse
Nousa Antara und kamen in drei Tagen nach Indrapura und zur
Flussmündung. Als sie wieder am Palast ankamen, kamen die *Mantris* voller
Freude und küssten ihre Hände.
Der König von Kembajat sagte, dass er gehen wollte. Kaum hatte der
schöne König von Indrapura
gehört, dass seine Eltern
sofort in ihr Haus gehen wollten, als die *Mantris ihn* riefen
und Befehle gaben. Der König von Kembajat machte sich am nächsten Tag

im Morgengrauen mit seiner lieben Frau auf den Weg. Im Palast ihrer süßen Tochter trafen sie den schönen König von Indrapura. Der König von Kembajat saß an seiner Seite und sagte in sanftester Stimme: „Nun, Bidasari, Kind, deine Eltern werden nun heimkehren. Gehorche dem König, deinem gnädigen Ehemann, in allen Dingen. Der ehemalige Kaufmann hat dich erzogen. Er wird es tun." Sei ein Vater für dich. Strebe hart danach, das Herz deines Mannes zu gewinnen, und missachte niemals seine Wünsche. Kaum hatte sie diese Worte gehört, als sie auf die Knie ihres Vaters fiel und eine Flut von Tränen vergoss. Der König umarmte sein Kind und sagte weinend: „Meine liebe Tochter, reines Gold, das Hauptjuwel meiner Krone, Licht meiner Augen, Zweig meines Herzens, sei nicht beunruhigt, meine Seele, und lass dein Herz nicht traurig sein." Die königlichen Vier weinten alle zusammen. Dann sagte der Vater: „Mein Sohn, vollendeter Prinz, wir vertrauen dir, unserem Bidasari. Zeige ihr den richtigen Weg, wenn sie beiseite treten sollte, denn hierher kam sie als Gefangene. Sollte sie eine Korrektur benötigen, wird es für uns keine Schande sein." ." Bei diesem Jahrmarkt war der König von Indrapura sehr bewegt. Er verneigte sich und sagte: „Mein Vater, sprich nicht so. Ich habe die beste Meinung über das Mädchen. Unsere Herzen sind eins, wie der Körper mit der Seele. Dieses Königreich gehört ganz ihr, der Hüter ihrer Besitztümer, und ich werde es tun." erfülle ihr jeden Wunsch. Der König antwortete voller Freude: „Nun, Tochter, Juwel meiner Krone, du stehst nicht mehr unter meiner Herrschaft, sondern ganz unter den Befehlen deines geliebten Mannes." Er war sehr bewegt und sagte zu dem

Mangkouboumi

: „Bruder, nimm alle meine Schätze, denn wir können niemals all deine Güte vergelten." Der ehemalige Kaufmann und seine Frau verneigten sich tief: „Deine Dankbarkeit, oh Prinz, ist groß, aber alle deine Schätze sind die Nahrung deiner königlichen Tochter. Für sie werden wir sie behüten." Aber der König antwortete:

„Nein, sprich nicht so, mein Bruder. Sollte ich ganz Indrapuras Gewicht in reinstem Gold geben, würde es dich nicht für deine Fürsorge und Liebe bezahlen. Wir sind dir von ganzem Herzen ergeben." Im Morgengrauen frühstückten sie, aber alle waren traurig, denn nun mussten sich ihre lieben Eltern und ihr Bruder von Bidasari trennen. Sie weinte sehr, weil sie spürte, wie ihr Herz ihm, ihrem Bruder, galt. Dann sagte sie: „Ich muss den Platz der Eltern einnehmen, aber wo soll ich einen Bruder finden?" Prinzessin Mendoudari verneigte sich vor Bidasari und sie küssten sich unter Tränen. Die schöne Bidasari sagte: „Meine liebe Schwester, süße Mendoudari, wann wirst du zurückkehren? Bleib nicht zu lange in Kembajat, denn ich konnte deine Abwesenheit nicht ertragen. Lebe wohl, meine Liebe." Der König umarmte seine Tochter. Beide weinten bitterlich. Der königliche Vater sagte: „Bleib hier, mein Schwiegersohn, bei

deiner lieben Frau." Der König verneigte sich vor seinen Eltern. Der junge
Prinz verneigte sich vor dem König, seinem Bruder, und trat schweren
Herzens an Bidasaris Seite, seine liebe Schwester. Dann weinte er viel und
sagte: „Oh meine Schwester, Juwel meiner Krone, sei nicht so traurig. Ich
gehe, aber wenn du Verlangen verspürst, werde ich jedes Jahr kommen, um
dich zu besuchen." Der süße Bidasari küsste ihn. Aber ihre Trauer war
unaussprechlich. „O lieber Bruder, erhabener Prinz", sagte sie, „Deine
Abwesenheit würde dann viel zu lange dauern." Der Prinz antwortete mit
Verbeugungen: „Beruhige deinen Kummer, meine liebe Schwester. Denn
wenn der König es erlaubt, komme ich vielleicht früher zu dir zurück."

Der mächtige König
von Indrapura sagte in freundlichem Ton: „Obwohl er dein Bruder ist, liebe
ich ihn dennoch sehr, mein Lieber. Wir hatten nie das geringste
Missverständnis. Warum bist du nicht schwul? Und warum bist du nicht
willig? er sollte gehen? Wenn dein Vater nicht wäre, würde ich ihn hier
behalten.

Der König ging, gefolgt von
seinem Sohn, der seinen Vater direkt hinter die Tore brachte. Der
Mangkouboumi verneigte sich
vor dem König, der mit großer Begeisterung sagte: „O Vater des lieben
Bidasari, gib deinem lieben Kind Hilfe und Schutz." Der *Mangkouboumi*
verneigte sich erneut und sagte:
„Was auch immer passend ist, ich werde tun. Auf meinem Haupt trage ich
deine Befehle. Ich bin dein Diener." Der Prinz umarmte auch den
ehemaligen Kaufmann und sagte: „Oh lieber Onkel, meine
Führerschwester, und berate sie, wenn sie einen Fehler begeht." Dann sagte
der König von Kembajat: „Mein Sohn, komm, lass uns sofort beginnen."

So weiter ging es ihm.
Der Prinz und die ganze Eskorte gingen. Ein paar Tage vergingen und sie
waren wieder zu Hause. Der Eskorte wurden alle neuen Gewänder gegeben
und den Offizieren viele Geschenke. Durch *Mantris* sandte der König vier
reiche Schätze
an seine geliebten Kinder, darunter viele Rosse und Elefanten. Als sie sicher
in Indrapura ankamen, erschienen sie vor dem *Mangkouboumi* . Er
überreichte sie
dem König und sagte: „O Herr, diese Geschenke stammen von deinem
Sohn." Der König antwortete: „Warum bringst du sie hierher, mein Onkel?
Bewahre sie alle in deiner eigenen Schatzkammer auf." Dann zog er sich
nach innen zurück und sagte zu Bidasari Sweet: „Dein Vater, mein Lieber,
hat uns seltene Geschenke und vier junge *Mantris* und tausend Männer
mit Elefanten und Pferden geschickt. Alles gehört dir." Die schöne junge
Königin antwortete ihm lächelnd: „Du wünschst dir, all das mit mir zu

teilen. Was auch immer dein Wunsch ist, ich wünsche es auch." Der König
verehrte seine Frau und war ihr ergeben. Sein großes Glück wuchs und
seine Domänen erweiterten sich jedes Jahr. Als Bidasaris königliche Geburt
bekannt wurde, verbreitete sich die Nachricht weit und breit und überall
wurde sie verbreitet. Das Reich Indrapura wurde von Jahr zu Jahr
bevölkerungsreicher und mächtiger.

Die böse Prinzessin Lila Sari lebte
allein und trostlos, in tiefer Traurigkeit und voller Reue für ihre bösen
Taten.

Dieses Lied ist schwach, weil meine Fähigkeiten gering sind.
Mein Herz war zutiefst gerührt. Und deshalb habe ich, armer Fakir, dieses
Gedicht hier geschrieben. Ich habe es nicht lange geschafft, weil ich zu
traurig und beunruhigt war. Jetzt ist es endlich geschafft. Zumindest dafür
verdiene ich Ihren Segen.

DAS ENDE.

SEDJARET MALAYOU

LEGENDEN DES MALAYISCHEN ARCHIPELS

[Übersetzt von M. Devic und Chauncey C. Starkweather]

Es war einmal König Iskender, der Sohn von König Darab. Er führte seinen Ursprung auf Roum zurück; Mazedonien war sein Heimatland und Dhoul-Garnein sein Nachname. Nun begab sich dieser Prinz auf seine Reise, um den Ort zu finden, an dem die Sonne aufging; und er erreichte die Grenze Indiens. In diesem Land herrschte ein sehr mächtiger König, dem halb Indien unterworfen war; und sein Name war König Kida Hindi. Sobald König Kida Hindi von der Annäherung König Iskenders hörte, erteilte er seinem Premierminister Befehle, der die ihm unterstellten Armeen und Fürsten versammelte. Als alle versammelt waren, marschierte er los, um König Iskender zu treffen. Die beiden Armeen gerieten in Konflikt und der Konflikt wurde mit äußerster Aktivität auf beiden Seiten weitergeführt, wie es in der Geschichte von König Iskender beschrieben wird. Kida Hindi wurde besiegt und lebend gefangen genommen. Iskender befahl ihm, den wahren Glauben anzunehmen, und Kida Hindi nahm den Glauben an und schloss sich der Religion des Propheten Abraham an, des Freundes Gottes, dem die Ehre gebührt! Dann ließ ihm König Iskender ein Gewand anziehen, das seinem eigenen ähnelte, und befahl ihm, in sein eigenes Land zurückzukehren.

König Kida Hindi war der Vater eines sehr schönen Mädchens, das zu seiner Zeit seinesgleichen suchte. Ihr Gesicht hatte den blendenden Glanz der Sonne oder des Mondes; sie war bescheiden und diskret. Ihr Name war Chehr-el-Beria. König Kida Hindi nahm seinen Premierminister beiseite und sagte zu ihm:

„Ich habe Sie gebeten, Sie um Rat zum Thema meiner Tochter zu fragen, die in diesen Tagen ihresgleichen sucht. Ich habe mir vorgenommen, sie König Iskender vorzustellen.“

Der Minister antwortete: „Eure Majestät hat eine weise Entscheidung getroffen.“

„Sehr gut“, antwortete der König, „morgen, so Gott will, wirst du gehen und den Propheten Khidar aufsuchen und ihm die ganze Angelegenheit erzählen.“

Am nächsten Tag machte sich der Pfarrer dementsprechend auf die Suche nach dem Propheten Khidar. Nach seiner Abreise befahl König Kida Hindi, den Namen von König Iskender auf den Münzen und Standarten seines Reiches zu verewigen. Als der Pfarrer sich dem Propheten Khidar näherte, richtete er einen Salaam an ihn, den der Prophet erwiderte und ihn aufforderte, Platz zu nehmen. Dann sprach der Minister wie folgt:

„Du musst wissen, oh Prophet Gottes, dass mein König eine so innige Zuneigung zu König Iskender hegt, dass ich sie nicht beschreiben kann. Er ist der Vater eines Mädchens, das unter den Kindern der Monarchen dieser Welt vom Aufstieg bis zum Tod ihresgleichen sucht." Untergehende Sonne. Sie ist konkurrenzlos in Gesicht, Witz und Güte. Nun ist es der Wunsch des Königs, die Prinzessin König Iskender vorzustellen, mit der Absicht, sie ihm schließlich zur Frau zu geben."

Nun belagerten die Soldaten von König Souran die ummauerte Stadt Gangga-Chah Djouhan; aber die Wachen schlugen sie zurück, so dass sie nicht näher kommen konnten . Als König Souran dies sah, rückte er auf einem ungezähmten Elefanten vor. Er achtete nicht auf die Pfeile, die von den Verteidigern der Mauer auf ihn abgefeuert wurden, erreichte das Tor und schlug es mit seiner Keule. Das Tor gab nach und König Souran trat ein, gefolgt von seinen Kriegern.

Als König Gangga-Chah Djouhan König Souran kommen sah, ergriff er seinen Bogen und schoss hastig einen Pfeil ab. Der Pfeil traf die Stirn von König Sourans Elefanten. Der Elefant fiel auf die Knie. König Souran sprang schnell zu Boden und zog dabei sein Schwert; Mit einem einzigen Schlag durchschlug er den Hals von König Gangga-Chah, und der abgetrennte Kopf rollte zu Boden. Sobald die Streitkräfte von Gangga-Nagara den Sturz ihres Prinzen sahen, forderten sie den *Aman* (dh Waffenstillstand).

König Gangga-Chah Djouhan hatte eine Schwester namens Prinzessin Zaras Gangga. Sie war überaus schön. Der siegreiche Prinz nahm sie zur Frau. Dann setzte er seinen Marsch fort.

Einige Zeit später erreichte er die Stadt Ganggayon. Früher war es eine große Stadt, deren schwarze Festungssteine bis heute erhalten sind. Diese Festung liegt am Ende des Flusses Djoher. Der Name Ganggayon bedeutet in der siamesischen Sprache „Schatzkammer der Smaragde". Der König der Stadt war Rajah Tchoulin; Er war ein mächtiger Prinz, vor dem alle Könige des Landes huldigten.

Als König Tchoulin die Nachricht von der Annäherung König Sourans erfuhr, rief er alle seine Truppen zusammen und sandte eine Nachricht an die Könige, die ihm tributpflichtig waren. Als alle versammelt waren , machte er sich daran, die Eindringlinge abzuwehren. Die Menge seiner Soldaten war wie die Wellen des Meeres; seine Elefanten und Pferde standen dazwischen wie Inseln; Seine Fahnen und Standarten vermittelten das Aussehen eines Waldes, und die an den Hechtspitzen flatternden Küheschwänze vermittelten das Aussehen von *Lalang*- Pflügern.

Die Armee kam in vier Körpern und erreichte das Ufer eines Flusses. Dort sahen sie die Soldaten von König Souran, die wie Waldbäume aufgereiht waren. Die Siamesen riefen „Pangkal", ein Wort, das „Fluss" bedeutet, und daher wurde dieser Fluss als Fluss Pangkal bekannt.

Die Soldaten von Siam kämpften sofort mit den Soldaten von Kling, die Hindus waren; und der Kampf tobte in unbeschreiblicher Verwirrung. Die auf Elefanten reitenden Soldaten drängten diese großen Tiere vorwärts; die Männer zu Pferd ließen ihre Pferde vor Wut rasen; die Lanzenreiter drückten ihre Lanzen nach vorn; diejenigen, die Hechte trugen, kämpften wütend mit ihnen; und diejenigen, die Säbel trugen, führten manchen tapferen Schlag aus. Blut floss wie Regen. Der Donnerschlag wäre von den Schreien der Krieger und dem Klirren der Waffen übertönt worden. Der Staub, der aus der Ebene aufstieg, verdunkelte die Helligkeit des Tages wie eine Sonnenfinsternis. Die Verwirrung, in die sich die Kämpfer mischten, war so groß, dass es nicht möglich war, die Kämpfer beider Seiten zu unterscheiden: Jeder Angreifer war gleichzeitig der Angegriffene, und derjenige, der im selben Moment selbst mit seiner Waffe zuschlug, wurde von einem Schlag getroffen . Manchmal griffen die Soldaten versehentlich einen Kameraden an. Jeden Moment wurden auf beiden Seiten Menschenmassen getötet und verwundet, vielen Pferden und Elefanten wurde die Kehle durchgeschnitten und das vergossene Blut bedeckte den Boden. Der Staub war verschwunden; Man sah, wie die Kämpfer in so kompakten Massen kämpften, dass sich keine Partei aus der Schlacht zurückziehen konnte.

König Tchoulin schaffte es, sich mit Hilfe des Elefanten, auf dem er ritt, einen Weg durch die unzähligen Horden von König Sourans Soldaten zu bahnen; die Leichen stapelten sich unter seinen Füßen. Eine Schar hinduistischer Krieger kam ums Leben. Der Rest begann nachzugeben. Als König Souran dies bemerkte, stürmte er los, um König Tchoulin im Zweikampf zu treffen. Er bestieg einen acht Ellen hohen, ungezähmten Elefanten, der keinen Führer hatte. Aber auch der Elefant von König Tchoulin war sehr mutig. Die beiden Tiere trafen sich; sie griffen einander an; Der Aufprall ihrer Begegnung war wie der Donner, der die Erde zerreißt; Das Zusammenstoßen und Ineinandergreifen ihrer Stoßzähne erzeugte ein Geräusch wie das eines Sturms, der niemals aufhört. Keiner konnte über den anderen triumphieren.

Dann erhob sich König Tchoulin auf dem Tier, auf dem er ritt, und schwang einen Speer. Er schleuderte es gegen König Souran; Der Speer traf den Elefanten an seiner Flanke und bohrte sich tief in ihn ein. Zur gleichen Zeit schoss König Souran einen Pfeil ab, der König Tchoulin in die Brust traf und an seinem Rücken ausschlug. Dieser Prinz fiel auf die Erde und starb. Als die Soldaten ihren König tot sahen, brachen sie aus ihren Reihen aus und ergriffen in völliger Unordnung die Flucht, verfolgt von den Hindus, die alles, was sie überholten, mit dem Schwert töteten. Die Hindu-Soldaten drangen in die Stadtmauern von Ganggayon ein und plünderten die Stadt. die Beute war riesig.

König Tchoulin hatte eine Tochter, sehr schön. Ihr Name war die Prinzessin Ouangkion; Sie wurde König Souran vorgestellt, der sie zur Frau nahm.

Anschließend setzte der König seinen Marsch fort und erreichte Temasik. Das Gerücht über sein Vorgehen erreichte bald China. Die Leute sagten: „Siehe! König Souran kommt mit einer zahllosen Armee, um China zu erobern. Er hat Temasik bereits erreicht." Diese Nachricht wurde vom König von China mit größter Besorgnis zur Kenntnis genommen. Er sagte zu seinen Ministern und seinen Offizieren:

„Was muss getan werden, um diese eindringende Menge abzuwehren? Wenn der König von Kling hier ankommt, wird er zweifellos unser Land ruinieren."

Der Premierminister sagte: „O König der Welt, ich habe ein Mittel, um ihn abzuwehren."

„Sehr gut", sagte der König; „Versäumen Sie es nicht, es auszuprobieren."

Der Premierminister veranlasste daher, ein *Pilo* , ein Schiff, mit rostigen Nadeln auszustatten. Sie nahmen auch zwei Arten von Bäumen, Kamses und Jujubebäume, mit Früchten beladen; Diese wurden zusammen mit der Erde, in der sie wuchsen, an Bord eines Schiffes gebracht. Als Passagiere und Besatzung wurden alte Männer ausgewählt, die ihre Zähne verloren hatten. Ihnen gab der Minister seine Anweisungen und sie machten sich auf den Weg nach Temasik.

Als sie diesen Ort erreichten, wurde König Souran darüber informiert, dass ein Schiff aus China eingetroffen sei. „Gehen Sie und fragen Sie diese Fremden", sagte er zu seinen Begleitern, „in welcher Entfernung dieses Land von uns liegt." Diese Frage richtete der Flugbegleiter an die Besatzung des *Pilos* und erhielt folgende Antwort:

„Als wir China verließen, waren wir alle noch jung, kaum zwölf Jahre alt; und diese Bäume waren Samen, die wir gesät hatten. Aber Sie sehen, wie alt wir jetzt sind und wie unsere Zähne ausgefallen sind; die Samenkörner sind geworden." Bäume tragen Früchte, und all dies ist in der Zeit passiert, die wir gebraucht haben, um hierher zu gelangen.

Gleichzeitig nahmen sie die Nadeln, von denen sie eine große Menge hatten, und sagten, als sie sie den Hindus zeigten :

„Als wir von China aus aufbrachen, waren diese so dick wie ein Männerarm, und jetzt sehen Sie, wie sie vom Rost abgenutzt sind. Das gibt Ihnen eine

Vorstellung von der Länge der Reise: Wir konnten die Jahre und Jahre nicht zählen die Monate."

Als die Hindus diese Antwort der Chinesen hörten, rannten sie los, um sie König Souran zu melden, dem sie alles wiederholten, was sie gehört hatten.

„Wenn die Sache so ist, wie sie sagen", antwortete der Prinz, „ist das Land China noch sehr weit entfernt. Wann werden wir dort ankommen? Wir sollten besser nach Hause zurückkehren."

„Seine Majestät hat zweifellos Recht", sagten die Beamten.

König Souran meditierte folgendermaßen: „Siehe, der Inhalt des Landes ist mir bekannt, aber wie kann ich den Inhalt des Meeres erfahren? Ich muss unbedingt ins Meer gehen, um ihn zu kennen."

Dann rief er seine Ingenieure und geschickten Männer zusammen und befahl ihnen, eine Kiste aus Glas mit Schloss und Verschlüssen darin anzufertigen, damit er sich darin einschließen konnte. Die Ingenieure stellten die Glasschachtel genau nach den Wünschen des Königs her; sie statteten es mit einer Kette aus reinstem Gold; Dann überreichten sie es König Souran, der sehr zufrieden damit war und sie alle mit reichen Geschenken belohnte.

Der Prinz betrat die Loge, verschwand vor den Augen aller Anwesenden und schloss die Tür hinter sich. Sie trugen die Kiste zum Meer und ließen sie bis auf den Grund sinken. Welche Schätze, welchen Reichtum, welche Werke des Allmächtigen sah König Souran! Die Kiste fiel, bis sie ein Land namens Dika erreichte. Dort kam König Souran aus der Kiste und ging vorwärts, wobei er die wunderbarsten Dinge sah. Er kam in eine große und stark befestigte Stadt, die er betrat, und sah eine riesige Bevölkerung, deren Zahl Gott allein kennt. Dieses Volk, das sich Badsam-Volk nennt, bestand aus Gläubigen und Ungläubigen.

Die Einwohner der Stadt waren erstaunt, das Gesicht von König Souran zu sehen, und seine Gewänder betrachteten sie mit Erstaunen. Sie führten ihn zu ihrem König, den sie Agtab-al-Ard (*d* . *h* . „Eingeweide der Erde") nennen. Dieser Prinz fragte: „Welcher Mann ist das?"

„Mylord", war die Antwort, „es ist ein Fremder, der vorhin angekommen ist."

„Woher kommt er?"

"Wir wissen nicht."

Dann wandte sich der König an König Souran selbst und sagte: „Wer bist du und woher kommst du?"

König Souran antwortete: „Ich komme aus der Welt; ich bin der König der Menschen; mein Name ist König Souran."

König Agtab-al-Ard war sehr erstaunt, als er diese Worte hörte. „Es gibt also", sagte er, „eine andere Welt neben unserer?"

„Die Welt", antwortete König Souran, „beinhaltet viele Rassen."

„Ehre sei Gott, der Allmächtige", sagte der König voller Überraschung. Dann   ließ   er König Souran aufsteigen und mit ihm auf dem königlichen Thron sitzen.

Agtab-al-Ard hatte eine Tochter von großer Schönheit, namens Prinzessin Mah-tab-al-Bahri („Mond des Meeres"). Er gab sie König Souran zur Frau. Dieser Prinz lebte drei Jahre bei ihr und hatte drei männliche Kinder mit ihr. Als König Souran an diese drei Kinder dachte, war er sehr beunruhigt. Er sagte sich: „Was wird aus ihnen hier unter der Erde werden? Oder wie soll ich sie von hier wegziehen?"

Er ging zu Agtab-al-Ard und sagte zu ihm: „Wenn meine Söhne erwachsen werden, wird Eure Majestät mir erlauben, dafür zu sorgen, dass sie in die Oberwelt gebracht werden, damit die königliche Linie von Sultan Iskender Dhoul-Quameen entsteht." darf nicht bis ans Ende der Zeit gebrochen werden?"

Der König antwortete: „Ich werde dich nicht behindern."

Dann verabschiedete sich König Souran vom König und bereitete sich auf seine Rückkehr vor. Der König und seine Tochter vergossen beim Abschied viele Tränen. Dann gab der König den Befehl, das Pferd Sembrani namens Paras-al-Bahri („Seepferdchen") zu bringen, das er König Souran schenkte. Der Prinz bestieg das Pferd, das ihn aus dem Meer trug, und trug ihn in die Luft über den Wogen.

Die Truppen von König Souran erblickten das Pferd Sembrani und erkannten in seinem Reiter ihren König. Der Premierminister nahm sofort eine wunderschöne Stute und führte sie ans Ufer. Das Seepferdchen sah die Stute und kam an Land, um sie zu treffen, und König Souran stieg herab. Dann ging das Pferd Sembrani zurück ins Meer.

Tag der Auferstehung erhalten bleibt. Schreiben Sie die Geschichte auf, damit sie wahr wird. " allen meinen Nachkommen erzählt.

Im Gehorsam gegenüber den Worten des Königs errichteten die Weisen und Ingenieure einen Stein, auf den sie eine Inschrift in der Sprache Hindustans zeichneten. Nachdem dies geschehen war, sammelte König Souran eine Menge Gold, Silber, Juwelen, Edelsteine und kostbare Schätze, die er unter den Stein legte.

„Am Ende der Jahrhunderte", sagte er, „wird ein König unter meinen Nachkommen kommen, der diese Reichtümer finden wird. Und dieser König wird jedes Land unterwerfen, über das der Wind weht."

Danach kehrte König Souran in das Land Kling zurück. Dort baute er eine mächtige Stadt, geschützt durch eine Mauer aus schwarzem Stein mit sieben Reihen Mauerwerk, dick und neun Faden hoch; Die Ingenieure bauten es so geschickt, dass die Fugen der Steine unsichtbar waren und die Mauer wie aus einem Guss wirkte. Das Tor war aus Stahl, angereichert mit Gold und Edelsteinen.

Dieser Wall umschloss sieben Hügel. Im Zentrum der Stadt erstreckte sich ein Teich, so groß wie das Meer; Von einem Ufer aus war es unmöglich, einen Elefanten zu erkennen, der am anderen Ufer stand. Es gab sehr viele Arten von Fischen. In der Mitte erhob sich eine sehr hohe Insel, die stets von einem Nebelmantel bedeckt war. Der König ließ dort alle blühenden und fruchtbringenden Bäume pflanzen, die es auf der Welt gibt. Es mangelte an nichts, und der König begab sich auf diese Insel, wenn er Erholung suchte.

Er ließ auch an den Ufern des Teichs einen riesigen Wald anpflanzen, in dem wilde Tiere lebten. Und wenn der König jagen oder Elefanten mit der Schlinge fangen wollte, ging er in diesen Wald. Als die Stadt fertiggestellt war , benannte der König sie nach sich selbst, Souran-Bidgi-Nagara, und diese Stadt existiert noch immer in der Provinz Kling.

Kurz gesagt, wenn man die gesamte Geschichte von König Souran erzählen wollte, würde man sie genauso lang finden wie die von Sidi Hanza.

DIE ABENTEUER VON BADANG

Es wird berichtet, dass einst in Salouang ein Landwirt lebte, der einen Sklaven namens Badang besaß, den er bei der Rodung von Waldland beschäftigte. Eines Tages breitete Badang seine Netze im Fluss aus; aber am nächsten Morgen fand er sein Netz ganz leer und daneben einige Fischschuppen und Fischgräten. Das Gleiche geschah einige Tage lang. Badang warf die Fischschuppen (*Sisik*) in den Fluss; Aus diesem Umstand leitete sich der Name des Flusses, Besisik, ab.

Währenddessen sagte sich der Sklave: „Wer ist es, der den Fisch frisst, der in meinem Netz gefangen ist? Ich muss aufpassen und es herausfinden."

Mit dieser Absicht versteckte er sich eines Tages hinter einigen Bäumen und sah einen *Hantou* , ein böses Genie oder ein Monster, das den Fisch aß, den er in seinem Netz gefangen hatte. Dieser *Hantou* hatte feuerrote Augen, sein Haar war wie geflochtene Korbweiden und sein Bart reichte ihm bis zur Taille. Badang zog sein Messer, nahm all seinen Mut zusammen, stürmte auf den *Hanou zu* und packte ihn.

„Jeden Tag", sagte er, „frisst du meinen Fisch auf. Aber dieses Mal wirst du durch meine Hände sterben."

Als der *Hantou diese Worte hörte,* fürchtete er sich und wich zur Seite, da er den Händen seines Gegners ausweichen wollte. Als er dies aber nicht tat, sagte er zu ihm: „Töte mich nicht; ich werde dir geben, was du willst, unter der Bedingung, dass du mein Leben verschonst."

Badang dachte: „Wenn ich um Reichtümer bitte, wird mein Meister sie beanspruchen. Wenn ich um die Macht bitte, unsichtbar zu werden, werden sie mich als Zauberer töten. Deshalb ist es das Beste für mich, um die Gabe körperlicher Stärke zu bitten, damit ich die Arbeit meines Herrn tun kann.

In Übereinstimmung mit diesem Beschluss sagte Badang zum *Hantou* : „Gib mir die Gabe körperlicher Stärke; lass mich stark genug sein, um die Bäume abzureißen und auszureißen; das heißt, dass ich mit einer Hand große Bäume abreißen kann." , ein oder zwei Klafter im Umfang.

Der *Hantou* antwortete: „Dein Gebet wird erhört. Du wünschst dir Kraft; ich werde sie dir geben; aber zuerst musst du aufessen, was ich erbreche."

„Sehr gut", sagte Badang; „Erbrechen, und ich werde es aufessen." Der *Hantou* erbrach sich und Badang machte sich daran, ihn zu essen. Er hielt den *Hantou* am Bart fest und ließ ihn nicht los. Dann versuchte er, große Bäume auszureißen; und als er sah, dass er sie mit Leichtigkeit zerriss, ließ er den Bart des *Hantou los* .

Danach kam und ging er durch den Wald und riss riesige Bäume um; Er raubte die Wurzeln mitsamt allem, was einen oder zwei Klafter lang war. Die Kleinen riss er haufenweise in Stücke und schleuderte sie nach allen Seiten. In einem Augenblick wurde der Wald, der eine Wildnis gewesen war, zu einer großen Ebene.

Als sein Meister dieses Werk sah , sagte er: „Wer hat unser Land gerodet? Denn ich sehe, dass es plötzlich völlig von Bäumen und Reisig befreit ist."

„Ich bin es", sagte Badang, „der diese Freigabe herbeigeführt hat."

Dann antwortete der Meister: „Wie konntest du das alleine, so schnell und in einem Arbeitsgang schaffen?"

Dann erzählte Badang alle Einzelheiten seines Abenteuers und sein Meister gab ihm seine Freiheit.

Die Meldung über diese Vorfälle erreichte Singapur. König Krama befahl sofort, Badang vor ihn zu bringen, und er nannte ihn Raden (*dh* königlicher Prinz).

Es war einmal, als der König von Singapur Badang befahl, für seine Mahlzeit die Früchte der *Kouras* am Fluss Sayang zu holen. Badang fuhr dort allein in seinem *Pilang*, oder Boot, das acht Faden lang war, und stocherte es mit einer Stange an, die aus dem Stamm eines Kampas-Baums mit einem Durchmesser von einem Klafter geschnitten war.

Als er am Fluss Sayang ankam, umklammerte er den *Kouras*-Baum. Die Äste brachen, der Baum stürzte um und sein Kopf prallte gegen einen riesigen Felsen. Sein Kopf wurde nicht verletzt, aber der Stein war in zwei Teile gespalten. Dieser Stein ist noch heute am Fluss Sayang zu sehen und trägt den Namen Baloublah, was „gespaltener Felsen" bedeutet. Auch seine Stange und sein Boot sind bis heute erhalten. Am Tag nach seiner Heldentat machte sich Badang auf den Rückweg nach Singapur, mit seinem *Pilang*, voll beladen mit Zuckerrohr, Bananen und *Keladion*- oder essbaren Lilienwurzeln. Er hatte die ganze Ladung gegessen, bevor er in Djohor-the-Old ankam.

Bei einer anderen Gelegenheit ließ der König von Singapur vor dem Palast ein großes Schiff von fünfzehn Faden Länge bauen. Als das Schiff fertig war, wurde zwischen vierzig und fünfzig Männern befohlen, es ins Wasser zu stoßen. Sie konnten es nicht starten. Bis zu 2.000 oder 3.000 Personen waren gleichermaßen erfolglos. Dann befahl der König Badang, die Operation durchzuführen. Badang erledigte die Aufgabe ohne Hilfe und stieß mit solcher Kraft vor, dass das Schiff direkt über die Meerenge ans andere Ufer fuhr. Für diese Leistung ernannte ihn der König *zum Houlubalong*, einem Offizier mit militärischem Rang.

In der Provinz Kling erreichte ein Bericht, dass unter den Offizieren des Königs ein Mann von außergewöhnlicher Stärke namens Badang sei. Nun gab es am Hofe des Königs von Kling einen starken Athleten, der im Land keinen Rivalen hatte. Sein Name war Madia-Bibjaya-Pelkrama. Der König befahl ihm, mit sieben Schiffen nach Singapur zu fahren; „Geh", sagte er, „und kämpfe mit diesem Offizier. Wenn er dich besiegt, gib ihm als Beute die Ladung der sieben Schiffe; wenn du siegreich bist, verlange von ihm einen ebenso hohen Verlust."

„Ich gehorche, Majestät", sagte der Athlet und machte sich mit den sieben Gefäßen auf den Weg.

Als er in Singapur ankam, überbrachten sie dem König der Stadt die Nachricht: „Ein Athlet ist aus dem Land Kling angekommen, um mit Badang in vielen Sportarten zu konkurrieren. Wenn er besiegt wird, wird er die Ladung seiner sieben zurücklassen." Schiffe als verfallen.

Der König kam aus seinem Palast, um eine Audienz zu geben. Der Hindu-Athlet stellte sich vor. Der Prinz sagte ihm, er solle einen Kampf mit Badang versuchen. Badang schlug ihn in jeder Runde.

Gegenüber dem *Balerong* , dem Audienzhof, befand sich nun ein riesiger Stein. Der Athlet sagte zu Badang: „Komm, lass uns unsere Stärke erreichen, indem wir diesen Stein heben. Wer ihn nicht heben kann, wird besiegt."

„Versuchen Sie es zuerst", sagte Badang.

Der Athlet begann und unternahm viele Versuche, ohne dass es ihm gelang, ihn hochzuheben. Schließlich hob er es mit aller Kraft auf die Höhe seines Knies und ließ es wieder fallen.

„Jetzt bist du dran, mein Meister", sagte er.

„Sehr gut", antwortete Badang, hob den Stein hoch, schwang ihn in die Luft und schleuderte ihn dann in Richtung Fluss, am Eingang der Stadt, wo er noch immer am äußersten Ende der Spitze Singapurs zu sehen ist.

Der so besiegte Kämpfer von Kling übergab Badang die sieben Schiffe und ihre Ladungen; Dann kehrte er zurück, sehr traurig und beschämt über seine Niederlage.

Nun erreichte das Land Perlak die Nachricht, dass es in Singapur einen Offizier des Königs namens Badang gab, der an außerordentlicher Stärke keinen Rivalen hatte. Der König von Perlak, so heißt es in der Geschichte, hatte einen Athleten namens Bandarang, ebenfalls sehr stark und von großem Ruf. Dieser Athlet stand vor dem König, als sie von Badang sprachen.

„Mylord", fragte er, „ist Badang stärker als ich? Wenn Sie mir erlauben, werde ich nach Singapur gehen, um einen Angriff mit ihm zu versuchen."

„Sehr gut, gehen Sie nach Singapur", sagte der König. Er wandte sich an Premierminister Toun Parapatih und sagte:

„Mach dich bereit, a *praho* , denn ich werde Bandarang nach Singapur schicken." Als alles fertig war, wurde eine königliche Sänfte vorbereitet und der Pfarrer schiffte sich mit dem Athleten ein und erreichte nach einer Weile Singapur. Prinz Sri Rana Ouira Krama empfing die Sänfte des Königs im Audienzzimmer, umgeben von Radschas, Ministern, Leibwächtern, Herolden und anderen großen Offizieren auf seinen Befehl hin.

Dann wandte sich der Prinz an den Botschafter und fragte: „Welche Provision wird unserem Bruder auferlegt?"

Der Botschafter antwortete: „Siehe, ich habe den Befehl Ihres berühmten jüngeren Bruders erhalten, diesen Untertanen Bandarang hierher zu bringen, um seine Stärke mit Badang zu versuchen. Wenn Bandarang besiegt wird, wird Ihr Bruder Ihrer Majestät den Inhalt eines Lagerhauses zu Füßen legen; und wenn Badang erliegt, werden Sie uns das Äquivalent anbieten."

„Sehr gut", sagte der König; „Morgen soll alles für den Kampf vorbereitet werden." Der König zog sich in den Palast zurück, rief Badang zu sich und sagte zu ihm:

„Du weißt, Badang, dass du morgen mit Bandarang zu kämpfen hast."

„Mein Herr", antwortete Badang, „wisse, dass dieser Mann ein mächtiger Athlet von außergewöhnlicher Kraft ist, der in allen Ländern berühmt ist. Wenn dein Sklave besiegt wird, wird das nicht den Herrscher in Misskredit bringen? Wenn deine Majestät es für klug hält, dann lass es." Wir werden beide gemeinsam in Ihre Gegenwart gerufen, damit ich ihn auf die Probe stellen kann; und wenn ich mich in der Lage fühle, mit ihm zu konkurrieren, werden wir den Kampf austragen; aber wenn er zu stark für mich ist, dann kann Ihre Majestät dem Kampf entgegentreten. "

„Du hast recht", sagte der König. Deshalb lud der Prinz, als es Nacht wurde, Toun Parapatih Pendek, Bandarang und ihre Gefährten ein. Als sie ankamen, wurde ihnen eine Zusammenstellung serviert. Bandarang saß neben Badang, der begann, ihn auf die Probe zu stellen. Sie versuchten sich gegenseitig, ohne aufzufallen.

Am Ende einer Stunde, als die Gäste Wein tranken, fragte der König Badang, ob er stark genug sei, um mit Bandarang zu kämpfen, der erklärte, dass er ihm ebenbürtig sei. Als TounParapatih Pendek andererseits zum Schiff zurückgekehrt war, sagte Bandarang zu ihm:

„Herr, wenn du mir einen Rat erlaubst, wird es keinen Kampf zwischen Badang und mir geben. Ich werde vielleicht nicht siegen, denn ich habe gelernt, wie mächtig er ist."

„Sehr gut", sagte der Minister; „Es ist sehr einfach, das zu arrangieren."

So sagte der Minister zum König: „Meiner Meinung nach sollten wir diesen Kampf verhindern; denn wenn einer der Konkurrenten auf schlechte Weise besiegt würde, könnte daraus ein Streit zwischen Ihrer Majestät und dem Herrscher, Ihrem Bruder, entstehen." "

Der König stimmte zu und der Botschafter bat um Erlaubnis, nach Hause zurückkehren zu dürfen. Der Prinz ließ einen Brief für den König von Perlak schreiben. Es wurde feierlich an Bord des Schiffes getragen und der Gesandte segelte nach Erhalt der Ehrengewänder in sein eigenes Land. Als er ankam, erzählte er dem König alles, was geschehen war. Später starb Badang und wurde in Bourou begraben. Als die Nachricht von seinem Tod dieses Land erreichte, sandte der König von Kling einen geschnitzten Stein, der heute in Bourou zu sehen ist.

Und nun zu den Königen von Pasey. Die Autoren dieser Geschichte erklären, dass es zwei Brüder namens Marah gab, die in der Nähe von Pasangan lebten. Sie stammten ursprünglich vom Berg Sanggong. Der Ältere hieß Mara-Tchaga und der Jüngere Marah-Silou. Marah-Silou war mit dem Werfen von Netzen beschäftigt. Nachdem er etwas *Kalang-Kalang genommen hatte* , lehnte er sie ab und warf sein Netz erneut aus. Die *Kalang-Kalang* wurden erneut gefangen. Nach mehreren Versuchen mit demselben Ergebnis ließ Marah-Silou diese *Kalang-Kalang* kochen. Und siehe, die elenden Dinge wurden zu Gold und ihr Schaum wurde zu Silber. Marah-Silou fing weitere *Kalang-Kalang* , kochte sie und sah wieder, wie sie zu Gold und Silber wurden. Er hatte auf diese Weise große Vorräte an Gold und Silber erworben, als Marah-Tchaga eines Tages die Nachricht erreichte, dass sein jüngerer Bruder sich *Kalang-Kalang* einfing , und er war so verärgert, dass er ihn töten wollte. Als Marah-Silou von diesem Plan erfuhr, flüchtete er in den Wald von Djawn. Der Ort, an dem er fischte, wird noch immer die Ebene von Kalang-Kalang genannt.

Marah-Silou, ansässig im Wald von Djawn, gab denen, die dort wohnten, Gold, und alle gehorchten seinen Befehlen. Eines Tages, als er auf der Jagd war, begann sein Hund namens Si Pasey auf einem kleinen Hügel zu bellen, von dem man annehmen konnte, dass er von Menschenhand geschaffen war. Als er den kleinen Hügel hinaufstieg , sah er eine Ameise, so groß wie eine Katze. Er nahm es und aß es auf. Der Ort wurde später Samodra genannt; das heißt „Die große Ameise". Nun heißt es, dass der Prophet Gottes – Segen sei mit ihm! – einmal zu seinen Gefährten sagte:

„Eines Tages wird es im Süden ein Land geben, das Samoudra heißt. Wenn Sie davon hören, eilen Sie dorthin, um die Einwohner zum Islam zu bekehren, denn in diesem Land werden viele Freunde Gottes werden. Aber es wird auch solche geben König eines Landes namens Mataba, den du mitnehmen musst.

Lange Zeit nach diesem Erlass des Propheten ging der Fakir Mohammed nach Samoudra. Als er das Ufer erreichte, traf er Marah-Silou, die Muscheln sammelte. Der Fakir fragte ihn:

„Wie heißt dieses Land?"

„Sein Name ist Samoudra", antwortete Marah-Silou.

„Und wie heißt der Herrscher?"

„Ich bin der Souverän aller, die hier wohnen", sagte Marah-Silou.

Der Fakir Mohammed konvertierte Marah-Silou zum Islam und lehrte ihn die Worte des Glaubensbekenntnisses. Als nun Marah-Silou schlief, träumte er, er sei in der Gegenwart des Propheten Gottes, und der Prophet sagte zu ihm: „Marah-Silou, öffne deinen Mund." Er öffnete es und der Prophet spuckte hinein, und als Marah- Silou erwachte, nahm er an seinem ganzen Körper einen Duft wahr, der dem von Narden ähnelte. Als der Tag anbrach, erzählte er seinen Traum.

„Dies ist wirklich das Land Samoudra, von dem der Prophet Gottes gesprochen hat", sagte der Fakir Mahomet. Er holte alle königlichen Fahnen vom Schiff an Bord und proklamierte Marah-Silou zum König mit dem Titel Sultan Melik-es-Salih.

Sultan Melik-es-Salih schickte Sidi Ali Ghaiath-ed-Din in das Land Perlak. Dieser Prinz hatte drei Töchter, zwei mütterlicherseits von königlichem Blut und eine von einer Konkubine. Letztere wurde Prinzessin Ganggang genannt. Als Sidi Ali Ghaiath in Perlak ankam, zeigten sie ihm die drei Töchter. Die beiden Schwestern des Blutkönigs saßen tiefer als die Prinzessin Ganggang, die einen hohen Sitz einnahm. Letztere putzte im Auftrag ihres Vaters die Nüsse für ihre beiden Schwestern, wie jemand, der sich um die Hausarbeit kümmert. Sie trug rosafarbene Gewänder und einen violetten Umhang. Ihre Ohren waren mit *Soubangs* aus jungen Blättern des *Lontar* geschmückt . Sie war sehr schön.

Sidi Ali Ghaiath-ed-Din sagte zum König von Perlak: „Diese eine deiner Töchter, die oben sitzt, ist diejenige, die ich zur Frau für meinen Herrn, deinen Sohn, bitte." Der Gesandte wusste nicht, dass Prinzessin Ganggang die Tochter einer Konkubine war.

Der König brach in Gelächter aus. „Gut", sagte er, „der Wille meines Sohnes geschehe." Dann gab er den Befehl, 100 *Prahos* auszurüsten , und Toun Parapatih erhielt den Befehl, die Prinzessin in das Land Samoudra zu begleiten.

Sultan Melik-es-Salih reiste der Prinzessin bis nach Djambou Ayer entgegen. Er führte sie mit tausend Ehren und Pracht in Samoudra ein und heiratete sie. Als die Hochzeit vollzogen war, beschenkte der Prinz die Minister und Offiziere und zeigte sich den Armen des Landes großzügig mit Gold und Silber. Toun Parapatih Pendek nahm Urlaub, um nach Perlak zurückzukehren. Sultan Melik-es-Salih und die Prinzessin Ganggang hatten zwei Söhne, die vom Prinzen die Namen Sultan Melik-ed-Dhahir und Sultan Melik-el-Mansour erhielten. Der Älteste wurde Sidi Ali Ghaiath-ed-Din und der andere Sidi Ali Asmai-ed-Din anvertraut. Jahre vergingen und die beiden jungen Prinzen waren erwachsen geworden. Perlak war von einem Feind von der gegenüberliegenden Küste erobert worden und die Bewohner des Landes waren nach Samoudra ausgewandert. Sultan Melik-es-Salih hatte den Plan, eine Stadt zu gründen, um dort seine Söhne anzusiedeln. Er sagte zu den Großen: „Morgen werde ich auf die Jagd gehen." Am nächsten Morgen machte er sich auf den Weg, auf einem Elefanten namens Perma Diouana.

Er ging auf die andere Seite des Wassers. Als er an Land kam, begann sein Hund Si Pasey zu bellen. Der Prinz rannte hinauf und sah, dass er vor einem Hügel bellte, der groß genug war, um einen Palast und seine Nebengebäude zu errichten , oben eben und wohlgeordnet. Sultan Melik ließ das Gelände roden und baute dort einen Palast und eine Stadt. Nach dem Namen seines Hundes nannte er den Palast Pasey und ernannte seinen Sohn Sultan Melik-ed-Dhahir zum König, mit Sidi Ali Ghaiath als Minister. Er teilte seine Männer, seine Elefanten und seine königlichen Standarten in zwei Teile, einen für jeden seiner Söhne.

Einige Zeit später befahl der erkrankte Prinz den Großen, sich zu versammeln, rief seine beiden Söhne und sprach wie folgt: „Oh, meine beiden Söhne, und ihr alle, meine Gefährten, meine letzte Stunde naht. Ihr seid es Gutes für diejenigen, die ich zurücklasse. Und ihr, meine Söhne, hütet euch davor, neidisch auf das Wohl anderer und auf die Frauen und Töchter eurer Untertanen zu sein. Haltet zwischen euch die Verbindung zweier Brüder aufrecht, meidet jegliche Ungerechtigkeit und meidet zwischen euch jeder Grund zum Streit." Er sagte auch zu Sidi Ali Gaiath-ed-Din und zu Sidi Asmai-ed-Din:

„Oh, meine Brüder, kümmert euch um diese beiden Söhne. Schürt keinen Ärger zwischen ihnen. Bleibt ihnen treu und gebt eure Treue niemals einem anderen König." Die beiden jungen Prinzen senkten ihre Köpfe und weinten.

Was die beiden Minister betrifft: „Herr", sagten sie, „Licht unserer Augen, wir schwören bei dem souveränen Meister, der die Welten erschaffen hat, dass wir niemals unsere Versprechen brechen werden, dass es uns niemals an Treue mangeln oder einem anderen unsere Ehrerbietung erweisen wird." König als deine beiden geliebten Söhne.

Dann ernannte Sultan Melik-es-Salih seinen Sohn Melik-el-Mansour zum König von Samoudra. Drei Tage später starb er und wurde im Inneren des Palastes begraben. Ihr verstorbener Vater, die beiden jungen Prinzen, seine Söhne, befahlen dem königlichen Herold, die Offiziere und Soldaten, Elefanten und Pferde sowie die königlichen Insignien des Landes Pasey zu versammeln. Und die beiden Städte wuchsen und blühten immer mehr. Gott kennt die Wahrheit am besten. Er ist unsere Hilfe und unsere Zuflucht.

Dies ist nun die Geschichte des Königs Chehr-en-Naoui. Seine Macht war groß, seine Offiziere und Soldaten zahllos. Sie erzählten diesem Prinzen, dass das Land Samoudra eine große Bevölkerung, viele Kaufleute und einen mächtigen König habe. Chehr-en-Naoui sagte zu seinen Offizieren:

„Wer von euch könnte es mit dem König von Samoudra aufnehmen?"

Einer seiner starken und mutigen Offiziere, Aoui Ditchou, verneigte sich und sagte: „Herr, wenn deine Majestät mir 4.000 auserwählte Krieger gibt, werde ich den König von Samoudra lebend nehmen und ihn an den Fuß des Throns deiner Majestät bringen."

Der König gab ihm 4.000 Krieger und 100 Schiffe. Als sie bereit waren, segelte Aoui Ditchou nach Samoudra und tat so, als seien die Schiffe bis zu dem Moment, als sie das Ende der Reise erreichten, auf Handel bedacht. Dann ließ er sagen, dass er ein Gesandter des Königs Chehr-en-Naoui sei, und der König von Samoudra schickte einige Offiziere, um ihn zu empfangen.

Als er landete, legte Aoui Ditchou vier kräftige *Houlou-Balongs* in vier Truhen, zu denen er sagte: „Sobald du in der Gegenwart des Königs von Samoudra bist, öffne die Truhen, springe heraus und ergreife den König." Die Truhen wurden von innen befestigt. Sie brachten sie als Geschenke des Königs Chehr-en-Naoui an Land. Als sie sich in der Gegenwart des Prinzen befanden, wurde eine in schmeichelhaften Worten formulierte Botschaft verlesen und die Truhen hereingebracht. Sofort öffneten die *Houlou-Balongs* die Truhen, sprangen heraus und ergriffen den Herrscher. Die Soldaten stießen heftige Schreie aus und zogen ihre Waffen, um die Gruppe von Chehr-en-Naouis Männern anzugreifen. Aber dieser rief:

„Wenn du uns überfällt, werden wir deinen König töten."

Deshalb unterbrachen die Soldaten ihren Angriff. Aoui Ditchou und sein Volk kehrten zurück und brachten den König von Samoudra mit. Sie überquerten das Meer und eroberten ihr eigenes Land zurück. Dort wurde der gefangene König von Aoui Ditchou vor König Chehr-en-Naoui geführt, der sehr froh war und den Leiter der Expedition und alle seine Gefährten mit Ehren überhäufte. Der König von Samoudra wurde zum Geflügelzüchter ernannt.

Lassen Sie uns nun über Sidi Ali Gaiath-ed-Din sprechen. Nachdem er sich mit den wichtigsten Ministern im Land Samoudra beraten hatte, rüstete er ein Schiff aus und kaufte eine Ladung arabischer Waren, denn alle Einwohner von Pasey beherrschten zu dieser Zeit die arabische Sprache. Sidi Ali und die Soldaten, die er mit auf das Schiff nahm, übernahmen alle Sitten und Manieren der Araber. Als der Minister an Bord war und alles vorbereitet war, segelten sie in das Land Chehr-en-Naoui, wo sie nach einer kurzen Reise ankamen. Sidi Ali landete und ging, um sich dem König zu präsentieren. Als Geschenk brachte er einen Baum aus Gold mit, dessen Früchte aus allerlei Edelsteinen bestanden und der eine fast unvorstellbare Summe wert war. Als der Prinz dieses Geschenk sah, fragte er:

"Was willst du von mir?"

Sidi Ali antwortete: „Wir wollen nichts."

Der König war hocherfreut, wenn auch überrascht über ein solch prächtiges Geschenk. Und er sagte sich: „Was kann das Ziel dieser Leute sein, die mir das alles geben?" Die angeblichen Araber kehrten zu ihren Schiffen zurück. Einige Tage später kehrte der Kapitän des Schiffes zurück, um den König zu besuchen. Diesmal brachte er als Geschenk ein Schachbrett aus Gold mit, dessen Schachfiguren aus Edelsteinen bestanden, was einen enormen Wert hatte.

"Was willst du von mir?" fragte noch einmal den Prinzen. „Sprich, damit ich dich zufriedenstelle."

Und sie antworteten: „Wir verlangen nichts."

Dann kehrten sie zum Schiff zurück. Einige Zeit später, als der günstige Monsun für ihre Heimreise wehte, dachte Sidi Ali Ghaiath an seine Abreise. Er ging zum König, beladen mit einem Geschenk, das aus zwei goldenen Enten, männlich und weiblich, bestand, die mit Edelsteinen geschmückt waren, und in einem großen goldenen Becken. Er füllte dieses goldene Becken mit Wasser und legte die Enten hinein. Sie begannen zu schwimmen, zu tauchen und einander zu verfolgen, ein Anblick, über den der König sehr staunte.

„Ich bitte dich, mir zu sagen " , sagte er, „was du von mir wünschst. Bei dem Gott, den ich anbete, schwöre ich, deine Wünsche zu erfüllen."

Dann antwortete Sidi Ali: „Herr, wenn es die Errungenschaft deines Gefallens ist, bitten wir dich, uns deinen Geflügelhalter zu geben."

„Es ist der König von Pasey, den du von mir verlangst. Aber gut, ich gewähre ihn dir."

„Weil er ein Muslim ist", sagten die Fremden, „haben wir ihn von Eurer Majestät gefragt."

Der König Chehr-en-Naoui übergab daher den Sultan Melik-ed-Dhahir an Sidi Ali Gaiath-ed-Din, der ihn an Bord des Schiffes nahm, ihn badete und ihm dann königliche Gewänder anzog. Der Wind wehte, sie lichteten den Anker, setzten die Segel und erreichten nach einer gewissen Zeit das Land Samoudra. Und Gott kennt die Wahrheit. Er ist unsere Hilfe und unsere Zuflucht.

Jetzt werden wir über den König Melik-el-Mansour in Samoudra sprechen. Dieser Prinz sagte eines Tages zu Sidi Ali Asmai-ed-Din:

„Ich würde gerne hingehen und sehen, wie es meinem Bruder geht."

Der Pfarrer antwortete: „Gehen Sie nicht, mein Herr, aus Angst vor Unglück." Und tatsächlich versuchte er, seinen Herrn zurückzuhalten. Der Prinz hörte nichts, und schließlich schwieg der Minister. Er ließ die

Trommeln schlagen, um zu verkünden: „Sultan Melik-el-Mansour wird das Land seines Bruders besuchen."

Sidi Ali Asmai-ed-Din war nicht zufrieden. Er war ein alter Pfarrer, der wusste, dass jede Angelegenheit Anlass zu Ärger geben kann. Aber es war seine Pflicht zu gehorchen. Der Prinz begann. Er machte einen Rundgang durch die Stadt Pasey und betrat dann den Palast des Sultans Melik-ed-Dhahir. Dort verliebte er sich in eine der Ehrendamen am Hofe seines Bruders, und es kam zu einem Streit zwischen den beiden Brüdern um sie. Sultan Melik-ed-Dhahir verspürte tief in seinem Herzen eine heftige Verärgerung gegenüber seinem Bruder.

Jetzt hatte er einen Sohn namens Radja Ahmed, der noch sehr jung war, als sein Vater gefangen genommen wurde, aber erwachsen, als der Prinz aus den Händen von Chehr-en-Naoui wiederhergestellt wurde. Sidi Ali Ghaiath-ed-Din hatte sich aus den Angelegenheiten zurückgezogen und ein Minister namens Parapatih Toulous Toukang Sikari hatte ihn in seinen Ministerfunktionen ersetzt. Eines Tages sagte der König zum Minister:

„Was halten Sie von der Tat von Sultan Melik-el-Mansour?"

Der Minister antwortete: „Wir haben die Möglichkeit –"

„Aber", antwortete der König, „es könnte seinen Tod bedeuten."

„Wenn er stirbt", antwortete der Minister, „soll ich nicht länger Toukang heißen."

„Geben Sie Ihrem Sohn Sultan Ahmed ein Familienfest. Wir werden Sultan Melik-el-Mansour zum Fest einladen."

Sultan Melik-ed-Dhahir gab daraufhin den Befehl, die Stadt zu schmücken, bereitete das Fest vor und schickte los, um Sultan Melik-el-Mansour zu finden. Dieser Prinz war bei Sidi Ali Asmai-ed-Din und seinen Offizieren. Sie stellten den Prinzen und seinen Minister vor, ließen die Offiziere jedoch draußen. Als sie eintraten, ließ Sultan Melik-ed-Dhahir sie beide festnehmen und befahl einem seiner Offiziere, seinen Bruder nach Mandjang zu führen. „Was dich betrifft", sagte er zu Sidi Ali, „bleib hier. Versuche nicht, mit deinem Meister zu gehen, sonst schneide ich dir den Kopf ab."

Sidi Ali antwortete: „Lieber trenne ich meinen Kopf von meinem Körper, als dass der Diener von seinem Herrn getrennt wird."

Deshalb wurde dem König der Kopf abgeschlagen. Der Kopf wurde ins Meer geworfen und der Körper am Eingang zur Bucht von Pasey aufgespießt. Während sie die Sultan Melik-el-Mansour in einem *Prabo* Richtung Osten brachten , sah der Pilot in dem Moment, als sie in der Nähe von Djambo Ayer ankamen, einen menschlichen Kopf im Wasser in der

Nähe des Ruders schwimmen. Er erkannte den Kopf von Sidi Ali. Als Sultan Melik-el-Mansour über dieses Ereignis informiert wurde, ließ er den Kopf aus dem Wasser holen. Es war tatsächlich das seines Ministers. Er richtete seinen Blick auf das Land: „Siehe", sagte er, „die Ebene der Illusionen." Und diesen Namen, „Padang-Maya", trägt es bis heute. Der Prinz schickte zu seinem Bruder und verlangte die Leiche von Sidi Ali; verband den Kopf mit dem Körper und begrub beide in der Ebene der Illusion. Dann ging er zurück nach Mandjang.

Nach der Abreise des Sultans Melik-el-Mansour veranstaltete König Melik-ed-Dhahir das Familienfest. Der Sultan Melik-el-Mansour war drei Jahre in Mandjang, als der Sultan Melik-ed-Dhahir ihn an seinen Bruder erinnerte.

„Leider", sagte er, „war ich wirklich zu unklug. Für eine Frau, die mein Bruder entthront hat, ist sein Minister tot."

Und der Prinz bereute. Er befahl einigen seiner Offiziere, seinen Bruder in Mandjang aufzusuchen. Deshalb brachten sie Sultan Melik-el-Mansour mit der einem König gebührenden Achtung zurück . Als sie in der Nähe der Maya-Ebene ankamen, landete der Prinz, um das Grab von Sidi Ali Asmai-ed-Din zu besuchen. „Ich grüße dich, mein Vater", sagte er. „Bleib hier, mein Vater. Was mich betrifft, ich gehe weg, gerufen von meinem Bruder."

Aus dem Inneren des Grabes antwortete Sidi Ali: „Wohin würde der Prinz gehen? Es ist besser, hier zu bleiben."

Als der Prinz diese Worte hörte, vollzog er seine Waschungen, sprach ein paar Gebete, streckte sich dann auf dem Grab aus und starb. Sie überbrachten Sultan Melik-ed-Dhahir die Nachricht, dass sein Bruder in der Ebene von Maya im Grab von Sidi Ali Asmai-ed-Din gestorben sei. Er machte sich sofort auf den Weg, ging dorthin und ließ seinen Bruder, Sultan Melik-el-Mansour, mit den Zeremonien großer Könige begraben. Dann, nachdem er voller Trauer nach Pasey zurückgekehrt war, verzichtete er zugunsten seines Sohnes, Sultan Ahmed, auf den Thron.

Einige Zeit später wurde Sultan Melik-ed-Dhahir krank. Er gab Sultan Ahmed seine letzten Anweisungen. „O mein Sohn", sagte er, „Licht meiner Augen, Schatz meines Herzens, vernachlässige niemals den Rat deiner alten Diener. Berate dich in jeder Angelegenheit mit deinen Ministern. Vernachlässige nicht die Pflichten der Frömmigkeit gegenüber Gott, dem souveränen Herrn." . Hütet euch vor Unrecht gegenüber Menschen."

Unter Tränen hörte Sultan Ahmed die letzten Worte seines Vaters. Der Prinz starb und sie begruben ihn in der Nähe der Moschee.

Sultan Ahmed saß viele Jahre auf dem Thron und regierte mit großer Gerechtigkeit. Nun sagt der Autor dieser Geschichte: „In Pasey gab es einen Diener Gottes namens Toun Djana Khatite. Dieser Mann machte sich mit zwei Gefährten auf die Reise nach Singapur. Als er den Platz von Singapur überquerte, kam er am Palast des Königs vorbei und sah den . " Königin. In der Nähe des Palastes stand ein Areca-Baum, und während Toun Djana die Königin ansah, spaltete sich der Baum in zwei Teile. Als König Sri Maharadja dies sah, war er äußerst irritiert. „Siehst du", rief er, „das Verhalten von Toun." Djana Khatite. Um die Aufmerksamkeit der Königin auf sich zu ziehen, hat er so gehandelt. Und er hat befohlen, ihn zu töten. Also wurde Toun Djana zum Ort der Bestrafung geführt, in der Nähe einer Konditorei, wo Toun Djana Khatite den Schlag erhielt Sein Blut lief auf die Erde, aber sein Körper verschwand und niemand konnte jemals sagen, was aus ihm wurde. Der Konditoreibesitzer bedeckte das Blut mit der Kuchenhülle, und die Kuchenhülle wurde in Stein verwandelt, der ist immer noch in Singapur zu sehen. Einer Überlieferung zufolge wurde die Leiche von Toun Djana Khatite nach Langkaoui transportiert und dort begraben.

Einige Zeit später kamen die Seeungeheuer namens *Toudaks* und griffen Singapur an. Sie sprangen ans Ufer, und die Menschen, die dort waren, starben in großer Zahl, weil sie von diesen *Toudaks überholt wurden*. Wenn sie einem Mann auf die Brust schlugen, durchbohrten sie ihn bis in den Rücken. Wenn sie den Hals oder die Lenden trafen, drangen sie von einer Seite zur anderen durch. Es wurden viele getötet. Die Leute rannten herum und weinten:

„Die *Toudaks* greifen uns an!"

"Was sollen wir tun?"

„Wie viele Tote? Wir werden alle umkommen!"

Padouka Sri Maharadja besteigt in großer Eile den Elefanten und geht hinaus, gefolgt von seinen Ministern, seinen Leibwächtern und allen seinen Offizieren. Als er an der Küste ankommt, sieht er mit Entsetzen das Werk dieser Monster, der *Toudaks* . Wer von ihnen verwundet wurde, kam unweigerlich ums Leben. Die Zahl der Opfer wurde immer größer. Der Prinz befahl den Männern, aus ihren Beinen einen Wall zu errichten, aber den *Toudaks* gelang es auf ihrem Weg, diese Barriere zu überwinden. Sie kamen wie der Regen, und das Gemetzel war schrecklich. Während dies geschah, sagte ein kleiner Junge:

„Warum sollten wir so einen Wall aus unseren Beinen bauen? Das ist ein Kunstgriff, der uns sehr schadet. Wenn wir aus den Stämmen von Bananenbäumen einen Wall machen sollten, wäre das nicht besser?"

Als Padouka Sri Maharadja die Worte des Kindes hörte: „Er hat recht", sagte er. Und auf seinen Befehl hin beeilten sie sich, eine Barriere aus Bananenstämmen zu errichten. Als die *Toudaks* heranstürmten, wurden ihre Schnauzen in den Baumstämmen vergraben, und die Männer rannten auf sie zu und töteten sie. Auf diese Weise starb eine unberechenbare Zahl dieser *Toudaks* . Ihre Körper häuften sich am Ufer, und die gesamte Bevölkerung Singapurs reichte nicht aus, sie zu essen. Und die *Toudaks* hörten auf zu springen. Sie sagen, dass die *Toudaks* durch die Kraft ihrer Sprünge den Elefanten des Prinzen erreichten und den Ärmel seines Umhangs zerrissen. Darüber haben sie ein Lied gemacht:

„Die   Grenzen   der   *Toudaks*   zerrissen den Mantel, den der Sultan trug, aber hier hörten sie auf, wild anzugreifen, dank der Weisheit eines Kindes."

Während Padouka Sri Maharadja zurückkehrte, sagten die Großen zu ihm: „Herr, dieses Kind hat, obwohl es noch so jung ist, viel Witz. Was wird es sein, wenn es erwachsen ist? Du solltest es besser loswerden." Deshalb hielten sie es für gerecht, dass der König den Befehl erteilen sollte, ihn zu töten.

Nachdem sie diesen kleinen Jungen getötet hatten, schien die Stadt Singapur die Last seines Blutes zu spüren.

Padouka Sri Maharadja regierte noch einige Zeit und starb dann. Sein Nachfolger war sein Sohn Padja Is Keuder Chah, der die Tochter von Toun Parapatih Toulous heiratete und mit ihr einen Sohn namens Radja Ahmed Timang-timanganga Radja Besar Mouda hatte. Dieser junge Prinz war ein gutaussehender und wohlgeformter Mann, der damals seinesgleichen suchte. Als er volljährig war, heiratete ihn sein Vater mit der Tochter von König Salamiam, dem König von Kota-Mahlikie, die Kamar-al-Adjaaib hieß und eine Prinzessin von unvergleichlicher Schönheit war. König Is Keuder Chah hatte einen *Bendahari* oder Haushofmeister namens Lang Radjouna Tapa, der aus der Rasse der alten Bewohner Singapurs stammte und Vater eines sehr schönen Mädchens am Hofe des Königs war. Die anderen Hofdamen verleumdeten diese junge Frau, und der König befahl voller Wut, sie in einer Ecke des Marktplatzes aufzuspießen.

Lang Radjouna Tapa war durch die Behandlung seiner Tochter zutiefst verletzt. „Wenn meine Tochter wirklich beleidigt gewesen wäre", sagte er, „hätten Sie sie vielleicht einfach töten lassen. Aber warum sollten Sie uns auf diese Weise entehren?" Daraufhin schrieb er einen Brief an Java, in dem es hieß: „Wenn die Batara von Madjapahit Singapur angreifen will, lasst ihn sofort kommen, denn ich werde ihm Zutritt zu den Befestigungsanlagen gewähren."

Als der Batara von Madjapahit diesen Brief gelesen hatte , ließ er 300 Dschunken und eine große Menge anderer Boote ausrüsten. Hunderttausend Javaner schifften sich ein, überquerten das Meer und griffen Singapur an. Nach einigen Tagen befahl König Is Keuder seinem Haushofmeister, Reis für die Verpflegung der Truppen zu tragen. Lang Radjouna Tapa antwortete: „Es gibt nichts mehr, mein Herr." Denn er wollte ihn verraten. Bei Tagesanbruch öffnete er die Tore der Befestigungsanlagen und die Javaner traten ein. Innerhalb der Stadt kam es zu erbitterten Kämpfen. Auf beiden Seiten wurden so viele Menschen getötet, dass das Blut wie Wasser floss. Daraus entstanden die Blutspuren, die bis heute in der Ebene von Singapur zu sehen sind. Die Eingeborenen stellten ihren Kampf ein und König Is Keuder entkam, indem er von Salitar zur Moara-Küste hinabstieg. Durch den Willen Gottes wurde das Haus von Lang Radjouna Tapa eingestürzt, das Reislager zerfiel und der Reis wurde in Erde verwandelt. Der *Bendahari* selbst und seine Frau wurden in Stein verwandelt, und diese Steine werden noch immer im Graben von Singapur gefunden. Nach diesem Sieg kehrten die Javaner nach Madjapahit zurück.

Als König Is Keuder in Moara ankam, machte er bei Einbruch der Dunkelheit Halt. Nun kam eine Menge Leguane, und als der Tag anbrach , sahen sie, wie sie sich in einer Menge in der Nähe des Rastplatzes versammelten. Sie töteten sie und warfen ihre Körper in den Fluss. Aber nachts kamen wieder Leguane in Massen. Am nächsten Morgen töteten die Singapurer sie, aber in dieser Nacht trafen noch einmal viele weitere ein. So dass der Ort durch die Menge ihrer Körper verfaulte. Das Viertel wird immer noch Biaoak Bousok oder „Fulzige Leguane" genannt.

König Is Keuder Chah machte sich auf den Weg und kam an einen anderen Ort, wo er eine Festung baute. Doch alles, was sie tagsüber errichteten, wurde in der Nacht zunichte gemacht. Und der Ort trägt immer noch den Namen Kota-Bourok, was „Zerstörte Festung" bedeutet.

Von dort aus drang der König viele Tage lang ins Landesinnere vor und gelangte zum Saning Oudjong. Er fand diesen Ort angenehm und ließ dort einen Geistlichen zurück. Daher ist Saning Oudjong bis heute die Residenz eines Ministers. Dann kehrte der König zur Küste in der Nähe eines Flusses am Meeresufer zurück. Der Fluss hieß Bartain. Ist Keuder Chah am Fuße eines sehr buschigen Baumes angehalten? Dann begann er mit der Jagd. Sein Hund, der ein Wild jagte, wurde vom Fuß einer kleinen weißen Gazelle getroffen und fiel ins Wasser. Daraufhin rief der Prinz:

„Hier ist ein guter Ort, um eine Stadt zu bauen, denn selbst die kleinen Gazellen sind hier tapfer."

Und alle Granden sagten: „Seine Majestät hat recht." Der König ordnete daher den Bau einer Stadt an dieser Stelle an. Er fragte: „Wie heißt dieser Baum, an den ich mich gelehnt habe?"

Jemand antwortete: „Es ist ein Malaka-Baum." „Gut", sagte er, „ malaka soll der Name der Stadt sein."

Der Prinz ließ sich in Malaka nieder. Er hatte zweiunddreißig Jahre in Singapur gelebt, bis die Javaner diese Stadt eroberten. Er lebte noch drei Jahre in Malaka, starb dann an den Wechselfällen dieser Welt und hatte als Nachfolger seinen Sohn Radja Besar Mouda.

Dieser Prinz regierte mit Gerechtigkeit. Er regelte die Etikette des Gerichts. Er richtete zunächst ein Zeremonienministerium ein, um die Menschen zu leiten, die nach Balerong kamen, und vierzig Herolde, die unter dem Thron standen und bereit waren, die Befehle des Königs entgegenzunehmen und ihm die Worte der Öffentlichkeit zu überbringen. Er setzte unter den Söhnen der Großen eine Gruppe von Pagen ein, die als königliche Boten dienten und die königliche Equipage überallhin trugen.

Dieser Prinz hatte drei Söhne, Radeu Bagousa, Radeu Tengah und Radeu Anoumah, die alle Töchter von Bauhara Toun Parapatih Toulous heirateten. Bei seinem Tod übernahm Radeu Bagousa seine Funktionen mit dem Titel TounParapatih Permouka Berdjadjar.

Als König Besar Mouda aufgrund der Wechselfälle der Welt starb, wurde sein Sohn Radeu Tengah sein Nachfolger. Letzterer hatte einen Sohn namens Radja Kitchil Bessar, der bei seinem Tod sein Nachfolger war. Er war gerecht und wahrte die Interessen seiner Untertanen. Zu seiner Zeit kam ihm unter den Königen der Welt niemand an Großzügigkeit gleich. Und die Stadt Malaka wurde groß, gut bevölkert und zum Treffpunkt der Kaufleute. Dieser König heiratete eine Tochter von Toun Parapatih Permouka Berdjadjar und hatte mit ihr zwei Söhne, Radja Kitchil Mainbang und Radja Makat. Er regierte eine gewisse Zeit lang, als er eines Nachts träumte, er sei in der Gegenwart des glorreichen Propheten Gottes, dem Segen sei! Und der Prophet sagte zu ihm: „Rezitiere die Worte des Glaubensbekenntnisses." Und Radja Kitchil Bessar tat, was der Prophet befohlen hatte.

„Dein Name soll Sultan Mahomet sein", sagte der Prophet. „Morgen, zur Zeit des Asr (am Nachmittag), wird ein Schiff aus Djedda ankommen, von dem aus die Männer herabsteigen werden, um am Ufer von Malaka zu beten. Befolgen Sie alle ihre Befehle."

„Ja, Herr", antwortete der Prinz, „ich werde deinem Wort gehorchen."

Und der Prophet verschwand. Als der Tag kam, erwachte der König. Er nahm den Geruch von Narden auf seinem Körper wahr und sah, dass er gewisse Spuren trug. „Es ist klar", dachte er, „dass mein Traum nicht von Satan kommt." Und er begann, ohne Pause die Worte des Glaubensbekenntnisses zu rezitieren.

Die Ehrendamen, die im Palast waren, waren sehr überrascht, den König so sprechen zu hören. „Ist der König von Satan berührt worden oder hat er den Verstand verloren? Beeilen wir uns, die *Bendahari zu informieren* ." Sie rannten los, um es dem *Bendahari zu sagen,* der sofort kam, den Palast betrat und sah, wie der König ohne Unterlass die Worte des Glaubensbekenntnisses wiederholte.

„Was ist das für eine Sprache, in der der König spricht?" sagte der Minister.

„Letzte Nacht", sagte der König, „habe ich geträumt, dass ich in der Gegenwart des glorreichen Propheten war." Und er erzählte dem *Bendahari seinen Traum* .

„Wenn Ihr Traum keine Illusion ist", sagte dieser, „was ist das Zeichen dafür?"

„Hier ist das Zeichen, das beweist, dass ich tatsächlich den Propheten Gottes in einem Traum gesehen habe. Außerdem sagte mir der Prophet: ‚Heute wird in Asr ein Schiff aus Djedda ankommen, von dem aus die Menschen hinabsteigen werden.' Sprechen Sie ihre Gebete am Ufer von Malaka. Folgen Sie ihren Anweisungen.'"

Der *Bendahari* war überrascht, als er die Zeichen am König sah.

„Wahrlich", sagte er, „wenn ein Schiff zur angegebenen Stunde ankommt, dann ist Ihr Traum Wirklichkeit. Wenn es nicht ankommt, werden wir davon ausgehen, dass Satan Ihren Geist beunruhigt haben muss."

Der König antwortete: „Mein Vater hat recht." Und der *Bendahari* kehrte in sein Haus zurück.

Nun traf zur Stunde von Asr ein Schiff aus Djedda ein, das vor Anker ging. Der Kapitän kam an Land. Er hieß Sidi Abd-el-Aziz. Er sprach seine Gebete am Ufer von Malaka. Die Einwohner waren erstaunt über den Anblick und sagten:

„Warum beugt er sich so und wirft sich so nieder?"

Und um ihn besser sehen zu können, drängten sich die Leute um ihn herum, ließen keinen Platz frei und machten großen Aufruhr.

Der Lärm erreichte den Palast, und der König bestieg einen Elefanten und eilte in Begleitung seiner Granden herbei. Er sah, wie der Meister alle

Gebetszeremonien durchführte, und alles stimmte offensichtlich mit dem Traum überein.

„Es ist genau wie in meinem Traum", rief er dem *Bendahari* und den Granden zu.

Als der Meister mit dem Gebet fertig war, ließ der König seinen Elefanten bücken, nahm den Meister mit und trug ihn zum Palast. Die *Bendahari* und die Großen wurden alle Muslime, und auf Befehl des Königs wurde auch die gesamte Bevölkerung, Männer und Frauen, groß und klein, jung und alt, Muslime. Der Meister lehrte den König die Gebetszeremonien und gab ihm den Namen Sultan Mahomet Chah. Der *Bendahari* erhielt den Titel Sri Ouak Radja; das heißt, „Onkel väterlicherseits des Königs", was er tatsächlich war. Und das ist der erste Titel des *Bendahari* .

Sultan Mahomet regelte die zeremoniellen Bräuche des Hofes. Er war der erste, der Gelb für die Kleidung von Hoffremden, für Taschentücher, Gardinenborten, Kissenbezüge, Matratzen, Überzüge aller Art, Schmuck aller Art sowie für die Dekoration von Häusern verbot.

Darüber hinaus war die Verwendung von nur drei Arten von Kleidungsstücken erlaubt – dem *Kain* , dem *Badjoa* und dem *Destar* . Es war auch verboten, Häuser mit Vorsprüngen zu bauen, die auf Pfeilern standen, die den Boden nicht berührten, oder mit Pfeilern, die über das Dach hinausragten, oder mit Observatorien. Die *Prahos* durften vorne keine Fenster haben. Es war verboten, am *Kris Spangen oder Verzierungen aus Gold zu tragen* . Niemand, der dem Hof fremd war, durfte goldene Ringe, Anstecknadeln oder klimpernde Armreifen aus Gold und Silber tragen. Niemand hatte ohne die Zustimmung des Königs das Recht, an seiner Kleidung irgendeine Art von Vergoldung zu tragen; Aber sobald die Genehmigung erteilt wurde, konnte man es auf unbestimmte Zeit tragen. Wenn sich ein Mann im Palast präsentierte, wurde ihm der Zutritt verweigert, wenn er ein Gewand trug, das unter den Gürtel reichte, wenn sein *Kris* nicht vorne befestigt war, wenn er nicht mit einem *Sabec bekleidet war* , was auch immer seine Auszeichnung sein mochte. Wenn jemand mit seinem *Kris* am Rücken eintrat, nahm ihm der Beamte ihn weg.

Dies waren früher die Verbote der malaiischen Könige. Wer dagegen verstieß, machte sich der *Majestätsbeleidigung* schuldig und wurde zu einer Geldstrafe von einem bis fünf Katis verurteilt. Weiße Sonnenschirme hatten eine höhere Wertschätzung als gelbe, weil sie aus größerer Entfernung gesehen werden konnten. Deshalb wurden sie höher eingestuft; die ersten waren für den König und die zweiten für die Fürsten. Die Gegenstände des privaten Gebrauchs des Königs, wie der Spucknapf, der Krug für seine Waschungen, der Fächer und andere ähnliche Gegenstände, hatten keinen festen Platz, außer dem Beteltablett und dem Schwert, die sie rechts und links davon aufbewahrten Der Souverän. Bei der Ankunft und Abreise eines Botschafters brachten die Diener des Königs Schüsseln und Becken aus dem Palast, die vom Oberhaupt der *Bataras in Empfang genommen* und in der Nähe des *Bendahari deponiert wurden* . Dem Überbringer des Briefes gaben sie eine Schüssel und einen Schal. Wenn das Schreiben aus Pasey oder aus Harau kam, wurde es mit dem ganzen königlichen Pomp empfangen – Trommel, Flöte, Trompete, Pauke und zwei weiße Sonnenschirme zusammen; aber das Signalhorn war bei diesem Empfang nicht zu hören. Die Minister gingen dem Elefanten voran, der die Botschaft überbrachte, die Bataras folgten ihm mit der *Sida-Sida* . Der Brief wurde vom Häuptling der *Bedaouenda getragen* , und sie platzierten den Elefanten am Ende des *Balei* . Denn die Könige dieser beiden Länder waren dem König von Malaka an Größe ebenbürtig. Ob jünger oder älter, alle hielten das Salaam.

Im Audienzzimmer angekommen, wurde der Brief vom Oberherold der Rechten entgegengenommen. Der Herold der Linken hatte den Auftrag, dem Botschafter die Worte des Königs zu übermitteln, und der Herold der Rechten überbrachte die Antwort. Wenn die Nachricht aus einem anderen Land als Pasey und Harau kam, unterdrückten sie einen Teil der Männer. Zum *Trauerzug* gehörten nur die Trommel, die Flöte und ein gelber Sonnenschirm. Sie nahmen, wie es sich gehörte, mal einen Elefanten, mal ein Pferd und machten vor dem ersten Außentor halt. Wenn die Botschaft von einem bedeutenderen Herrscher kam, benutzten sie die Flöte und zwei Sonnenschirme, einen weißen und einen gelben. Der Elefant ging durch das Außentor, denn früher umfasste der königliche Eingang sieben Befestigungsanlagen. Bei seiner Abreise erhielt der Botschafter eine vollständige Investitur, auch wenn er nur ein einfacher Botschafter von Rakan war. Das gleiche Geschenk wurde unseren eigenen Botschaftern bei ihrer Abreise angeboten.

Wenn der König einen Titel verlieh, gab er eine Audienz im *Falerong* , und zwar nach folgendem Ablauf: Je nach Rang wurde die zu ehrende Person auf einem Elefanten, zu Pferd oder einfach zu Fuß mit Sonnenschirm, Trommel und Flöte gebracht . Es gab grüne, blaue und rote Sonnenschirme. Am edelsten waren die Gelben und die Weißen, die zusammen mit den Pauken den Höhepunkt der Vornehmheit darstellten. Auch das Gelb mit der Trompete war sehr vornehm; Sie waren die Sonnenschirme der Fürsten und größten Persönlichkeiten. Die violetten, roten und grünen Sonnenschirme stammten von den *Sida-Sida* , den *Bataras* und den *Houlou Balongs* . Die blauen und schwarzen dienten für jede andere Person, die zur Verleihung eines Titels aufgefordert wurde. Als die Persönlichkeit im Palast ankam, wurde er draußen festgehalten. Dann lasen sie dem König ein sehr schönes Stück vor. Es war ein Nachkomme von Batl, der dieses Amt innehatte. Das Stück lautete, sie nahmen es heraus. Derjenige, der es erhielt, stammte aus der

Familie des Kandidaten für die Ehrung. Zu diesem Stück brachten sie einen *Tetampan* -Schal mit, mit dem der Leser den Kandidaten umhüllte, den er dann in den Audienzsaal führte. Dort wurde eine Matte gespannt, auf der er an jedem vom König bestimmten Platz sitzen konnte.

Dann kamen die Gewänder. Für eine in den Rang eines *Bendahari beförderte Persönlichkeit* gab es fünf Tabletts. Die Söhne der Radschas und der Großoffiziere hatten nur vier Tabletts und so weiter in den verschiedenen Rängen. Die mit dieser Pflicht beauftragten Diener des Königs näherten sich dem Begünstigten und legten ihm die Gewänder auf die Schultern. Er verschränkte die Arme, um die Gewänder an Ort und Stelle zu halten, und sie führten ihn nach draußen. Die Etikette dabei war die gleiche für Botschafter, denen eine Investitur verliehen wurde, jeder entsprechend den Rechten seines Ranges. Der Begünstigte zog sich draußen an und trat dann wieder ein. Sie schmückten ihn mit einem Stirnband und Armbändern, denn jeder Mann, der einen Titel erhielt, trug Armbänder, jeder entsprechend seiner Würde. Einige hatten Armbänder in Form eines Drachens mit Amuletten, andere hatten Armbänder aus Edelsteinen, andere aus blauer Emaille, wieder andere aus Silber. Diese trugen sie an beiden Handgelenken, jene nur an einem. Der so dekorierte Begünstigte verneigte sich vor dem König. Dann kehrte er zurück, begleitet von seinem Rang oder von der Person, die ihn vorgestellt hatte. Zum *Gefolge* gehörten bald nur eine Trommel und eine Flöte, bald Trompeten oder Pauken, manchmal ein weißer Sonnenschirm; aber der weiße Sonnenschirm war eine seltene Ehre, ebenso wie die Pauken, denn der gelbe Sonnenschirm und die Trompete waren zu dieser Zeit sehr schwer zu bekommen.

Wenn der König an Festtagen in einer Sänfte auszog, war er von hohen Staatsbeamten umgeben. An der Spitze, vor dem Herrscher, marschierten die *Bataras* und die *Houlou Balongs* , jeder folgte seinem Angriff. Lakaien trugen, auch vor dem König, die königlichen Insignien. Die königlichen Spieße befanden sich rechts und links; Die *Bataras* hatten ein Schwert an der Schulter. Vor ihnen marschierten die Lanzenreiter. Wenn der König ein Fest gibt , ist es der *Panghoulou Bendahari* , der alles im Palast arrangiert, Matten ausspannt, den *Balerong dekoriert* und die *Decken* an den Decken anbringt. Er ist es, der sich um die Mahlzeiten kümmert und die Einladungen verschickt; denn die Diener des Königs, seine *Bendahari* , seine Steuereintreiber und der Hafenverwalter sind alle von der Verwaltung des *Panghoulou Bendahari abhängig* . Er lädt die Gäste ein und der *Temonggoreg* setzt sie. Im Saal essen die Gäste zu viert an einem Teller, bis zum Ende des Podiums. Wenn einer der verschiedenen Vieren fehlt, essen die anderen ohne ihn, zu dritt oder zu zweit oder sogar einzeln. Denn es ist den Untenstehenden nicht gestattet, aufzusteigen, um die Zahl zu bilden. Der *Bendahari* isst alleine oder vom selben Gericht wie die Prinzen.

Dies war früher die Etikette von Malaka. Es gab noch viele andere Vorschriften, aber sie alle aufzuführen würde die Aufmerksamkeit meiner Leser ermüden. Im Monat Ramadan, in der siebenundzwanzigsten Nacht, als es noch hell war, begaben sie sich feierlich zur Moschee, um dort anzubeten. Der *Temonggoreg* stand an der Spitze des Elefanten. Zuerst brachten sie das Beteltablett, die königlichen Insignien und die Trommel in die Moschee. Als die Nacht hereinbrach, machte sich der König nach der Zeremonie der Festtage auf den Weg zur Moschee, sprach ein Duftgebet und kehrte zurück.

Am nächsten Tag trug der *Laksamana den Turban im Staat, denn die malaiischen Könige waren es gewohnt, mit einem Turban, einem Badjon* und einem *Sarong* zur Moschee zu gehen . Diese Gewänder waren bei Hochzeiten nur mit ausdrücklicher Genehmigung verboten. Es war auch verboten, sich hinduistisch zu kleiden. Bei Gebeten und Hochzeiten durften nur Personen dieses Kostüm tragen, das es schon lange getragen hatte. An Festtagen, ob groß oder klein, versammelten sich die *Bendahari* und die Großen im Palast, und der *Panghoulou Bendahari* brachte die Sänfte mit Prunk. Sobald sie es erscheinen sahen, stiegen die Personen, die in den *Balei saßen* , herab und standen herum. Siebenmal schlugen sie auf die Trommel, und jedes Mal erklang die Posaune. Nach dem siebten brach der König auf einem Elefanten auf und gelangte zu der zu diesem Zweck errichteten Plattform, die er bestieg. Bei seinem Anblick verneigten sich alle Anwesenden zur Erde, mit Ausnahme des *Bendahari* , der die Plattform bestieg, um ihn zu empfangen. Als sich die Sänfte näherte, stellte sich der König hinein und sie machten sich auf den Weg zur Moschee, entsprechend dem oben erwähnten Zeremoniell.

Dies war früher die Etikette der malaiischen Könige. So habe ich es gelernt, so erzähle ich es. Sollte ich einen Fehler begehen, möchte ich von jedem, der dieser Geschichte Aufmerksamkeit geschenkt hat, verurteilt werden und flehe den Leser um Nachsicht an.

DIE PRINZESSIN DJOUHER-MANIKAM

Dies ist die Geschichte der Prinzessin Djouher-Manikam, deren Ruhm in allen Ländern gefeiert wird, sowohl auf der Luv- als auch auf der Leeseite.

In der Stadt Bagdad gab es einen König namens Haroun-er-Raschid, Herrscher eines riesigen Reiches. Er war ein Fürst, der Gott, den Allmächtigen , fürchtete und allen Lobes würdig war, denn er war ein König, der vom Propheten abstammte. Nachdem er einige Zeit in seinem Königreich gelebt hatte, wollte er eine Pilgerreise unternehmen. Also wandte er sich an seine Minister und seine Militärchefs und sagte zu ihnen Folgendes:

„O ihr alle, meine Untertanen, meine Offiziere, was ist eure Meinung? Ich würde gerne eine Pilgerreise zum Haus Gottes machen.“

Der Kadi warf sich nieder und antwortete: „Sire, König der Welt, der Wille Ihrer erhabenen Majestät ist sehr gerecht, aber meiner Meinung nach würde Ihr Weggang den Untergang der Bewohner der Felder und derjenigen Ihrer Untertanen zur Folge haben, die ihn begleiten.“ Du wirst viel zu leiden haben.

Nachdem der Prinz diese Worte gehört hatte, sagte er: „Die Meinung des Kadi ist loyal, und Sie, meine Offiziere, sagen Sie, was Sie raten.“

Die Offiziere standen auf, dann warfen sie sich nieder und sprachen wie folgt: „Herr, König der Welt, wir, Ihre Diener, bitten Sie tausend und tausend Mal, Ihre Vergebung auf unser Haupt fallen zu lassen, aber wie wird Ihre Majestät es schaffen?“ die Pilgerfahrt? Wem kannst du vertrauen, dass er das Land beschützt und über den Palast wacht?“

Als der Prinz diese Worte seiner Offiziere hörte, von denen keiner mit der Pilgerreise einverstanden war, schwieg er und zügelte seinen Zorn, ging dann fort und kehrte in den Palast zurück. Einige Tage später verspürte das Herz des Fürsten durch den Willen Gottes, des Allerhöchsten , noch stärker den Wunsch, die Pilgerfahrt zu unternehmen. Er gab den Befehl, die Gesetzesausleger, die Weisen und die *Muftis* sowie die Beamten zu versammeln. Als sie alle versammelt waren, ging der Prinz in das Audienzzimmer und befragte dort vor den Gerichtsbeamten einen der Ärzte. Es war der *Mufti* der Stadt Bagdad. Er warf sich nieder und sagte: „Die Pilgerfahrt Seiner Majestät wäre ein hervorragendes Werk, aber ist sie absolut notwendig? Denn die Reise wird sehr lang sein, und es gibt niemanden, mein Herr, der in der Lage wäre, darüber zu herrschen.“ der Ort Ihrer erhabenen Majestät.

Der Prinz antwortete: „Er, auf den wir unser erstes Vertrauen setzen, ist Gott. Wir werden dann auf den Segen seines Gesandten hoffen. Wir werden den Kadi hier lassen, und wenn es Gott, dem Allerhöchsten, gefällt, werden wir umgehend zurückkehren . “ sobald wir die Pilgerreise geschafft haben.

Der König ließ daher diejenigen seiner Untertanen, die ihn begleiten sollten, mit allerlei Proviant ausrüsten und versorgen, und als der günstige Moment gekommen war, machte er sich mit der Königin, einigen der Hofdamen usw. auf den Weg sein Sohn hieß Minbah Chahaz. Er nahm seinen Sohn mit, ließ aber seine Tochter namens Prinzessin Djouher-Manikam zurück, bewacht im Palast. Damals gab es im Land Bagdad niemanden, der an Schönheit die Prinzessin Djouher-Manikam übertraf. Darüber hinaus hatte sie in ihrem Herzen die Furcht vor Gott, dem höchsten und würdigsten aller Lobpreisungen, und hörte nicht auf zu beten.

Nach einer längeren Reise kam der Prinz, ihr Vater, in Mekka an und erfüllte seine Pflichten als Pilger. Er rezitierte die entsprechenden Gebete. Als der Fürst jedoch bemerkte, dass noch eine große Menge Proviant vorhanden war, sagte er zu seinen Offizieren:

„Es ist gut für uns, etwa ein Jahr zu warten, denn unsere Vorräte sind noch beträchtlich.“

Die Offiziere antworteten: „Es ist gut, Herr der Welt! Was auch immer die Befehle Eurer Majestät sein mögen, wir platzieren sie über unseren Köpfen.“ „Da es so ist“, antwortete der Prinz, „ist es angebracht, dass wir einen so konzipierten Brief senden: Friede und Segen auf den Kadi: Ich vertraue zuallererst auf Gott und auf die Kadi, um mein Königreich zu bewachen.“ , Palast, und mein Kind, die Prinzessin Djouher-Manikam. Sei ein treuer Wächter, vernachlässige nichts in den Sorgen, die du meinem Königreich gibst, denn ich werde noch ein Jahr für die große Pilgerreise bleiben.“‘

Der Brief des Prinzen erreichte den Kadi. Dieser bemühte sich mit aller Kraft um die gute Verwaltung des Landes und vermied nach den Worten des Fürsten jede Nachlässigkeit.

Doch eines Nachts, als er in der Nähe der Befestigungsanlagen des Königspalastes Wache hielt, kam Satan zu ihm und ließ eine Versuchung in sein Herz eindringen. Der Kadi dachte in seinem Herzen: „Die Tochter des Königs ist von wunderbarer Schönheit; ihr Name, Djouher-Mani-kam, ist bezaubernd; und ihr Gesicht ist lieblich. Da es so ist, muss ich diese Tochter des Königs heiraten.“ Der Kadi rief den Mann, der das Tor bewachte, und rief:

„Ho! Hüter des Tores! Öffne mir.“

Der Torwächter fragte: „Wer ist da?“

Der Kadi antwortete: „Ich bin es, der Kadi."

Also öffnete der Wächter sofort das Tor, und der Kadi betrat die Festung, ging dann in den Palast hinauf und fand dort die Prinzessin, die ihre Abendgebete sprach. Er versteckte sich hinter der Lampe in einer dunklen Ecke. Als ihr Gebet beendet war, richtete die Prinzessin Djouher-Manikam ihren Blick in diese Richtung und sah, dass dort jemand im Schatten stand, also sagte sie noch dreimal den „Vers vom Thron"; aber sie sah, dass die Vision noch nicht aus ihren Augen verschwunden war.

Dann sagte die Prinzessin in ihrem Herzen: „Was zum Teufel ist das? Ist es ein Gespenst? '"

Der Kadi hörte diese Worte und sagte: „O Prinzessin Djouher-Manikam, ich bin   es
, der Kadi."

"Was machst du hier?" fragte die Prinzessin. Er antwortete: „Ich möchte dich heiraten."

Die Prinzessin Djouher-Manikam sagte: „O Kadi! Warum verhältst du dich so zu mir? Hast du dann keine Angst vor Gott, dem Höchsten und aller Lobpreisungsten? Errötest du nicht vor dem Angesicht meines Vorfahren, des Propheten Mohammed? Gesandter Gottes? Möge der Friede und Segen Gottes auf ihm sein! Was mich betrifft, ich bin der Diener des Herrn und gehöre der Religion des Gesandten Gottes an. Ich habe Angst, jetzt zu heiraten. Und du, Cadi, warum verhältst du dich so? Mein Vater gab dir einen Auftrag. Er schickte dir einen Brief, in dem er dir befahl, das Land und alle, die in seinem Palast wohnten, zu beschützen. Warum benimmst du dich mir gegenüber so?"

Als der Kadi diese Worte der Prinzessin Djouher-Manikam hörte, empfand er große Verwirrung in seinem Herzen. Er verließ den Palast und kehrte voller Sorgen und Emotionen nach Hause zurück. Als es Tag wurde, schickte der Kadi einen Brief an König Haroun-er-Raschid nach Mekka. Es wurde so konzipiert: „Eure Majestät hat mich als Hüterin seines Königreichs, seines Palastes und seiner Tochter verlassen. Jetzt möchte die Prinzessin Djouher-Manikam mich heiraten. Aus diesem Grund sende ich diesen Brief an Ihre Majestät." So sprach der Kadi in seinem Brief.

Als es den Prinzen erreichte und er es gelesen hatte, rief er sofort seinen Sohn Minbah-Chahaz herbei. Er kam in Eile, und der König gab ihm ein Entermesser und sagte: „Kehre nach Bagdad zurück und töte deine Schwester, denn sie wird Schande über die Familie bringen, wenn sie jetzt heiratet."

Minbah-Chahaz verneigte sich vor seinem Vater. Dann machte er sich auf den Weg, in sein eigenes Land zurückzukehren.

Am Ende seiner Reise angekommen, betrat er die Stadt und begab sich zum Palast der Prinzessin Djouher-Manikam. Sie war voller Freude und sagte: „Willkommen, oh mein Bruder!"

Minbah-Chahaz antwortete: „O meine kleine Schwester, unsere Eltern werden für die große Pilgerreise bleiben."

Während sich Bruder und Schwester unterhielten, sagte Prinzessin Djouher-Manikam: „O mein Bruder, ich möchte schlafen."

„Es ist gut, meine Schwester", antwortete Minbah-Chahaz; „Schlaf, während dein Bruder seiner kleinen Schwester die Haare kämmt." Und die Prinzessin Djouher-Manikam schlief.

Dann nahm ihr Bruder ein Kissen und schob es der jungen Jungfrau, seiner Schwester, unter den Kopf. Dann dachte er in seinem Herzen: „Wenn ich die Befehle meines Vaters nicht befolge, werde ich ein Verräter an ihm sein. Aber leider, wenn ich meine Schwester töte, werde ich keine Schwester mehr haben. Wenn ich es nicht tue." Töte sie, ich werde mit Sicherheit ein Verbrechen gegen den Allerhöchsten begehen, weil ich dem Befehl meines Vaters nicht Folge geleistet habe. Dann werde ich den Willen meines Vaters erfüllen. Es ist eine für alle Kinder verpflichtende Pflicht. Was nützen diese Ausflüchte?" Als dieser Entschluss bestätigt war, band er sich das Taschentuch vor die Augen und richtete sein Entermesser auf den Hals seiner Schwester. Aber in diesem Moment kam durch den Willen Gottes, des Höchsten , eine kleine Gazelle herauf und legte, durch die Macht Gottes, des Höchsten, ihren Hals auf den Hals der Prinzessin Djouher-Manikam und sagte: „Ich werde das nehmen." Ort der Prinzessin Djouher-Manikam." Und die kleine Gazelle wurde von Minbah-Chahaz getötet. Als er das getan hatte, öffnete er seine Augen und sah eine kleine Gazelle tot mit durchschnittener Kehle neben seiner kleinen Schwester, der Prinzessin Djouher-Manikam, liegen.

Bei diesem Anblick war Minbah-Chahaz von Erstaunen erfüllt. Er dachte in seinem Herzen: „Da es mit meiner Schwester so ist, muss sie völlig unschuldig sein und kann nicht den geringsten Fehler begangen haben. Obwohl ich überzeugt bin, dass sie von den Kadi verleumdet wurde, muss ich es meinem Vater sagen." tötete sie."

Minbah-Chahaz machte sich dann auf den Weg nach Mekka, um den Prinzen, seinen Vater, zu finden. Als er in Mekka ankam, überreichte er seinem Vater das Entermesser, das noch immer mit Blut befleckt war. Der König Haroun-er-Raschid rief: „Gelobt sei Gott, der Herr der Welten.

Unsere Schande ist jetzt ausgelöscht, da du deine Schwester getötet hast und sie tot ist." Das waren die Taten dieser ersten Geschichte.

Als die Prinzessin Djouher-Manikam nach der Abreise von Minbah-Chahaz erwachte, sah sie, dass ihr Bruder nicht mehr da war, sondern dass an ihrer Seite eine kleine Gazelle mit durchschnittener Kehle war. Sie dachte in ihrem Herzen: „Der Kadi hat mich gegenüber meinem Vater verleumdet, und deshalb kam mein Bruder hierher mit dem Befehl, mich zu töten." Die Prinzessin Djouher-Manikam empfand große Scham und dachte in ihrem Herzen: „Da es so ist, muss ich mich an einen versteckten Ort zurückziehen." Nun gab es im Königspark einen einsamen Ort inmitten einer riesigen, verlassenen Ebene. Dort gab es einen Teich von sehr angenehmem Aussehen, viele Arten von Obstbäumen und Blumen und ein wunderschön gebautes Oratorium. Die Prinzessin Djouher-Manikam machte sich auf den Weg und zog sich an diesen Ort zurück, um zu Gott, dem Allerhöchsten und aller Lobpreisungsten, zu beten. Sie wurde dort für einige Zeit niedergelassen, als durch den Willen Gottes, des Allerhöchsten , etwas Bestimmtes geschah.

ZWEITE GESCHICHTE

Es gab im Land Damas einen König namens Radja Chah Djouhou. Dieser König wollte in den verlassenen Wäldern auf die Jagd gehen. Sein erster Minister sagte zu ihm und verneigte sich tief: „O mein Herr, König der Welt, warum möchte Eure Majestät in fremden Ländern auf die Jagd gehen?"

König Chah Djouhou antwortete: „Ich bestehe auf meinem Plan, in fremden Ländern auf die Jagd zu gehen, in Wäldern, die weit von unseren entfernt sind. Ich möchte von Ort zu Ort, von Ebene zu Ebene gehen. Das ist mein Wille." Der Prinz machte sich daher in Begleitung seiner Minister, seiner Häuptlinge und seiner Diener auf den Weg.

Sie waren alle schon seit einiger Zeit auf der Jagd und hatten noch kein einziges Stück Wild gefunden. Der Prinz hatte seinen Marsch auf die Wälder des Landes Bagdad gerichtet. Diese Wälder waren von immenser Ausdehnung. Die Hitze war übermäßig groß und der Prinz war sehr durstig und wollte etwas Wasser trinken. Die Leute, die im Allgemeinen Wasser für den König trugen, sagten zu ihm: „O Herr, Herrscher der Welt, der Wasservorrat deiner Majestät ist völlig erschöpft."

Dann fragte der Prinz seine Offiziere und Diener: „Wer von euch kann mir Wasser besorgen? Ich werde ihn mit Reichtümern und Sklaven belohnen."

Diese Worte wurden von einem seiner Offiziere namens Asraf-el-Kaum gehört. Er sagte: „O mein Herr, Herrscher der Welt, gib mir die Vase, die als Wasser dient, und ich werde gehen und Wasser für Deine Majestät suchen."

Dann sagte der Prinz zu den Leuten, die ihm Wasser gebracht hatten: „Gebt meinen Smaragdkrug in die Hände von Asraf-el-Kaum."

Letzterer verneigte sich tief und machte sich auf die Suche nach Wasser. Als er von weitem einen sehr großen Feigenbaum sah, ging er in diese Richtung. Als er sich dem Baum näherte, sah er an seinem Fuß ein Oratorium und einen Teich. Im Oratorium befand sich eine Frau von sehr großer Schönheit. Der Glanz ihres Antlitzes leuchtete wie der des Vollmondes am vierzehnten Tag. Asraf-el-Kaum, erstaunt und voller Bewunderung, dachte in seinem Herzen: „Ist das ein menschliches Geschöpf oder ist es ein Peri?" und Asraf-el-Kaum grüßte die Prinzessin Djouher-Manikam, die den Gruß erwiderte.

Dann fragte ihn die Prinzessin: „Welchen Wunsch hast du, hierher in meine Wohnung zu kommen?"

Asraf-el-Kaum antwortete: „Ich bin hierher gekommen, um dich um Wasser zu bitten, denn ich habe mich verirrt."

Die Prinzessin sagte: „Nimm Wasser, Herr."

Asraf-el-Kaum tauchte den Smaragdkrug in den Teich und füllte ihn mit Wasser. Dann bat er um Erlaubnis zur Rückkehr.

Als er in der Nähe von König Chah Djouhou ankam, überreichte er dem Prinzen den Krug, der ihn schnell ergriff und trank.

„Asraf-el-Kaum", sagte der Prinz, „wo hast du so frisches und köstliches Wasser gefunden? In meinem ganzen Leben habe ich noch nie so etwas getrunken."

Asraf-el-Kaum antwortete: „O mein Herr, Herrscher der Welt, es gibt einen Garten mitten in der Ebene, und in diesem Garten gibt es einen sehr großen und buschigen Feigenbaum, und am Fuße dieses Baumes Es gibt einen Teich und in der Nähe dieses Teiches gibt es ein Oratorium. In diesem Oratorium befand sich eine Frau, die den Koran las. Diese bezaubernd schöne Frau sucht ihresgleichen auf dieser Welt. Ich grüßte sie und kehrte dann in die Gegenwart des Herrschers zurück der Welt. Das habe ich gesehen, mein Herr."

„Führe mich hierher", sagte der König.

„Oh Herrscher der Welt, wenn Eure Majestät dorthin gehen möchte, lasst es mit mir allein geschehen. Lasst meinen Herrn sein Volk nicht mitnehmen, denn es ist eine Frau, und natürlich würde sie sich schämen."

Der Prinz machte sich dann zu Pferd mit Asraf-el-Kaum auf den Weg. Als Prinzessin Djouher-Manikam zwei Kavaliere näher kommen sah, dachte sie in ihrem Herzen: „Ich muss mich verstecken, damit ich nicht gesehen werde." Sie verließ also das Oratorium und ging zum Feigenbaum. Sie richtete ein Gebet an Gott, den höchsten und würdigsten aller Lobpreisungen, mit folgenden Worten:

„O Gott, ich flehe dich an, gib mir Zuflucht in diesem Baum, denn dein Diener,
o Herr, schämt sich, in die Gesichter dieser Ungläubigen zu schauen."

Dann öffnete sich durch den Willen Gottes des Allerhöchsten der Baum in zwei Teile und die Prinzessin Djouher-Manikam trat durch die Spaltung ein, und der Baum schloss sich und wurde wieder so, wie er vorher war. Der König Chah Djouhou und Asraf-el-Kaum kamen im Oratorium an, aber der Prinz sah nichts von der Prinzessin Djouher-Manikam. Er war erstaunt und sagte:

„O Asraf-el-Kaum, die Frau ist weg. Aber gerade noch sah ich sie von weitem im Oratorium sitzen, und jetzt ist sie plötzlich verschwunden." Der Prinz fügte hinzu: „O Asraf-el-Kaum, vielleicht wurde ihr Gebet wie beim Propheten Zacharias (auf dem Segen sei!) erhört und sie ist in diesen Baum eingetreten."

Dann richtete er dieses Gebet an Gott, das höchste und würdigste aller Lobpreisungen: „O Gott, wenn du zulässt, dass diese Frau mit deinem Diener vereint wird, dann gewähre sie ihm."

Das Gebet des Königs Chah Djouhou wurde erhört und eine Frau von atemberaubender Schönheit erschien vor seinen Augen. Er wollte sie ergreifen, aber die Prinzessin Djouher-Manikam sprach diese Worte aus: „Hüte dich davor, mich zu berühren, denn ich bin ein wahrer Gläubiger." Als König Chah Djouhou diese Worte hörte, zog er sich ein wenig beschämt zurück. Dann sagte er:

„Frau, was ist dein Land? Wessen Kind bist du und wie heißt du?"

Die Prinzessin antwortete: „Seit langer Zeit lebe ich hier und habe weder Vater noch Mutter. Mein Name ist Djouher-Manikam."

Als der König diese Worte der Prinzessin Djouher-Manikam hörte, zog er seinen Umhang aus und gab ihn der Prinzessin, die ihren ganzen Körper damit bedeckte. Dann stand sie auf und ließ sich zu Boden fallen. Dann stieg König Chah Djouhou von seinem Pferd, empfing sie, setzte sie auf sein Pferd und brachte sie in das Land Damas.

Asraf-el-Kaum sagte dann zum König: „O mein Herr, Herrscher der Welt, du hast deinem Diener ein Versprechen gegeben. Sei weder nachlässig noch vergesslich, mein Herr."

„Asraf-el-Kaum, sei nicht gestört. Ich werde mein Versprechen an dich erfüllen. Wenn es Gott gefällt, werde ich dir, wenn ich in unserem eigenen Land ankomme, mit Sicherheit alles geben, was ich dir versprochen habe."

König Chah Djouhou machte sich auf den Weg in das Land Damas.

Nach einer gewissen Zeit auf dem Weg kam der Prinz in die Stadt Damas und betrat seinen Palast. Er befahl einem seiner Pagen, den Kadi zu rufen, und ein Page kam sofort, um ihn zu rufen. Dieser betrat in aller Eile die Gegenwart des Königs. Chah Djouhou sagte: „O Cadi, heirate mich mit der Prinzessin Djouher-Manikam." Und der Kadi heiratete sie. Nach der Feier der Hochzeit schenkte Prinz Chah Djouhou Asraf-el-Kaum 1.000 Dinar und einigen seiner Sklaven, sowohl Männern als auch Frauen. König Djouhou und Prinzessin Djouher-Manikam waren glücklich und voller Zärtlichkeit füreinander. Innerhalb weniger Jahre bekam die Prinzessin zwei Söhne, beide sehr schön. Der Prinz liebte diese Kinder sehr. Vor allem aber liebte er seine Frau. Er war voller zärtlicher Fürsorge für sie und betrachtete sie mit der gleichen sorgfältigen Aufmerksamkeit, die ein Mann an den Tag legt, der Öl in der hohlen Hand trägt. Einige Zeit später bekam Prinzessin Djouher-Manikam einen weiteren Sohn von großer Schönheit. Der Prinz liebte dieses dritte Kind zärtlich. Er stellte ihm eine große Zahl von Ammen und Gouvernanten zur Verfügung, wie es für die Kinder der größten Könige Brauch ist. Und er hörte nie auf, ihm die größte Fürsorge zu schenken.

Eines Tages geschah es, dass die Minister, die Häuptlinge und die Höflinge des Königs, alle in seiner Gegenwart versammelt, alle möglichen Vergnügungen und Vergnügungen genossen. Der Prinz zeigte sich sehr fröhlich, und die Prinzessin selbst spielte und vergnügte sich mit den drei Kindern. Ihr Gesicht leuchtete im Glanz von Rubinen; Doch als sie zufällig an ihren Vater, ihre Mutter und ihren Bruder dachte, fing sie an zu weinen und sagte: „Ach, wie unglücklich bin ich! Wenn mein Vater, meine Mutter und mein Bruder meine drei Kinder sehen könnten, würde sie zwangsläufig ihre Zuneigung zu mir spüren." größer sein." Und die Prinzessin Djouher-Manikam brach in Schluchzen aus. Der Prinz, der nicht weit von dort entfernt war, hörte sie, und als die Prinzessin nicht aufhörte zu weinen , fragte er sie: „O Prinzessin, warum weinst du so? Was fehlt mir in deinen Augen? Ist es Reichtum oder körperliche Schönheit?" edle Geburt? Oder ist es der Geist der Gerechtigkeit? Sag mir, was die Ursache deiner Tränen ist?"

Prinzessin Djouher-Manikam antwortete: „Eure Majestät, Herrscherin der Welt, hat keinen einzigen Fehler. Ihr Reichtum gleicht dem von Haroun. Ihre Schönheit gleicht der des Propheten Joseph (Friede sei mit ihm!). Ihre Herkunft kommt der des Gesandten gleich." Gottes (Mahomet). Mögen der Segen Gottes und die Segnungen auf ihm ruhen! Ihre Gerechtigkeit kommt der von König Rouchirouan gleich. Ich sehe keinen einzigen Fehler an Ihnen, mein Herr."

König Chah Djouhou sagte: „Wenn es so ist, warum vergießt meine Prinzessin dann Tränen?"

Prinzessin Djouher-Manikam antwortete: „Wenn ich so weinte, während ich mit meinen drei Kindern spielte, dann deshalb, weil ich dachte, wenn mein Vater, meine Mutter und mein Bruder meine drei Kinder sehen würden, wäre ihre Zuneigung zu mir zwangsläufig größer." Und Deshalb habe ich Tränen vergossen.

König Chah Djouhou sagte zu ihr: „O meine junge Frau, liebe Prinzessin, leben dein Vater und deine Mutter noch? Wie heißt dein Vater?"

Prinzessin Djouher-Manikam antwortete: „O mein Herr, mein Vater heißt Haroun-er-Raschid, König von Bagdad."

Der Prinz umarmte sie, küsste sie und fragte sie: „Warum hast du deinem Mann bis heute nicht die Wahrheit gesagt?"

Und die Prinzessin antwortete: „Ich wollte die Wahrheit bekennen, aber vielleicht hätte mein Herr keinen Glauben gehabt. Der Kinder wegen sage ich die Wahrheit."

König Chah Djouhou antwortete: „Da es so ist, ist es angebracht, dass wir beginnen und König Haroun-er-Raschid einen Besuch abstatten."

Er rief seine Minister zusammen, befahl ihnen, alle Vorbereitungen zu treffen, und befahl ihnen, Goldbarren und Silberbarren, auf denen der Name von König Harun-er-Raschid eingraviert war, in Ordnung zu bringen. und die aus Ziegenhaar und feiner Wolle gewebten Gewänder seiner Minister, kostbare Stoffe, viele Arten prächtiger Edelsteine in verschiedenen Farben, bildeten die Last von vierzig Kamelen, die diese Geschenke dem König, seinem Schwiegervater, trugen. in der Stadt Bagdad.

In der Nacht dachte Prinzessin Djouher in ihrem Herzen: „Wenn sich die beiden Könige treffen, wird es zwangsläufig Zwietracht und am Ende eine Trennung geben." Nachdem sie dies nachgedacht hatte, sagte sie zu ihrem Mann: „Oh Herrscher der Welt, geh nicht gleichzeitig mit mir auf die Reise, denn meiner Meinung nach würde das Treffen der beiden Könige am Ende zu einer Meinungsverschiedenheit führen. Erlaube mir also, es zu tun." Beginnen Sie zunächst mit den drei Kindern, damit ich sie meinem Vater und meiner Mutter vorstellen kann. Geben Sie den Befehl, mich in das Land Bagdad in die Nähe meines Vaters zu führen, wem auch immer Sie Ihr Vertrauen für diese Mission für würdig erachten."

Als der Prinz diese Worte der Prinzessin hörte, die er so zärtlich liebte und deren Wünsche er erfüllte, befahl er seinen Ministern und Häuptlingen, den Transport der Prinzessin und ihrer Kinder zu organisieren. Er wandte sich an die Minister und sagte wie folgt: „O ihr meine Minister, wen von euch kann ich beauftragen, meine Frau und meine drei Kinder sicher nach Bagdad in die Nähe ihres Vorfahren, König Haroun-er-Raschid, zu bringen?"

Niemand von ihnen wagte es, näher zu kommen und etwas zu sagen. Alle schwiegen. Dann wandte sich der Prinz an den ältesten Minister von allen und sagte:

„O mein Pfarrer, Du bist es, dem ich, dem Gebot meines Herzens folgend, vertrauen kann, dass Du meine Frau und meine drei Kinder begleitest. Denn ich habe Dich immer treu und treu zu mir gefunden. Außerdem bist Du älter als die anderen Pfarrer . " . Und du hast die höchste und würdigste Gottesfurcht und Respekt vor deinem König."

Der Minister sagte: „O mein Herr, es ist in aller Aufrichtigkeit, dass Ihr Diener die Befehle Ihrer Majestät über sein Haupt stellt. Ich werde meine ganze Pflicht erfüllen und die Prinzessin und ihre Kinder zum König Haroun-er-Raschid führen."

So vertraute König Chah Djouhou seine Frau und seine drei Kinder diesem perfiden Minister an und verließ sich dabei auf das Versprechen, das er gegeben hatte. Vierzig Kamele waren mit Geschenken beladen, vierzig Ammen für die Kinder, hundert Damen im Gefolge der Prinzessin, tausend Kavaliere, gut bewaffnet und gut ausgerüstet, bildeten die Eskorte. Die Prinzessin verabschiedete sich von ihrem Mann. Er hielt sie in seinen Armen und bedeckte sie und seine drei Kinder weinend mit Küssen. Er forderte sie auf, ihrem Vater, dem Sultan Haroun-er-Raschid, seine Ehrerbietung zu erweisen, ihrem älteren Bruder Minbah-Chahaz seine Grüße zu überbringen und ihren Majestäten tausend und abertausend Entschuldigungen vorzulegen und sich zu entschuldigen ihr Bruder Minbah-Chahaz. Dann sagte der Prinz zu dem bösen Minister:

„O mein Minister, du musst jetzt gehen und das Kamel meiner Frau führen, denn ich habe vollkommenes Vertrauen in dich. Vor allem aber behüte sie gut."

Aber der König stützte sich nicht auf Gott, den höchsten und würdigsten aller Lobpreisungen, und deshalb bestrafte Gott ihn.

Als der Prinz seine Rede mit dem Minister beendet hatte, sagte dieser: „O mein Herr, König der Welt, dein Diener trägt deinen Befehl auf seinem Haupt." Also begann die Kavalkade mit dem Marsch. Prinzessin Djouher-Manikam bestieg mit ihren drei Kindern ihr Kamel. Ein Leibwächter hielt den Transporter fest. Sie reiste in Begleitung des elenden Ministers und der gesamten Eskorte von Tag zu Tag weiter in Richtung der Stadt Bagdad. Sie hatten einen der Rastplätze erreicht, als der Tag zur Nacht wurde. Der Minister baute dann ein Zelt auf, damit die Prinzessin darin ruhen konnte. Die Leute schlugen überall ihre Zelte auf. Prinzessin Djouher-Manikam stieg von ihrem Kamel und betrat mit ihren drei Kindern das Zelt. Die Zelte der Krankenschwestern und Hofdamen umgaben im Kreis das Zelt der Prinzessin. Mitten in der Nacht begann es heftig zu regnen. Dann wurde der arme Geistliche, von Satan aufgewühlt, in seinem Herzen aufgewühlt. Er dachte: „Die Frau des Königs ist sehr schön; wirklich schön, wie ihr Name, Djouher-Manikam. Ich muss sie heiraten.“

Also machte sich der rebellische Minister auf den Weg, betrat das Zelt der Prinzessin und bat sie, ihn zu heiraten. Er fand sie neben ihren drei Kindern sitzend und damit beschäftigt, die Mücken zu vertreiben. Als die Prinzessin ihn ihr Zelt betreten sah, fragte sie ihn: „O mein Minister, was führt dich um diese Stunde mitten in der Nacht zu meinem Zelt?“

Der Pfarrer antwortete: „Ich bin gekommen, um dich zu bitten, mich zu heiraten.“

Die Prinzessin sagte dann: „Ist es das, was dich hierher führt? Und dir hat mich der König wegen deines hohen Alters anvertraut und als ob du mein Vater wärst. Auf dich hat er sein ganzes Vertrauen gesetzt.“ würde uns, mich und meine Kinder, sicher zu meinem ehrwürdigen Vater, König Haroun-er-Raschid, bringen. Was muss deine Natur sein, dass du sein Vertrauen so verraten solltest?“

Der unglückliche Pfarrer antwortete: „Wenn Sie sich weigern, mich zu heiraten, werde ich Ihre Kinder töten.“

„Niemals“, sagte die Prinzessin, „niemals werde ich zustimmen, dich zu heiraten. Und wenn du meine Kinder tötest, was kann ich dann gegen den Ratschluss Gottes tun, außer seinen Namen anzurufen?“

Der Pfarrer tötete eines der Kinder. Als es tot war, stellte er die gleiche Forderung zum zweiten Mal an die Prinzessin, und sie antwortete: „Ich werde niemals zustimmen, dich zu heiraten.“

Der Pfarrer sagte: „Wenn Sie sich weigern, werde ich ein weiteres Ihrer Kinder töten.“

Die Prinzessin Djouher-Manikam antwortete: „Wenn du mein Kind tötest, geschieht dies durch den Beschluss Gottes, und ich unterwerfe mich seinem Willen.“

Der Minister tötete das zweite Kind.

„Nein", wiederholte die Prinzessin. „Niemals werde ich zustimmen, dich zu heiraten."

Der elende Pfarrer sagte: „Dann werde ich Ihr drittes Kind töten."

„Wenn du ihn tötest, was bleibt mir dann anderes übrig, als mich dem Willen Gottes zu unterwerfen und seinen Namen anzurufen?" Der dritte Sohn des Königs wurde getötet.

Als die Prinzessin erneut befragt wurde, sagte sie noch einmal: „Niemals werde ich dich heiraten."

Und der böse Geistliche sagte: „Wenn du mich nicht heiraten willst, werde ich dich auch töten."

Dann dachte die Prinzessin in ihrem Herzen: „Wenn ich nicht nachgebe, wird er mich ohne Zweifel auch töten. Ich muss einen Trick anwenden." Dann sagte sie: „Erwartet mich hier, bis ich die Blutflecken meiner Kinder von meiner Kleidung und meinem Körper gewaschen habe."

Der von Gott verfluchte Pfarrer antwortete: „Sehr gut. Ich erwarte Sie hier."

Dann verließ die Prinzessin Djouher ihr Zelt. Der Regen fiel in Strömen. Die Prinzessin floh überstürzt und lief die ganze Nacht umher, ohne zu wissen, wohin sie wollte. Sie war viele Stunden gelaufen, als der Tag anbrach. Die Prinzessin kam so in die Nähe eines Baumes mitten in der Ebene, und nachdem sie mit ihren Augen dessen Höhe gemessen hatte, kletterte sie hinein. In diesem Moment kam ein Kaufmann die Straße entlang, der seine Verkäufe getätigt hatte und in die Stadt Bassrah zurückkehrte. Sein Name war Biyapri. Als er unter dem Baum hindurchging, blickte er auf und erblickte eine Frau, die im Baum saß.

"Wer bist du?" er sagte; „Bist du eine Frau oder ein Dschinn?"

„Ich bin weder Dämon noch Dschinn, sondern ein Nachkomme des Propheten Gottes (möge der Segen auf ihm ruhen), ein Schüler des Propheten Mohammed, Gesandter Gottes."

Biyapri kletterte auf den Baum, setzte sie auf sein Kamel und begann seine Reise, die sie in das Land Bassrah führte. Als er in seinem Haus ankam, wollte er sie heiraten. Aber sie schreckte ihn ab und sagte: „Warten Sie, denn ich habe vor Gott ein feierliches Gelübde abgelegt, vierzig Tage lang keinem Menschen ins Gesicht zu schauen. Wenn die Zeit abgelaufen ist, wird das möglich sein. Aber wenn diese vierzig Tage noch nicht geschehen sind." renne, ich würde sicherlich sterben. Also installierte Biyapri sie auf seinem Gitterdach und schenkte ihr viel Aufmerksamkeit und Fürsorge.

Unmittelbar nach der Flucht der Prinzessin Djouher-Mani-kam befahl der Minister der gesamten Eskorte, zurückzukehren und sich dem König Chah

Djouhou zu präsentieren. Er sagte zu seinem Volk: „O all eure Diener der Königin, seht, was sie getan hat. Ihre drei Kinder sind tot, und sie ist es, die sie getötet hat. Danach ist sie verschwunden. Wo hat sie Zuflucht gesucht? Niemand in der Die Welt weiß das. Was Sie betrifft, gehen Sie, bringen Sie die Leichen seiner drei Kinder zu König Chah Djouhou und erzählen Sie ihm alle Umstände.

Als sie im Beisein des Königs eintrafen, berichteten sie über alle Umstände des Verrats des Ministers an der Prinzessin und der Ermordung seiner drei Kinder. Sie fügten hinzu, dass der Minister gegangen sei und die Nachricht hinterlassen habe, dass er sich auf die Suche nach der Prinzessin gemacht habe und seine eigenen drei Söhne, vierzig Soldaten und den Schatz mitgenommen habe.

Worte hörte, geriet er in Erstaunen. Aber sein Kummer darüber, die Prinzessin ohne ihn gehen zu lassen, war nutzlos. Er ließ die drei jungen Prinzen begraben. Der König vergoss Tränen, und das ganze Hausvolk erfüllte die Luft mit Schreien und Schluchzen, so dass der Lärm wie Donnerschläge wirkte, während die Bestattungszeremonien nach den Bräuchen der größten Könige abliefen. Danach stieg der König von seinem königlichen Thron herab und wurde ein Derwisch, um in allen Ländern seine geliebte Gemahlin suchen zu können. Er hatte nur drei Sklaven bei sich. Einer von ihnen hieß Hestri.

„Geh", sagte er zu ihm, „geh und suche deine Herrin in allen Ländern." Und er gab ihm ein Pferd und etwas Proviant.

Hestri sagte: „Möge Eure Majestät glücklich sein! O Herr, König der Welt, was auch immer deine Befehle sein mögen, dein Diener legt sie auf seinen Kopf." Hestri verbeugte sich tief, dann bestieg er sein Pferd und ritt in Richtung der Stadt Bassrah.

Nach einiger Zeit erreichte er Bassrah und kam am Haus von Biyapri vorbei. In diesem Moment saß die Prinzessin Djouher-Manikam auf dem Dach von Biyapris Haus. Sie schaute Hestri aufmerksam ins Gesicht, als er am Haus vorbeiging, und rief ihm zu: „Hestri, was führt dich hierher?"

Hestri warf seinen Blick zum Dach, sah die Prinzessin Djouher-Manikam und sagte zu ihr: „Ich wurde von deinem Mann geschickt, um dich zu suchen, Prinzessin."

Sie antwortete: „Geh weg, vorerst. Komm zurück, wenn es Nacht ist. Da es jetzt heller Tag ist , fürchte ich, dass Biyapri unsere Abreise entdecken könnte."

Hestri verneigte sich tief und antwortete: „Sehr gut, Prinzessin." Er ging hier und dort hin und her und wartete, bis die Nacht hereinbrach. Als es dunkel wurde , kehrte er zum Haus von Biyapri zurück und wartete ein paar Minuten. Dann rief er die Prinzessin.

„Warte", sagte sie, „denn Biyapri schaut immer noch zu." Hestri bückte sich und schlief in der Nähe von Biyapris Haus ein, nachdem er zunächst das Zaumzeug des Pferdes an seinen Gürtel gebunden hatte.

Die Prinzessin Djouher-Manikam stieg vom Dach herab und bestieg das Pferd, während Hestri noch schlief. Sie saß auf dem Pferd und wartete, bis Hestri aufwachte. Doch ein äthiopischer Räuber, der gekommen war, um das Lagerhaus von Biyapri auszurauben, sah das Pferd, dessen Zaumzeug am Gürtel von Hestri befestigt war. Er löste das Zaumzeug und führte das Pferd in die Mitte der Ebene. In der Vorstellung der Prinzessin war es Hestri, der das Pferd führte. Doch als der Mond aufging, sah der Äthiopier auf dem Pferd eine Frau von beeindruckender und wunderbarer Schönheit sitzen. Das Herz des Äthiopiers war voller Freude. Er sagte in seinem Herzen:

„Seit sehr langer Zeit habe ich Reichtümer gestohlen. Wahrlich, ich habe keinen kleinen Vorrat an Juwelen, Perlen, Edelsteinen, Gold und Silber und prächtigen Gewändern aller Art erworben. Aber das alles ist nichts im Vergleich zu dem Wunder, das ich habe." die ich gerade gefunden habe und die meine Frau werden wird, das Licht meiner Augen und die Frucht meines Herzens. Jetzt werde ich in Frieden das Glück genießen, eine solche Frau zu haben."

Das Haus des äthiopischen Räubers lag auf einem Hügel. Er führte die Prinzessin dorthin, zeigte ihr alles, was darin enthalten war, und gab es ihr mit den Worten: „O meine zukünftige Braut, dir gehört alles, was dieses Haus enthält. Benutze es nach deinem Gutdünken." Die Prinzessin sagte: „Seien Sie zunächst einmal ruhig." Und sie dachte in ihrem Herzen: „Das ist mein Schicksal. Zuerst war ich bei Biyapri, und jetzt bin ich in die Hände eines äthiopischen Räubers gefallen. Es ist der Wille Gottes, dass dies seinem Diener widerfahren ist." Der äthiopische Räuber wollte die Hochzeit sofort feiern lassen, aber die Prinzessin sagte: „Ich kann jetzt nicht heiraten, denn ich habe vor Gott dem Höchsten geschworen, drei Tage lang kein Gesicht eines Mannes zu sehen. "

Der äthiopische Räuber wollte trinken und sagte: „Kommt, lasst uns zusammen trinken."

„Meiner Meinung nach", bemerkte die Prinzessin, „wenn wir anfangen, beides zusammen zu trinken, wirst du schwer vom Wein werden und ich auch. Dann werden sie mich von dir wegbringen und dich töten. Komm, ich werde deinen Becher füllen und Du sollst zuerst trinken. Wenn du genug getrunken hast, werde ich meinerseits trinken, und du sollst meinen Becher füllen.

Der äthiopische Räuber freute sich sehr über diese Worte der Prinzessin. „Was Sie sagen, ist wahr", sagte er. Mit großer Freude nahm er den Kelch aus den Händen der Prinzessin entgegen und trank. Nachdem er den Becher viele Male geleert hatte , fiel er in der Benommenheit des Rausches hin, verlor die Besinnung und wurde wie ein toter Mann. Die Prinzessin Djouher-Manikam zog ein prächtiges Männerkostüm an, fügte eine Waffe hinzu, die etwa einem *Kandjar ähnelte* , und verließ das Haus. Dann bestieg sie ihr Pferd , ritt schnell vorwärts und gelangte zum Fuß des Hügels. Sie richtete ihren Kurs auf das Land Roum und setzte ihre Reise von Wald zu Wald und von Ebene zu Ebene fort, bis sie das Tor der Befestigungsanlagen der Stadt Roum erreichte, als der König dieses Landes gerade gestorben war.

Als die Prinzessin Djouher-Manikam außerhalb der Festungsanlagen von Roum angekommen war, setzte sie sich auf die Baley in der Nähe der Festung. Sie war von wunderbarer Schönheit, und ihre Gewänder glänzten vor Gold und waren mit Edelsteinen, Perlen und Rubinen geschmückt. Ein zufällig vorbeikommender Mann sah sie und war von Erstaunen und Bewunderung erfasst. Denn im Land Roum gab es niemanden, der sich mit diesem jungen Mann vergleichen konnte, der so gutaussehend und so prächtig gekleidet war. Er hat gefragt:

„Woher kommst du und warum bist du hierher gekommen?"

Die Prinzessin antwortete: „Ich kenne den Ort, an dem ich mich gerade befinde,   nicht.
Ich komme aus der Stadt Damas."

Dieser Bürger von Roum verabschiedete sich und ging weg, um sich dem Wesir zu melden und zu erzählen, was er gesehen hatte. Als der Vezir ihn hörte, machte er sich sofort auf den Weg, um den jungen Mann zu suchen. Sobald er sich ihm genähert hatte und seine bemerkenswerte Schönheit und seine prächtigen, mit Edelsteinen, Perlen und Rubinen verzierten Gewänder gesehen hatte, setzte sich der Wesir neben ihn und sagte:

„Junger Mann, woher kommst du und warum bist du in dieses Land gekommen?"

Die Prinzessin antwortete: „Ich möchte zu meinem Vergnügen durch die Welt reisen. Das ist mein Wille."

Der Vezir antwortete: „Möchten Sie, dass wir Sie zum König dieses Landes machen?" Die Prinzessin antwortete: „Aus welchem Grund sollte ich in diesem Land König sein wollen? Und mit welchen Mitteln könnte dies erreicht werden?"

Der Vezir antwortete: „Unser König ist tot."

„Gibt es kein Kind?" fragte die Prinzessin.

„Der König hat ein Kind hinterlassen", antwortete der Wesir, „aber er ist noch sehr klein und unfähig, seine Untertanen zu regieren. Deshalb werden wir dich zum König dieses Landes machen."

Rat folgen, werde ich den Thron dieses Landes annehmen."

Die Minister sagten: „Und warum sollten wir den Befehlen meines Herrn nicht folgen?"

Der Wesir führte sie zum Palast. Alle Staatsminister und hohen Beamten versammelten sich, um die Prinzessin Djouher-Manikam zu ihrem König auszurufen. Nachdem dies erledigt war, nahm die Prinzessin den Namen Radja ChahDjouhou an.

Nachdem sie einige Zeit regiert hatte, sorgten ihr Geist der Gerechtigkeit und ihre vollkommene Gerechtigkeit in der Regierung ihrer Untertanen dafür, dass ihr Name in allen fremden Ländern berühmt wurde. Radja Chah Djouhou sagte zu ihrem Minister:

„Oh Minister, baue für mich eine *Bastei* außerhalb der Festung." Und die Minister und Offiziere befahlen ihnen in Eile, die *Baley zu bauen* . Sobald es gebaut war , kamen sie, um es dem König zu verkünden. Letzterer sagte:

„O mein Wesir, gibt es in meinem Königreich einen Mann, der malen kann?"

„Ja, mein Herr, König der Welt, hier ist ein sehr geschickter Maler."

„Lass ihn zu mir kommen."

„Sofort, mein Herr", sagte der Vezir und befahl einem Sklaven, den Maler zu rufen. Der Maler kam in aller Eile und betrat Radja Chah Djouhous Gegenwart, indem er seinen Kopf auf den Boden senkte. Der Prinz sagte zu ihm:

„O Maler, hast du eine Tochter, die malen kann?"

Der Maler antwortete: „Ja, mein Herr, König der Welt, ich habe eine Tochter, die sehr geschickt in der Kunst des Malens ist."

„Sagen Sie Ihrem Kind, es soll hierher kommen."

Der Maler verneigte sich erneut und machte sich auf die Suche nach seiner Tochter. „O mein Kind", sagte er, „Komm, die Frucht meines Herzens, der König ruft dich."

Dann machte sich die Tochter des Malers schnell auf den Weg, begleitet von ihrem Vater. Gemeinsam betraten sie die Gegenwart des Königs, der noch immer von seinen Ministern und Offizieren umgeben war. Der Maler und seine Tochter senkten den Kopf auf den Boden. Der Prinz sagte:

„Maler, ist das Ihre Tochter?"

„O mein Herr, König der Welt, ja, das ist meine Tochter."

„Komm mit mir ins Innere des Palastes." Und zur gleichen Zeit machte sich der Prinz auf den Weg und betrat seine Gemächer, gefolgt von der Tochter des Malers. Er ging voran zu einem abgelegenen Ort und sagte: „Meine Tochter, mache mein Porträt, ich bitte dich, und versuche, eine gute Ähnlichkeit zu gewährleisten." Dann kleidete sich die Prinzessin Djouher-Manikam in Frauengewänder, und in diesem Kostüm war sie hinreißend schön. Als das erledigt war, befahl sie dem Künstler, sie so zu malen. Das gelang ihr perfekt und das Porträt war eine bemerkenswerte Ähnlichkeit, denn die Tochter des Malers war sehr geschickt. Als ihre Arbeit beendet war , erhielt sie eine große Goldsumme. Der Prinz sagte zu ihr:

„Komm, Schwester, lass das ein Geheimnis bleiben. Verrate es niemandem auf der Welt. Wenn du es erzählst, werde ich dich töten, zusammen mit deinem Vater und deiner Mutter."

Die Tochter des Malers sagte: „O mein Herr, König der Welt, wie konnte Ihr Diener den Befehlen Ihrer Majestät nicht gehorchen?"

Sie verneigte sich tief und bat um Erlaubnis, nach Hause gehen zu dürfen.

Radja Chah Djouhou sagte im Beisein seiner Minister und seiner Untertanen zum Wesir: „Oh Wesir, platziere dieses Porträt in der *Baley* außerhalb der Festung und lass es von vierzig Männern bewachen. Wenn jemand, der zu diesem Porträt kommt, anfängt zu weinen." oder küsse es, ergreife ihn und führe ihn vor mich." Das Porträt hing in der *Baley* , und der Vezir befahl einem Offizier, es mit vierzig Soldaten zu bewachen.

Als der äthiopische Räuber aus seinem betrunkenen Schlaf erwachte, sah er, dass die Prinzessin Djouher-Manikam nicht mehr in seinem Haus war. So ging er weinend ins Freie und machte sich auf den Weg, von Land zu Land, bis er in der Stadt Roum ankam. Dort sah er eine *Baley* und ein Porträt, das eine vollkommene Ähnlichkeit mit der Prinzessin Djouher-Manikam aufwies. Schnell kletterte er auf die *Baley* , hielt das Porträt in seinen Armen, weinte und bedeckte es mit Küssen.

„O unglücklicher Mann, der ich bin! Hier ist das Porträt meiner Geliebten, nach der ich gesucht habe. Wo kann sie sein?"

Als die Wachen der *Baley* die Tat des Äthiopiers sahen, ergriffen sie ihn und trugen ihn vor den König. Sie erzählten die Tat.

Der Prinz sagte: „Äthiopischer Räuber, warum hast du dich in Bezug auf dieses Bild so verhalten?"

Der Äthiopier antwortete: „O mein Herr, König der Welt, ich bitte dich um tausend und tausend Verzeihung. Dein Diener wird die Wahrheit sagen.

Wenn sie mich töten, werde ich sterben; wenn sie mich hängen, werde ich sehr hoch erhoben werden ; Wenn sie mich verkaufen, werde ich sehr weit weggetragen werden. Oh König der Welt, höre die Worte deines demütigen Sklaven. In einer bestimmten Nacht wollte ich rauben. Ich fand ein Pferd, und auf dem Rücken befand sich eine Frau die wunderbarste Schönheit. Ich nahm sie mit in mein Haus. Ich schlief in meinen Tassen ein. Meine Geliebte verschwand. Ich wurde verrückt, und so kam es, oh König der Welt, dass dein Sklave zur Festung kam und das Porträt sah hängt an der *Baley* . Dieses Porträt ist das treue Bild meiner Geliebten. Deshalb weine ich.

Der Prinz sagte: „O mein Vezir, lass diesen Mann sorgfältig bewacht werden. Behandle ihn gut und gib ihm reichlich zu essen.“ Andererseits sah Biyapri nach vierzig Tagen, als er das Dach bestieg, dass die Prinzessin Djouher nicht mehr da war. Er wurde wahnsinnig, verließ sein Haus und all seinen Reichtum und reiste als Derwisch von Land zu Land, um die Prinzessin Djouher-Manikam zu suchen, ohne sie jemals zu finden. Als er in das Land Roum kam, sah er die *Baley* außerhalb der Festung und blieb dort stehen. Dann sah er das Porträt, und als er es mit größter Aufmerksamkeit betrachtete, begann er zu weinen. Dann nahm er es in seine Arme und bedeckte es mit Küssen.

„Ach, mein Geliebter!“ rief er: „Hier ist tatsächlich dein Bild, aber wo kann ich dich finden?“ Er wurde sofort von der Wache ergriffen und vor den König von Rom geführt.

„Biyapri“, sagte der Prinz, „woher kommst du und warum hast du so gehandelt?“ Biyapri antwortete: „O mein Herr, König der Welt, dein Sklave bittet tausendmal um Verzeihung. Ich werde die ganze Wahrheit sagen. Wenn sie mich töten, werde ich sterben; wenn sie mich hängen, werde ich hochgehoben werden.“ hoch; wenn sie mich verkaufen, werde ich sehr weit weggebracht. Als ich im Handel tätig war, ging ich unter einem Baum hindurch und sah, dass in diesem Baum eine Frau von wunderbarster Schönheit war. Ich nahm sie und trug sie zu mir Die Stadt Bassrah und installierte sie auf dem Dach meines Lagerhauses. Eines bestimmten Abends verschwand sie, ohne dass ich wusste, wohin sie gegangen war. Dann, oh König der Welt, wurde ich wie ein Verrückter und verließ mein Heimatland. Ankunft im Land Von Roum sah ich eine *Baley* vor der Festung und setzte mich dort hin. Dann, mein Herr, sah ich das Porträt an der *Baley hängen* . Es ähnelt genau meiner Geliebten, die ich verloren habe. Ich drückte es in meine Arme und bedeckte es damit Küsse. Das ist die Wahrheit, oh König der Welt.

Der Prinz sagte dann zu seinem Minister: „O Minister, lass diesen Mann sorgfältig bewacht werden und gib ihm Essen und Kleidung.“

Der König von Damas hatte nach seinem Verzicht auf den Thron sein Königreich verlassen und begann im Kostüm eines Derwischs durch die verschiedenen Länder zu reisen. Als König Chah Djouhou in Roum ankam, sah er eine *Baley* außerhalb der Festung und setzte sich in deren Nähe nieder. Als der Prinz das Porträt genau betrachtete, das genau wie die Prinzessin Djouher-Manikam aussah, brach er in Tränen aus und rief:

„Leider! Frucht meines Herzens, mein Geliebter, Licht meiner Augen! Es ist tatsächlich dein Bild. Aber du, den ich suche, oh, wo bist du?"

Mit diesen Worten nahm der Prinz das Porträt in seine Arme und bedeckte es mit Küssen. Als die Wachen der *Baley dies sahen,* ergriffen sie ihn und trugen ihn vor den König.

Der König sagte zu ihm: „Mein Herr, woher kommst du? Wie bist du in dieses Land gewandert? Und warum hast du dich gegenüber meinem Porträt so verhalten?"

Der König Chah Djouhou antwortete: „Wisse, dass meine Frau, die Prinzessin Djouher-Manikam heißt, weit von mir verschwunden ist. Aus diesem Grund habe ich mein Königreich verlassen und bin als Derwisch gekleidet gegangen." Von Land zu Land, von Ebene zu Ebene, von Dorf zu Dorf, auf der Suche nach ihr, die ich nie finden konnte. Aber als ich im Land Eurer Majestät ankam, sah ich an der Baley dieses Porträt hängen, das eine auffallende Ähnlichkeit mit meiner *Frau* hat . Aus diesem Grund weinte ich, als ich dieses Bild betrachtete."

Die Prinzessin lächelte, und gleichzeitig wurde ihr Herz weicher, als sie das Verhalten ihres Mannes sah. Sie sagte zu ihrem Premierminister: „O mein Minister, ich vertraue diese Person Ihrer Obhut an. Behandeln Sie ihn würdig, geben Sie ihm das beste Essen und eine Suite von Dienern. Er ist der König von Damas."

Der Minister reiste daher auf Befehl der Prinzessin ab und führte den König von Damas in ein schönes Haus, das entsprechend den Bedürfnissen der Könige eingerichtet und ausgestattet war.

Der Minister nahm alle Reichtümer entgegen, die als Geschenke für König Haroun-er-Raschid bestimmt waren. Die Gold- und Silberbarren, die kostbaren Gewänder aus feinen Stoffen des Landes Rouzoungga sowie die Gewänder der Prinzessin Djouher-Manikam und ihrer drei Kinder wurden transportiert und in der Stadt Bagdad verkauft . Doch als König Haroun-er-Raschid sah, dass sein Name und der seiner Tochter, der Prinzessin Djouher-Manikam, auf diesen Gold- und Silberbarren eingraviert waren, beschlagnahmte er all diese Reichtümer.

Der Minister des Landes Damas sagte: „Diese Reichtümer gehören mir."

König Haroun-er-Raschid seinerseits sagte: „Diese Reichtümer gehören mir, denn mein Name und der meines Kindes sind in diese Gold- und Silberbarren eingraviert."

Der Minister sagte: „Da Ihre Majestät erklärt, dass diese Schätze Ihnen gehören, müssen wir diesen Fall vor Gericht verhandeln."

Der König von Bagdad antwortete: „Es ist gut. Wir werden gehen, wohin Sie wollen."

„Sehr gut", sagte der Minister; „Dann lasst uns vor den König des Landes Roum gehen. Dieser Prinz steht in dem Ruf, äußerst gerecht zu sein. Jeder von uns soll seine Sache vertreten."

Der Prinz antwortete: „Es ist gut." Der Minister antwortete: „Oh König der Welt, lass uns unverzüglich beginnen."

So machte sich König Haroun-er-Raschid mit seinem Sohn Min-bah-Chahaz, seinem Hauptkrieger, und seinen Soldaten auf den Weg. Der Kadi begleitete den Prinzen. Auf seiner Seite startete der Minister des Landes Damas, begleitet von seinen drei Söhnen und vierzig Soldaten des Landes Damas. Nach einiger Zeit erreichten sie die Stadt Roum und betraten die Befestigungsanlagen. Jeder von ihnen stellte sich vor den König und vertrat seine Sache.

Der König Haroun-er-Raschid drückte sich wie folgt aus: „O König der Welt! Ich stelle mich vor Ihrer Majestät, um Ihr unparteiisches Urteil einzuholen. Der Minister des Landes Damas brachte neben anderen kostbaren Gegenständen Goldbarren nach Bagdad und Silberbarren, auf denen mein Name und der meiner Tochter, der Prinzessin Djouher-Manikam, eingraviert sind. Ich habe diese beschlagnahmt und bin zu Eurer Majestät gekommen, um über meinen Anspruch darauf zu entscheiden."

Der König von Rom sagte: „Wenn es Gott, dem Allerhöchsten, gefällt , soll diese Angelegenheit nach bestem Wissen und Gewissen beurteilt werden." Der König von Rum fuhr fort: „Meine Offiziere und Sie, meine Minister und Häuptlinge, suchen alle göttliche Inspiration, um den Unterschied zwischen dem König von Bagdad und dem Minister von Damas zu entscheiden."

Die Offiziere verneigten sich tief und sagten: „O mein Herr, König der Welt, was auch immer sie sein mögen, wir werden die Befehle Ihrer Majestät über unsere Köpfe stellen und sie buchstabengetreu ausführen." Und sie berieten über den Charakter des Streits.

Der König von Bagdad erklärte: „Diese Gegenstände sind mir kostbar, denn auf ihnen sind die Namen von mir und meinem Kind eingraviert."

Andererseits und gleichzeitig erklärte der Minister Damas: „Diese kostbaren Gegenstände gehören mir."

Die Minister und Häuptlinge waren sehr verlegen und sagten zum König: „Oh König der Welt, wir alle sind nicht in der Lage, diesen Streit zu beurteilen. Er ist zu schwierig für uns. Nur das unparteiische Urteil Ihrer Majestät kann das." entscheide es."

Der Prinz sagte: „Es ist gut. Ich werde das Urteil verkünden, wenn es Gott, dem Allerhöchsten , gefällt , vorausgesetzt, dass du damit einverstanden bist, es anzunehmen."

Der König von Bagdad antwortete: „O König der Welt, urteile zwischen uns nach deiner unparteiischen Gerechtigkeit."

Allerhöchsten, urteile? "

Und beide antworteten: „Das ist es, was wir verlangen, das Urteil Gottes."

Der Prinz antwortete: „Wenn Sie auf beiden Seiten einverstanden sind, ist es gut."

„Ich bin damit einverstanden", sagte der Minister von Damas.

„Und ich auch", sagte der König von Bagdad.

Der König von Rum sprach dann mit diesen Worten: „In Übereinstimmung mit dem Gesetz des höchsten Gottes stelle ich dem König von Bagdad diese Frage: Hast du eine Tochter?"

Der König von Bagdad antwortete: „Ja, König der Welt, ich habe eine Tochter und einen Sohn."

„Und hast du derzeit diese beiden Kinder?"

Der König von Bagdad antwortete: „Ich habe meinen Sohn, aber meine Tochter – ich habe sie verloren."

Der König von Rom fuhr fort: „Was ist die Ursache für den Verlust Ihrer Tochter?" Der König von Bagdad antwortete: „Oh König der Welt, höre meine Geschichte. Während ich mit meiner Frau und meinem Sohn, dessen Name Minbah-Chahaz ist, auf einer Pilgerreise war, ließ ich meine Tochter zurück, um über meinen Palast zu wachen. Ankunft in Am Ende meiner Pilgerreise schickte ich einen Brief an die Kadi nach Hause, der wie folgt lautete: „Möge Friede mit den Kadi sein: Ich werde noch etwa ein Jahr länger auf die große Pilgerreise warten. Was alles betrifft, was mein Königreich, meinen Palast betrifft." und meine Tochter, die Prinzessin Djouher-Manikam, wachen mit größter Sorgfalt und hüten sich vor jeglicher Nachlässigkeit beim Schutz meines Königreichs und meines Kindes." Einige Zeit später schickte mir der Kadi einen Brief nach Mekka mit folgenden

Worten: „Oh König der Welt, dein Diener hat den Befehl erhalten, über den Palast und die Prinzessin zu wachen. Aber die Prinzessin möchte mich jetzt heiraten." Nachdem ich den Brief des Kadi gelesen hatte, rief ich meinen Sohn Minbah-Chahaz und sagte zu ihm: „Begib dich sofort nach Bagdad und töte deine Schwester." Mein Sohn Minbah- Chahaz machte sich sofort auf den Weg nach Bagdad und tötete seine Schwester. Dann kehrte er zurück und fand mich in Mekka. Sein Entermesser war immer noch blutbefleckt. Dann rief ich: „Gelobt sei Gott, der Herr des Universums, unsere Schande ist." ausgelöscht.' Das ist meine Geschichte, oh König der Welt.

Der König von Rom sagte: „Es ist gut. Jetzt werde ich das Urteil fällen." Und er wandte sich an den Minister von Damas und sagte zu ihm: „O Minister von Damas, sag mir die Wahrheit, wenn du wünschst, dass der Prophet am Tag des Gerichts für dich Fürsprache einlegen soll (möge Gottes Friede und Segen auf ihm sein!). Sprich und sage die Wahrheit. Sag, woher diese Reichtümer kommen, damit ich zwischen euch mein Urteil fällen kann."

Der Minister des Königs von Damas sagte: „O mein Herr, König der Welt, ich werde die vollständige Geschichte von Anfang an zu Füßen des Throns Ihrer Majestät legen. Ich erhielt eine Mission vom König Chah Djouhou: „O mein Minister." „ sagte er, „fang an, ich schicke dich in die Stadt Bagdad und bringe meine drei Kinder zu ihrem Großvater und meine Frau, die Prinzessin Djouher-Manikam, zu ihrer Mutter und ihrem Vater, dem König Haroun-er-Raschid. ' Ich machte mich also mit der Eskorte, die die Prinzessin Djouher-Manikam begleitete, auf den Weg, und wir kamen an unserem ersten Rastplatz an. Als es Nacht wurde, baute ich ein Zelt auf, und die Leute der Eskorte schlugen alle Zelte um das Zelt herum auf Prinzessin. Aber Satan hauchte mir eine Versuchung ins Herz. Dieser Gedanke kam mir: „Die Frau des Königs ist wunderbar schön und sie hat so einen hübschen Namen! Ich werde gehen und sie bitten, mich zu heiraten." Also betrat ich ihr Zelt. In diesem Moment saß sie neben ihren schlafenden Kindern und war damit beschäftigt, die Mücken fernzuhalten. Die Prinzessin fragte: „O mein Minister, warum kommst du hierher?" Und ich antwortete: „Ich bin gekommen, um dich zu bitten, mich zu heiraten." Die Prinzessin sagte: „Hast du keine Angst vor dem Allerhöchsten ? Nein, ich kann dich nicht heiraten. Was würde aus mir werden, wenn ich so etwas tun würde?" Dann sagte ich: „Wenn du nicht bereit bist, mich zu heiraten, werde ich eines deiner Kinder töten." Die Prinzessin antwortete: „Wenn du mein Kind tötest , wird es durch das Urteil Gottes geschehen, und was kann ich tun, als seinen Namen anzurufen?" Dann tötete ich eines der Kinder. Als er tot war , fragte ich sie erneut, ob sie mich heiraten würde, und ich tötete ein anderes der Kinder. Als dieses tot war , stellte ich dieselbe Frage. Die Prinzessin antwortete: „Ich kann nicht heiraten, wenn ich." bin schon verheiratet.' Ich sagte zu ihr: „Wenn du es nicht tust, werde ich das dritte deiner Kinder töten." Die

Prinzessin Djouher-Manikam antwortete: „Wenn du mein drittes Kind tötest, wird es durch das Urteil Gottes geschehen, und was kann ich tun, als seinen Namen anzurufen, denn ich bin nur eine Frau?" Also tötete ich das dritte Kind. Nach dem Tod dieses letzten Kindes des Königs stellte ich meine Frage erneut an die Prinzessin. Sie wollte nicht zustimmen, mich zu heiraten. Ich sagte zu ihr: „Wenn du es nicht tust, werde ich töten." Du.' Sie antwortete: „Wenn du mich tötest, ist das der Ratschluss Gottes. Aber warte noch eine Weile, denn ich möchte meine Kleider waschen und die Blutspuren meiner Kinder von meinem Körper reinigen." Ich sagte: „Es ist gut. Wir werden morgen das Hochzeitsfest feiern." Sie verließ das Zelt. Es regnete in Strömen. Ich konnte nicht herausfinden, wohin sie ging. Das ist meine Geschichte, oh König der Welt."

Der König sagte: „Minister des Landes Damas, haben Sie Söhne?"

Er antwortete: „Ja, mein Herr, König der Welt, ich habe drei Söhne."

Der Prinz sagte: „Lasst eure drei Söhne hierher kommen, damit ich schnell ein Urteil fällen kann, gemäß dem Gesetz, das der Prophet (möge Gottes Friede und Segen auf ihm sein!) erlassen hat. Seht, was sein Gesetz vorschreibt: Das Der Minister tötete die Kinder der Prinzessin Djouher-Manikam. Es ist daher nicht der Minister, der mit dem Tod bestraft werden sollte, sondern seine Kinder sollten getötet werden. Die Vollstreckung dieses Urteils wird die gerechte Anwendung des Gesetzes der Vergeltung zwischen den sein Minister und die Prinzessin."

Der Minister rief seine drei Söhne zu sich. Sobald sie angekommen waren, wies er sie auf den König von Rom hin.

Dieser sagte zu seinem Minister: „O Minister, wo ist der Äthiopier, den sie hierher gebracht haben?" Der äthiopische Räuber wurde herausgeführt und warf sich vor dem König von Rom nieder.

Der König von Rom sagte zu ihm: „Äthiopier, kehre in dein eigenes Land zurück und ändere deine Lebensweise. Du wirst die Frau, die du suchst, nie wieder sehen." Und der Prinz gab ihm einen *Keti* aus Gold.

Dann sagte der Prinz: „O mein Minister, wo ist Biyapri? Lasst sie ihn hierher bringen." Also brachten sie Biyapri. Als er ankam, verneigte er sich tief vor dem Prinzen.

Der Prinz sagte: „Biyapri, geh zurück in dein eigenes Land und ändere dein Verhalten. Die Frau, die du suchst, wirst du nie wieder sehen." Und der Prinz schenkte ihm zwei *Keti* aus Gold.

Der König von Rom sagte dann: „Lasst uns alle versammeln. Ich bin dabei, das Urteil zwischen dem König von Bagdad und dem Minister von Damas zu verkünden." Der Minister und die Beamten versammelten sich daher in Anwesenheit des Königs und vieler seiner Untertanen.

Der König von Rom sagte: „O mein Henker, lass die drei Kinder des Ministers von Damas alle getötet werden; das ist der göttliche Befehl." So wurden alle drei Kinder des Ministers von Damas getötet.

Nachdem sie gestorben waren, sagte der Prinz: „Minister, kehren Sie mit einem Lumpen als Gürtel in das Land Damas zurück und ändern Sie in Ihren letzten Tagen Ihr Verhalten. Wenn Sie es nicht wissen, ich bin die Prinzessin Djouher-Manikam, Tochter." des Sultans von Bagdad, Frau von Chah Djouhou, meinem Herrn, und Schwester von Minbah-Chahaz. Gott hat deine Augen mit Blindheit geschlagen wegen deiner Verbrechen an mir. Ebenso ist es mit den Kadi der Stadt Bagdad. "

Der Minister von Damas, von Angst ergriffen, zitterte in allen Gliedern. Er warf sich der Prinzessin Manikam zu Füßen, warf sich nieder und flehte tausendmal um Vergebung. Dann kehrte er unter Tränen nach Damas zurück und war überwältigt von Trauer über den Tod seiner drei Söhne. Der Kadi, beschämt über seinen Verrat am Sultan von Bagdad, floh und verbannte sich.

Der König von Rum befahl ihnen, den König Chah Djouhou zu holen und ihm ein goldglänzendes Gewand zu geben, und er sandte ihn, um in der Gesellschaft seines Schwiegervaters, des Sultans von Bagdad, und seines Schwagers zu wohnen. Gesetz, der Prinz Minbah-Chahaz.

Dann zog sich Prinzessin Djouher-Manikam zurück. Sie betrat den Palast und kehrte im Gewand einer Frau zurück. Dann ging sie in Begleitung von Hofdamen hinaus und stellte sich ihrem Vater, dem Sultan von Bagdad. Sie verneigte sich vor ihrem Vater, ihrem Bruder, dem Prinzen Minbah-Chahaz, und ihrem Ehemann, dem König Chah Djouhou. Die Prinzessin sagte: „O ihr alle, Herren und Krieger des Landes Roum, wisse, dass ich eine Frau und kein Mann bin. Seht meinen Vater, den Sultan Haroun-er-Raschid, König von Bagdad. Seht meinen Bruder." , dessen Name Minbah-Chahaz ist; und siehe, mein Mann, der König Chah Djouhou, der über das Land Damas regiert. Von der Zeit an, als du mich auf den Thron von Roum gesetzt hast, wenn ich durch Fehler oder Unwissenheit einen Fehler begangen habe , Sie müssen mich entschuldigen, denn ständig begehen die Diener Gottes aus Fehlern oder Unwissenheit Fehler. Nur Gott allein vergisst nicht und vernachlässigt nichts und ist frei von Fehlern oder Unwissenheit.

Die Granden des Landes Roum sagten: „Eure Majestät hat in der Zeit, in der Sie über das Land Roum regiert haben, niemals den geringsten Fehler begangen, weder aus Unwissenheit noch aus Irrtum. Dennoch gab es unter den Urteilen, die gerade gefällt wurden, einen Fehler." begangen von Eurer glorreichen Majestät. Der Minister hat getötet, die Prinzessin wurde getötet, beide haben es freiwillig getan. Es war ein Urteilsfehler der Prinzessin Djouher-Manikam, die Kinder des Ministers getötet zu haben, genauso wie der Minister einen Fehler begangen hat, als er sie getötet hat Kinder der Prinzessin. Da gab es eine Ähnlichkeit. Dennoch, wenn es Ihrer Majestät gefällt, auf dem Thron von Roum zu bleiben, würden wir alle sehr froh darüber sein."

Die Prinzessin Djouher sagte: „Ich werde mich von Ihnen verabschieden, meine Herren. Es ist gut, dass wir den jungen Prinzen zum König machen und dass er mich auf dem Thron ersetzt."

Die Minister und Offiziere von Roum antworteten: „Was auch immer die Befehle Eurer Majestät sein mögen, wir stellen sie über unsere Köpfe."

Dann ernannte die Prinzessin den königlichen Prinzen zu ihrem Nachfolger, und alle Minister, Offiziere und Untertanen verneigten sich tief, hoben die Hände über ihre Köpfe und riefen ihn zum König aus.

Die Prinzessin Djouher-Manikam sagte: „O mein Kind, hier sind die letzten Anweisungen, die deine Mutter dir gibt: Du musst Gerechtigkeit praktizieren, damit Gott dein Reich stark macht. Dir, meinen Ministern und Offizieren, vertraue ich mein Kind an. Wenn er begeht einige Fehler aus Fahrlässigkeit oder Unwissenheit, ich bitte Sie, sich diese nicht zu sehr zu Herzen zu nehmen, denn mein Kind ist jung und hat noch nicht die volle Reife seines Urteilsvermögens erreicht.

Die Minister und Offiziere antworteten: „O Eure Majestät, möge Euer Wohlstand für immer wachsen! Wie könnte es möglich sein, dass wir Euren Befehlen nicht gehorchen?"

Die Prinzessin antwortete: „O mein Kind, vor allem musst du die Gerechtigkeit achten und geduldig und großzügig gegenüber deinen Ministern und Beamten und allen deinen Untertanen sein, damit die Gunst Gottes auf deiner Person zunimmt und dein Königreich von Gott beschützt wird." der Allerhöchste durch die Gnade der Fürsprache des Propheten Mohammed, des Gesandten Gottes (möge der Friede und Segen Gottes mit ihm sein!). O mein Kind, du musst alle deine Untertanen im Geiste der Gerechtigkeit regieren, denn In dieser Welt sollten wir bis zum Tod die Wahrheit suchen. O mein Kind, vergiss vor allem nicht meine letzten Anweisungen." Dann nahm sie das königliche Kind in ihre Arme und küsste es.

Nachdem Sultan Haroun-er-Raschid dem Sultan von Roum mitgeteilt hatte, dass er in das Land Bagdad zurückkehren wolle, gab der Sultan seinen Ministern den Befehl, die Granden, die Offiziere und die Soldaten mit Elefanten, Pferden und Instrumenten zu versammeln Der Musik. Alle kamen mit Geschenken, denn der Sultan von Rom wollte den Sultan Harouner-

Raschid bis nach Bagdad begleiten und ihm die Geschenke überbringen. Als der günstige Zeitpunkt gekommen war, verließ Sultan Haroun-er-Raschid Roum und machte sich auf den Weg in das Land Bagdad, von Ebene zu Ebene und von Rastplatz zu Rastplatz. Nachdem sie einige Zeit gereist waren und sich die ganze Zeit über freuten, kamen sie im Land Bagdad an.

Die Minister, die Häuptlinge und die Soldaten kamen heraus, um Sultan Haroun-er-Raschid zu treffen, und sie betraten den Palast. Dann beeilte sich die Königin, den Sultan und ihre Tochter, die Prinzessin Djouher-Manikam, zu finden. Als sie ihre Tochter traf, drückte sie sie in die Arme und bedeckte sie mit Küssen. Unter Tränen sagte sie: „Ach, mein Kind! Die Frucht meines Herzens! Ich, deine Mutter, dachte, sie würde dich nie wieder sehen." Und sie bedeckte ihren Körper mit Tränen und Küssen, während sie immer wieder wiederholte: „Ach, mein Kind! Ich dachte, du hättest für immer verloren." Dann verneigte sich die Königin vor dem Sultan Haroun-er-Raschid. Ihr Sohn, Minbah-Chahaz, kam dann, um sich vor seiner Mutter zu verneigen, aber diese drückte ihn in ihre Arme und küsste ihn. Dann trat ihr Schwiegersohn, König Chah Djouhou, vor und verneigte sich seinerseits vor der Königin. Und sie drückte ihn in ihre Arme und küsste ihn. Alle waren in Tränen aufgelöst.

Der Sultan Haroun-er-Raschid machte sich auf den Weg zur Audienzhalle und gab einem seiner Herolde den Befehl, seine Minister, seine Krieger und seine Untertanen zu versammeln. Als sie alle versammelt waren, sagte der Sultan: „Jetzt möchte ich die Minister, die Häuptlinge und die Offiziere empfangen, die uns hierher begleitet haben." Als der Sultan mit der Bewirtung fertig war, wollten sie sich verabschieden und in das Land Roum zurückkehren. Der Sultan Haroun-er-Raschid schenkte ihnen Ehrengewänder, jedem entsprechend seinem Rang. Sie warfen sich zu seinen Füßen nieder und kehrten dann in Frieden in das Land Roum zurück.

Danach befahl Sultan Haroun-er-Raschid einem seiner Herolde, seine Minister, seine Offiziere und seine Untertanen zu versammeln. Nachdem er sich versammelt hatte, sagte der Prinz: „O ihr alle, meine Minister und meine Offiziere, ihr müsst mir auf dem öffentlichen Platz von Bagdad ein sieben Stockwerke hohes Badehaus bauen."

Alle antworteten: „O mein Herr, König der Welt, was auch immer deine Befehle sein mögen, deine Diener stellen sie über ihre Häupter." Und alle, Minister, Offiziere und Untertanen, widmeten sich der Arbeit, jeder von ihnen tat, was der Architekt ihm befahl. Nach einiger Zeit war der Badepalast fertiggestellt. Es war prächtig mit Vorhängen aus Seide, Baldachinen und mit Gold gewebten und mit Perlen gesäumten Wandteppichen geschmückt. Auf den verschiedenen Etagen waren mit Gold bestickte Teppiche ausgebreitet, und es gab eine Menge Fackeln und Laternen.

Dann traten die Bauarbeiter vor den König und sagten: „O mein Herr, König der Welt, deine Sklaven haben ihre Arbeit gemäß den Befehlen deiner Majestät beendet."

Der König Haroun-er-Raschid dankte Gott, dem Allerhöchsten, aller Lobpreisung, dem wahren Herrn, der seinen Dienern alle ihre Bedürfnisse gewährt.

Dann begannen die Feste. Vierzig Tage und vierzig Nächte lang hörten die Bands nie auf zu spielen. Es gab Sportveranstaltungen, Bankette und Vergnügungen aller Art. Sie gaben sich lautstark dem Vergnügen hin, denn der Sultan wollte zur Zeremonie des Bades der beiden Ehegatten, seiner Kinder, übergehen. Als die Uhren fertig waren und der günstige Moment gekommen war, wurde der Sultan in ein prächtiges, mit Gold besticktes Gewand gekleidet, während die Prinzessin Djouher-Manikam von ihrer Mutter mit prächtigen Schleiern und Gewändern geschmückt wurde, die mit Juwelen, Perlen und Edelsteinen besetzt waren ein unvergleichlicher Reichtum. Der Sultan ließ die so geschmückten Eheleute eine Sänfte besteigen. Sein Sohn Minbah-Cha-haz war in ein prächtiges Kostüm gekleidet.

Der Sultan bestieg sein Pferd Sembaran und sein Sattel war aus geschnitztem Gold. Umgeben von jungen Fürsten und Herren, von Beamten seines Hofes und den Standarten marschierte Haroun-er-Raschid an der Spitze. Er rückte vor, gefolgt von Fürsten, Ministern und Offizieren. Die Ehefrauen der Granden begleiteten die Königin mit ihren Trauzeuginnen, und alle Musikinstrumente gaben ihre harmonischen Klänge von sich. Siebenmal umrundeten sie die Stadt. Als die beiden Eheleute am Fuße des Badepalastes angekommen waren, ließ der Sultan sie hinaufsteigen. Dann kamen die Gemahlinnen der Granden mit der Königin, die sie mit Reispulver, gemischt mit Amber und Moschus, überschüttete und ihnen Narde und *Kurkuma* (Kurkuma) auf den Kopf goss. Sie wurden beide in ein Bad aus Rosenwasser und Extrakten aller möglichen aromatischen Blumen getaucht, zusammen mit Wasser aus der heiligen Quelle von Zemzem.

Als die Zeremonien des Bades beendet waren, verließen die beiden Eheleute den Badepalast und begaben sich in den Palast des Königs. Bei ihrer Ankunft servierten sie den Fürsten, den *Orilemas*, den Gesetzeslehrern, den Priestern, den Ministern, den Offizieren, dem einfachen Volk, Männern und Frauen, ein Mahl. An dem Fest nahmen ausnahmslos alle teil. Als es zu Ende war, rezitierte einer der Gesetzeslehrer das Gebet und bat Gott um vollkommenes Glück, geschützt vor allen Gefahren in diesem und dem nächsten Leben. Dann versprühte er Schauer der bezauberndsten Düfte.

Danach machte sich der Chah Djouhou auf die Suche nach dem Sultan und sagte zu ihm: „O mein Herr, König der Welt, ich muss Eure Majestät um einen Gefallen und Verzeihung bitten. Ich möchte mich von Eurer Majestät verabschieden und ins Land zurückkehren." von Damas, denn das Land Damas ist verlassen, o mein Herr.

Der Sultan sagte: „Es ist gut, mein Herr. Ihr Land ist wirklich von seinem König getrennt. Wenn es Ihr Königreich nicht gäbe, würde ich mir wünschen, nie von Ihnen getrennt zu werden, jetzt, wo ich meine Tochter wieder habe. Aber Wenn ich dazu neige, einen Fehler zu begehen, gehorche ich ihm nicht."

Radja Chah Djouhou antwortete; „Eure Tochter ist wie eine Seele, die in meinen Körper eingedrungen ist. So fühle ich mich. Aber die unzähligen Wohltaten Eurer Majestät für mich platziere ich über meinem Kopf."

Der Sultan Haroun-er-Raschid sagte dann zu seinem Premierminister: „O mein Minister, machen Sie sich bereit, 3.000 Soldaten und 300 Reiter einzusetzen. Und stellen Sie Elefanten oder Pferde bereit, die gut ausgerüstet sind, um meine beiden Kinder, Mann und Frau, zu transportieren." Als die Eskorte bereit war, befahl ihnen der Sultan, den Ort zu öffnen, an dem seine Schätze aufbewahrt wurden, und vierundvierzig Kamele waren mit Reichtümern beladen, mit Gewändern aus geflochtenem Gold und kostbaren Gegenständen, wie man sie nur in den Palästen der Könige findet.

Als alle diese Vorbereitungen abgeschlossen waren, verabschiedete sich Radja Chah Djouhou von seinem Schwiegervater, seiner Schwiegermutter und seinem Schwager Minbah-Chahaz. Letztere hielten alle die Prinzessin Djouher-Manikam sowie Radja Chah Djouhou in ihren Armen und bedeckten sie mit Küssen. Er und sein Schwager Minbah-Chahaz weinten, als sie sich umarmten, und die Leute im Palast brachen in Schluchzen aus, mit einem Geräusch, das dem der Wellen ähnelte, die sich am Meeresufer brechen. Schließlich machten sich Prinzessin Djouher und König Chah Djouhou, nachdem sie sich vor ihrem Vater, ihrer Mutter und ihrem Bruder verneigt hatten, zum imposanten Klang aller Musikinstrumente auf den Weg in das Land Damas. Der Sultan Haroun-er-Raschid und sein Sohn Minbah-Chahaz führten sie außerhalb der Befestigungsanlagen. Als sie weit weg waren, ging der Sultan in seinen Palast zurück, ging traurig mit seinem Sohn Minbah-Chahaz spazieren und betete zu Gott, dass er seine Kinder segnen möge.

Nach einiger Zeit der Reise erreichte König Chah Djouhou das Land Damas. Die Offiziere und Soldaten verließen die Befestigungen von Damas und gingen dem Prinzen entgegen. Die Minister und Offiziere verneigten sich tief zu seinen Füßen und freuten sich alle über die glückliche Rückkehr und die vollkommene Gesundheit des Königs und der Königin. Der Prinz betrat seinen Palast und die beiden Eheleute lebten voller Zärtlichkeit füreinander.

Ich werde diese Geschichte der Prinzessin Djouher-Manikam nicht verlängern, die in allen Ländern sowohl windwärts als auch leewärts berühmt geworden ist . Ich schließe es hier und wünsche allen, die es lesen oder hören werden, und insbesondere denen, die es kopieren werden, meine besten Wünsche!

MAKOTA RADJA-RADJA;

ODER,

DIE KRONE DER KÖNIGE

[*Übersetzt von Aristide Marre und CC Starkweather*]

Könige, die wahren Glaubens sind, die Weisheit haben und der Gerechtigkeit folgen, lassen Männer, die ihres Vertrauens würdig sind, durch ihr Königreich reisen, ihnen als Augen und Ohren dienen und über den Zustand und Zustand ihrer Untertanen Bericht erstatten Wenn sie die Ursache kennen, können sie selbst das Verhalten der Diener Gottes prüfen. Aber es gibt Könige, die sich mit dem Bericht ihrer Diener nicht zufrieden geben und nachts selbst hingehen, um sich die Lage anzusehen und die Beschwerden ihrer Untertanen anzuhören. Dann nehmen sie tagsüber eine gründliche Untersuchung der ihnen auf diese Weise bekannt gewordenen Angelegenheiten vor, um sie mit Gerechtigkeit und Billigkeit zu regeln.

Eine Geschichte soll dies verdeutlichen. Zeyd Ibries Selam erzählt, was folgt: Der Fürst der Gläubigen, der Kalif Omar (möge Gott mit ihm zufrieden sein!), richtete die Diener Gottes tagsüber gerecht, und nachdem er seine Urteile verkündet hatte, verließ er die Stadt Seite in Richtung des Friedhofs namens Bakia-el-Gharkada. Dort schnitt er Steine, um genug Geld für den Unterhalt seines Hauses zu verdienen, und als die Nacht hereinbrach, ging er durch die Stadt, um das Gute und Böse der Diener Gottes kennenzulernen. Eines Nachts, sagt Zeyd Ibries Selam, „begleitete ich den Prinzen der Gläubigen, Omar. Als er außerhalb von Medina war, bemerkte er an einem abgelegenen Ort ein Feuer und machte sich auf den Weg dorthin. Kaum hatte er es geschafft." Als er ankam, hörte er eine Frau mit drei Kindern und diese weinten. Die Frau sagte: „O Gott, der Allerhöchste , ich flehe dich an, lass Omar leiden, was ich jetzt leide. Er schläft gesättigt mit Essen, während ich und meine." Kinder hungern.' Als der Fürst der Gläubigen, Omar, diese Worte hörte, ging er zu der Frau und grüßte sie: „Darf ich näherkommen?"

„Die Frau antwortete: ‚Wenn es aus Güte geschieht, dann komm.'

„Er ging auf sie zu und befragte sie zu ihrer Situation.

„Die Frau sagte: ‚Ich komme von einem weit entfernten Ort; und da es dunkel war, als ich hier ankam, konnte ich die Stadt nicht betreten. Also blieb ich an diesem Ort stehen. Meine Kinder und ich leiden unter Hunger und können nicht schlafen.' '

„Der Kalif fragte: ‚Was ist in diesem Kessel?'

„Die Frau antwortete: ‚Nichts als Wasser. Ich habe es in den Wasserkocher gegeben, damit die Kinder sich vorstellen konnten, dass ich Reis koche – vielleicht würden sie dann einschlafen und aufhören, so laut zu weinen.'

„Sobald Omar diese Worte gehört hatte, kehrte er sofort in die Stadt Medina zurück. Als er an einem Laden ankam, wo sie Mehl verkauften, kaufte er etwas und steckte es in einen Sack. In einem anderen Laden kaufte er etwas Fleisch. Dann hob er den Sack hoch Auf seinen Schultern trug er es aus der Stadt. Ich sagte zu ihm:

„‚O Fürst der Gläubigen, gib mir diesen Sack, damit ich ihn für dich trage.'

„‚Wenn du die Last dieses Sacks trägst‘, sagte Seine glorreiche Majestät zu mir, ‚wer wird die Last meiner Schuld tragen und wer wird mich von den Gebeten dieser Frau in der Bedrängnis ihres Herzens befreien, als sie sich beschwerte?‘ der Herr meiner Nachlässigkeit?'

„Nachdem Omar diese Worte gesagt hatte, ging er weinend weiter, bis er sich der Frau und ihren Kindern näherte. Dann gab er ihr das Mehl und das Fleisch, und sie aßen, bis ihr Hunger gestillt war. Die Frau weinte mit zufriedenem Herzen :

„‚Möge Gott, der Allerhöchste, mein Gebet erhören und dir Wohltaten erweisen, denn du bist so voller Mitgefühl für die Diener Gottes und so viel besser als Omar.'

„Der Kalif sagte zu ihr: ‚O Frau, gib nicht Omar die Schuld, denn er wusste nicht, wie es dir ergangen ist.'"

Es gab einst im Land Syrien einen König namens Malik-es-Saleh, der sehr fromm und gerecht war und sich ständig um die Lage seiner Untertanen kümmerte. Es heißt, er sei jede Nacht in die Moschee, auf Friedhöfe und an andere einsame Orte gegangen, auf der Suche nach Fremden, Fakiren und armen Menschen, die weder ein Zuhause noch eine Familie hatten. Eines Nachts, als er in der Nähe einer Moschee ankam, hörte er die Stimme eines Mannes im Inneren des Gebäudes. Er trat ein und sah dort einen Fakir. Er konnte ihn nicht deutlich sehen, weil er mit einer Matte bedeckt war. Aber er hörte ihn, und dies ist, was er sagte: „O Herr, wenn du am Tag des Gerichts Königen, die die Fakire und die Armen vergessen, einen Platz im Himmel gibst, dann gib mir, o Herr, die Erlaubnis." dort nicht betreten."

Als Malik-es-Saleh diese Worte hörte, weinte er. Er legte ein Stück Stoff mit 100 Tahil Silber vor den Fakir und sagte zu ihm:

„Oh Fakir, ich habe vom glorreichen Propheten (Friede sei mit ihm!) gelernt, dass Fakir nach einem Leben der Selbstaufopferung auf Erden Könige im Himmel werden. Da ich König in dieser vergänglichen Welt bin, komme ich mit dir zu dir die Schwäche meiner Natur und die Niedrigkeit meines Wesens.

Ich bitte dich, mit mir in Frieden zu sein und Mitleid mit mir zu zeigen, wenn der Moment deiner Herrlichkeit im Himmel gekommen sein wird."

Als Sultan Zayad auf dem königlichen Thron von Ikak saß, war das Land von Übeltätern, Räubern, Räubern, Attentätern und dergleichen heimgesucht. Die Anlagen wurden zerstört, die Häuser geplündert und die Menschen getötet. Die Bewohner konnten keine einzige Nacht ruhig schlafen und keinen einzigen Tag in Sicherheit zu Hause verbringen. Eine Menschenmenge kam mit ihren Beschwerden zum Sultan Zayad und sagte:

„Die Anlagen werden zerstört, die Häuser geplündert und die Männer getötet." Überall im Irak hörte man nur solche Berichte.

Eines Freitags ging der Sultan in die Moschee, um zu beten. Dann schloss er alle Türen und sagte zu den Menschen in der Moschee: „O Diener Gottes, die jetzt in dieser Moschee anwesend sind, wisse, dass mir eine Pflicht auferlegt wird. Ich muss meine Untertanen beschützen, denn ich werde Rechenschaft ablegen müssen." meine Taten am Tag des Jüngsten Gerichts. Es gibt jetzt in diesem Land eine große Zahl von Übeltätern, und viele meiner Leute wurden durch sie ruiniert. Es ist meine Pflicht, diese Unruhen zu unterdrücken. Hören Sie also zu, was ich zu sagen habe , und wiederholen Sie es denen, die nicht anwesend sind. Ich schwöre Ihnen, dass alle, die in drei Tagen nach der Stunde des Abendgebets sein Haus verlassen, getötet werden."

Als die drei Tage vergangen waren und die vierte Nacht hereinbrach, bestieg Sultan Zayad sein Pferd und durchquerte die Stadt mit einer Eskorte von Kavalieren. Außerhalb der Stadt kam er an einen Ort und sah einen Mann unter einem Baum stehen, mitten in einer Schaf- und Ziegenherde. Er sagte zu ihm: „Wer bist du?"

Der Mann sagte: „Ich komme aus einem weit entfernten Dorf und bringe Schafe und Ziegen in die Stadt, um sie zu verkaufen und von ihrem Preis zu kaufen, was ich für meine Frau und meine Kinder kaufen kann. Als ich an diesem Ort ankam, war ich." so müde, dass ich die Stadt nicht betreten konnte und gezwungen war, hier zu bleiben, mit der Absicht, bei Tagesanbruch hineinzugehen und meine Schafe und Ziegen zu verkaufen."

Nachdem Sultan Zayad diese Antwort gehört hatte, sagte er: „Ihre Worte sind wahr, aber was kann ich tun? Wenn ich Sie morgen nicht hinrichte, wenn sich die Nachricht verbreitet, werden sie sagen, dass Sultan Zayad seinem Wort nicht treu ist." . Sie werden mich mit Verachtung betrachten, und niemand wird meinen Befehlen gehorchen. Und die Bösen werden Gewalttaten an den Guten begehen, und mein Land wird ruiniert. Der Himmel ist besser für dich als diese Welt." Also ließ er ihn töten und befahl, ihm den Kopf abzunehmen.

In derselben Nacht wurden alle, denen er begegnete, getötet und enthauptet. Sie sagen, dass im Laufe dieses ersten Tages 500 Menschen hingerichtet wurden. Im Morgengrauen ließ er alle diese Köpfe auf den Autobahnen freilegen und veröffentlichte diese Proklamation:

„Wer den Befehlen von Sultan Zayad nicht gehorcht, wird das gleiche Schicksal erleiden."

Als die Menschen des Landes diese Köpfe an allen Seiten der Erde freigelegt sahen, erschraken sie und eine respektvolle Angst vor Sultan Zayad erfüllte alle Herzen.

In der zweiten Nacht verließ Sultan Zayad erneut die Stadt und in dieser Nacht wurden 500 Menschen getötet.

In der dritten Nacht blieb er bis zum Morgen außerhalb der Stadt, traf aber keine Menschenseele.

Am darauffolgenden Freitag ging Sultan Zayad in die Moschee, sprach seine Gebete und erklärte: „O Diener Gottes, lasst nach dem heutigen Tag niemand mehr die Tür seines Hauses oder seines Ladens schließen. Ich übernehme die Verantwortung, die Türen zu ersetzen." Ihre Waren, die zerstört oder gestohlen werden sollen.

Sie alle gehorchten seinen Befehlen, denn sie fürchteten ihn sehr. Ihre Türen blieben mehrere Nächte lang offen und sie erlitten nie den geringsten Verlust. Doch nach einer Weile beschwerte sich ein Mann beim Sultan und sagte: „Letzte Nacht hat mir jemand 400 Tahil gestohlen."

Der Sultan sagte: „Kannst du es schwören?"

Der Mann schwor auf die Tatsachen, und der Sultan ließ ihm 400 Tahil als Ersatz für die Verluste auszahlen. Am darauffolgenden Freitag sagte der Sultan nach dem Gebet, in dem er jedem verbot, die Moschee zu verlassen: „O Diener des Herrn, wisst, dass 400 Tahil aus dem Laden eines bestimmten Mannes gestohlen wurden. Es sei denn, ihr zeigt den Räuber an, nicht einen von euch." werdet fliehen, aber heute werdet ihr alle getötet werden."

Da er nun strikt dazu aufgefordert hatte, am Freitagsgebet teilzunehmen, war die ganze Stadt zur Moschee gekommen. Sie wurden von Angst ergriffen, denn sie wussten, dass der Sultan sein Wort hielt, und sie verklagten den Räuber. Letzterer gab die 400 Tahil zurück und erhielt seine Strafe.

Lange Zeit später fragte der Sultan Zayad: „An welchem Ort in meinem Königreich fürchten sie sich am meisten vor Räubern?"

„Im Tal des Beni Ardou, im Land Bassrah, denn dort sind sie zahlreich."

Eines Tages ließ Sultan Zayad die Straßen und Wege des Tals mit Gold und Silber, Edelsteinen und kostbaren Dingen übersät. Alle diese Dinge lagen lange Zeit dort und nicht eines wurde gestohlen. Dann befahl ihnen der Sultan, diese Reichtümer aufzunehmen und sie den Fakiren und den Armen zu geben. Dann dankte er Gott dafür, dass er sein Gesetz so unter seinen Untertanen sicher etabliert hatte.

Nun war es zu einer Zeit, als Nouchirvau mit Gerechtigkeit und Billigkeit regierte, seine Untertanen beschützte und seinem Königreich zum Wohlstand verhalf. Eines Tages fragte er die Großen seines Hofes: „Gibt es in meinem Königreich Orte, die verlassen und ohne Bewohner sind?"

Die Großen, die dort waren, antworteten: „O König der Welt, wir kennen im gesamten Reich Deiner Majestät keinen Ort, der nicht bewohnt ist."

Nouchirvau schwieg und verließ den Palast viele Tage lang nicht. Er rief einen gelehrten Arzt namens Bouzor Djambour in sein Privatgemach und sagte zu ihm:

„Ich möchte mit Sicherheit wissen, ob alle Teile meines Reiches bevölkert sind oder ob es welche gibt, in denen dies nicht der Fall ist. Wie kann ich da sicher sein?"

„Um den Wunsch Ihrer Majestät vollständig zu erfüllen, müssen Sie nur darauf verzichten, den Palast zu verlassen."

Mit diesen Worten verabschiedete sich Bouzor Djambour vom König und ging in den Audienzsaal des Königs. Er sprach zu den dort Versammelten wie folgt: „O Minister, Generäle und alle Anwesenden, wissen Sie, dass Seine Majestät krank ist. Um ihn zu heilen, müssen Sie nun für mich ein kleines Stück Erde von einem zerstörten und unbewohnten Ort finden." . Diejenigen, die treue Diener des Königs sind, werden nicht zögern, diesen Akt der Hingabe in seinem Dienst sofort zu vollbringen und sich sofort auf die Suche nach dem Heilmittel zu machen, das ich genannt habe."

Diese Worte waren kaum ausgesprochen, als Männer ausgesandt wurden, um die Städte und Dörfer zu durchsuchen und etwas Erde von einem zerstörten und unbewohnten Ort zu finden. Sie fanden nur ein Haus in Trümmern, und der Gouverneur der Stadt sagte darüber Folgendes: „In dieser Wohnung ließ sich einst ein Kaufmann nieder. Er starb und hinterließ viel Reichtum. Da keiner seiner Erben hervortrat, verschlossen wir die Türen mit Steinen." und Mörtel, der auf ihre Ankunft wartete. So ist das Haus verfallen.

Dann holten die Leute ein wenig Erde unter dem Haus hervor, brachten sie zum König und erzählten ihm, was passiert war. Dann berief der König eine Versammlung ein und sagte:

„Wissen Sie alle, dass meine Krankheit nur aus meiner Angst entstand, dass in meinem Königreich ein Haus in Trümmern liegen könnte. Jetzt wurde mir gezeigt, dass in meinem gesamten Reich kein einziger Ort in Trümmern liegt, sondern dass das Land in Trümmern liegt." Gut bevölkert, meine Krankheit ist geheilt, da mein Königreich in einem perfekten Zustand ist.

Zur Zeit von Nouchirvau verkaufte ein Mann sein Anwesen an einen anderen Mann. Der Käufer dieser Immobilie fand während der Reparaturarbeiten in der Erde viele mit Gold gefüllte Krüge, die jemand dort vergraben hatte. Er ging sofort zu dem Verkäufer, der ihm das Grundstück verkauft hatte, und teilte ihm die Neuigkeit mit. Der Verkäufer sagte:

„Das Gold gehört nicht mir, denn ich habe es nicht in die Erde gelegt. Ich habe dir das Gelände verkauft; die Entdeckung, die du gemacht hast, gehört dir."

Der Käufer antwortete: „Ich habe das Grundstück allein gekauft, ich habe kein Gold gekauft; es gehört also Ihnen." Da sich jeder weigerte, den Schatz anzunehmen, gingen sie zum König Nouchirvau und erzählten ihm die Angelegenheit und sagten: „Dieses Gold sollte Eigentum des Königs sein." Doch König Nouchirvau wollte das Gold nicht annehmen. Er fragte die beiden Männer, ob sie Kinder hätten. Sie antworteten: „Ja, mein Herr, wir haben jeweils ein Kind, einen Jungen und ein Mädchen."

„Nun", sagte der König, „verheirate das Mädchen mit dem Jungen und gib ihnen das Gold, das du gefunden hast."

In der Antike erkrankte ein König von China und verlor aufgrund seiner Krankheit sein Gehör. Er weinte vor Kummer über dieses Leid und wurde sehr dünn und blass. Eines Tages kamen seine Geistlichen und baten ihn, ihnen schriftlich seinen Zustand mitzuteilen. Er antwortete: „Ich bin nicht krank, aber durch meine Unruhe und meinen Kummer so geschwächt, dass ich die Worte meiner Untertanen nicht mehr hören kann, wenn sie ihre Beschwerden vorbringen. Ich weiß nicht, wie ich mich verhalten soll, um mich nicht der Nachlässigkeit schuldig zu machen." Regierung meines Königreiches.

Die Minister sagten dann: „Wenn die Ohren Ihrer Majestät nicht hören, werden unsere Ohren die des Königs ersetzen, und wir können die Beschwerden und das Bedauern seiner Untertanen zu Seiner Majestät tragen. Warum sollte Seine Majestät dann so viel sein?" beunruhigt über die Schwächung seiner physischen Kräfte?"

Der König von China antwortete: „Am Tag des Gerichts werde ich und nicht meine Minister über die Angelegenheiten meiner Untertanen Rechenschaft ablegen müssen. Ich muss daher selbst ihre Beschwerden und Nöte untersuchen. Ich bin sicher, dass die Die Last des Regierens wäre für mich leichter, wenn ich einen ruhigen Geist hätte. Aber meine Augen können sehen, obwohl meine Ohren taub sind.

Und er befahl ihnen, dieses Edikt zu veröffentlichen: „Alle, die Opfer von Ungerechtigkeit sind, müssen ihre Beschwerden niederschreiben und sie dem König vorlegen, damit er sich um ihre Probleme kümmern kann."

Sie erzählen auch die folgende Geschichte: Einst lebte in der Stadt Ispahan ein König, dessen Macht und Ruhm ihn mit Stolz erfüllt hatten. Er befal seinen Ministern, ihm an einem bestimmten Ort einen Palast zu bauen. Die Minister befahlen zusammen mit den Architekten den Sklaven, den Boden zu ebnen, um eine riesige Promenade zu bilden und alle Häuser der Nachbarschaft verschwinden zu lassen. Unter diesen Häusern befand sich angeblich eines, das einer alten Frau gehörte, die sehr arm war und keine Familie hatte, die ihr helfen konnte. Trotz ihres hohen Alters ging sie so gut sie konnte an verschiedenen Orten arbeiten, konnte aber von ihrem Verdienst kaum überleben. Ihr Haus in der Nähe des für den neuen Palast ausgewählten Standorts war alt und in einem baufälligen Zustand. Sie erzählen, dass sie eines Tages, nachdem sie eine lange Reise auf sich genommen hatte, um Arbeit zu finden, krank wurde und lange Zeit nicht in ihr Haus zurückkehren konnte. Dann sagten die Architekten, die den Palast bauten: „Wir dürfen diese Hütte nicht so nahe am Königspalast stehen lassen." Also rissen sie die Hütte ab, ebneten die Erde ein und vollendeten den Palast mit allen möglichen Verzierungen. Der König nahm Besitz und veranstaltete ein großes Einweihungsfest.

An diesem Tag nun geschah es, dass die alte Frau nach Hause zurückkehrte. Als sie ankam, konnte sie keine Spuren ihres Hauses finden und war verblüfft. In einer Hand hielt sie einen Stock, in der anderen etwas trockenes Holz für ihr Feuer. Auf dem Rücken trug sie eine Packung Reis und Kräuter zum Kochen. Sie war müde von der langen Reise und ohnmächtig vor Hunger. Als sie sah, dass ihr Haus verschwunden war , wusste sie nicht, was sie tun und wohin sie gehen sollte. Sie brach in Tränen aus. Die Diener des Königs vertrieben sie, und als sie ging, stürzte sie, verschüttete ihren Reis und ihre Kräuter und fiel in den Schlamm. In diesem Zustand unbeschreiblicher Trostlosigkeit rief sie aus: „O Herr, räche mich an diesen Tyrannen!"

Die alte Frau hatte kaum aufgehört zu sprechen, als über ihr die Stimme eines unsichtbaren Wesens zu hören war, das sagte: „O Frau, verschwinde schnell von diesem Ort, denn der Zorn Gottes nähert sich dem König." Entsetzt stand sie auf und floh in aller Eile. Wieder hörte sie die Stimme sagen: „O Frau, sieh hinter dir auf den Palast." Sie schaute hinter sich und sah den Palast, den König und alle seine Minister und Diener, die durch den Willen Gottes in den Eingeweiden der Erde verschlungen waren. Und bis zum heutigen Tag speit dieser Ort Feuer und Rauch als Zeichen und Warnung.

Im Kitab Tarykh heißt es, dass die Menschen in der Antike unter den Königen von Persien namens Moah, die den Regeln der Gerechtigkeit folgten, glücklich waren. Doch nach diesen Königen regierte Izdegherd-ibn-Chahryar über Persien. Durch seine harte Tyrannei zerstörte er das hohe Ansehen der Könige von Persien und beendete auf klägliche Weise eine Reihe von Herrschaften, die 4.000 Jahre dauerten und auf der ganzen Welt für Gerechtigkeit und Gerechtigkeit bekannt waren. Unter der Herrschaft dieses elenden Tyrannen kamen unzählige Menschen ums Leben und viele wohlhabende und berühmte Städte wurden verwüstet. Alle besseren Klassen der Bürger wurden in die schrecklichste Not und die beklagenswerteste Trostlosigkeit gestürzt, und es wäre unmöglich zu sagen, wie groß und weit verbreitet die Trauer war. Während nun alle vor Kummer stöhnten, war der König fröhlich.

Eines Tages versammelte er in seinem anmaßenden Stolz seine Minister und Generäle, um seine königliche Macht und seine Herrschaft über das Volk zu demonstrieren. Er saß auf seinem Thron, umgeben von einer Menge Höflinge, als plötzlich ein wunderschönes Pferd, das im Galopp durch die Stadt galoppierte, direkt in den Palast des Königs, zwischen den Ministern und den Großen, eindrang. Sie alle bewunderten das wunderschöne Pferd, wie es noch nie jemand gesehen hatte. Niemand wagte es, ihn zu ergreifen, als er von rechts nach links tänzelte. Plötzlich näherte sich das Pferd dem Thron und legte sich zu Füßen des Königs nieder. Der König tätschelte und streichelte ihn, und das Pferd bewegte sich nicht. Dann begann der böse König zu lachen und sagte: „O meine Minister, ihr seht, wie weit meine Größe reicht. Nur an meinem Thron hat dieses wundervolle Pferd angehalten. Ich werde auf der Esplanade auf ihn steigen und ihn reiten." Der König ließ einen Sattel bringen und legte ihn mit seinen eigenen Händen auf das Pferd, als er einen solchen Tritt ins Herz erhielt, dass er sofort getötet wurde. Dann verschwand das wundervolle Pferd und niemand sah, wohin es ging. Die Menschen jubelten alle und sagten: „Tatsächlich war dieses geheimnisvolle Pferd einer der Engel Gottes, die gesandt wurden, um einen Tyrannen auszurotten."

Zur Zeit dieses Königs und durch seine Tyrannei wurde das Königreich des Souveräns von Persien regiert und fiel in die Hände eines anderen Volkes. König Khochtacab, der aufgrund seiner Macht, Größe und Pracht der berühmteste aller Könige seiner Zeit war, hatte einen Mann namens Rassat Rouchin in den Rang erhoben, ein Name, der in Persien „aufrichtig und brillant" bedeutet. Unter dem Einfluss dieses schönen Namens vergaß der König alle Klugheit, und ohne Beweise seiner Fähigkeiten erhob er diesen Mann an die Macht und ernannte ihn zum Minister, indem er ihm die Sorge um die wichtigsten Angelegenheiten seines Königreichs übertrug und ihm sein ganzes Vertrauen schenkte . Sein angebliches Verhalten war tadellos, und seine Taten hatten für alle den Anschein von Ehrlichkeit und Wahrheit. Eines Tages sagte der Minister Rassat Rouchin zum König: „Das Volk vergisst aufgrund unserer Nachsicht und Güte seine Pflicht und zeigt weder Ehrerbietung noch Respekt mehr. Wir müssen ihnen Angst einflößen, sonst werden die Dinge nicht gedeihen."

Der König antwortete in seiner blinden Zuversicht: „Tu, was immer du für richtig hältst." Sobald der Minister den Palast des Königs verlassen hatte, richtete er eine Proklamation an die Städte und Dörfer, in der er sagte: „Seine Majestät ist über seine Untertanen verärgert. Sie müssen alle mit Geschenken kommen, um seinen Zorn zu besänftigen." Von allen Seiten kamen Fürsten, Minister und Granden des Reiches mit kostbaren und prächtigen Gegenständen. Voller Angst suchten sie Rat beim Minister Rassat Rouchin.

„Wie", sagten sie, „können wir es wagen, vor Seine Majestät zu treten, in seinem gegenwärtigen Zustand der Wut gegen uns?"

Dann antwortete der Pfarrer: „Wenn der Augenblick des Todes für dich noch nicht gekommen ist, werde ich versuchen, dich zu retten. Ich zittere davor, dich vor den König zu lassen. Aber was kann ich tun? Aufgrund der kritischen Situation werde ich allein gehen . " vor dem König und präsentiere deinen Fall. Deshalb führte er sie jeden Tag nur bis zur Tür des Königs. Dort wurden ihnen die Geldstrafen mitgeteilt, zu denen sie verurteilt worden waren. Er nahm auf diese Weise, was sie hatten, und schickte sie nach Hause.

So etwas dauerte lange, bis die Mittel des Volkes erschöpft waren und die Staatskasse völlig leer war. Der König, der stets von der Rechtschaffenheit des Ministers überzeugt war, wusste von alledem nichts. Aber zu dieser Zeit gab es einen König, der ein Feind von König Khochtacab war. Als er erfuhr, dass die Untertanen des letzteren grausam unter der Unterdrückung seines Ministers litten und dass seine Generäle durch Hunger geschwächt waren, fasste er sich den Mut und fiel in das Königreich ein. Dann befahl König Khochtacab, seine Schatzkammer zu öffnen und alle Reichtümer herauszunehmen, um die Armee zu befriedigen, die Herzen der Generäle zu gewinnen und die Kosten des Krieges zu decken. Doch er stellte fest, dass in der Schatzkammer nichts mehr vorhanden war. Die geschwächte Armee war nicht in der Lage, Widerstand zu leisten. Der in seiner Festung eingeschlossene König konnte den Feind nicht angreifen und verwüstete und plünderte das Königreich.

Der König, der für so groß gehalten wurde, wurde von der Schande über seine Niederlage schwer verletzt. Er wusste nicht, in welche Richtung er seine Schritte lenken sollte. Seine Seele war zutiefst beunruhigt. Eines Tages, als er die Stadt verließ und wahllos durch Ebene und Wald wanderte, sah er in der Ferne eine Hirtenhütte, an deren Tür zwei Hunde am Hals hingen. Als der Hirte den König sah, kam er auf ihn zu, führte ihn zu seiner Hütte und servierte ihm das beste Essen, das er sich leisten konnte. Aber der König sagte:

„Ich werde nichts essen, bis du mir gesagt hast, warum du diese beiden Hunde an deiner Hüttentür aufgehängt hast."

Der Hirte antwortete: „O König der Welt, ich habe diese beiden Hunde gehängt, weil sie meine Herde verraten haben. Als meine Herde dahinschwand, versteckte ich mich eines Tages, um zu sehen, was passierte. Der Wolf kam und die Hunde spielten mit ihm und ließen es." Er raubte Schafe und Ziegen. Also hängte ich die beiden Hunde als treulose Verräter auf.

Der König kehrte in die Stadt zurück und dachte über diese einzigartige Geschichte nach. „Es ist eine Lektion für mich", sagte er, „eine Offenbarung. Es ist unmöglich, nicht zu erkennen, dass meine Untertanen die Herde sind und ich der Hirte, während mein Geistlicher sich wie die Hunde des Hirten verhalten hat und der Feind, der meine hat." Königreich ist der Wolf. Ich muss das Verhalten meines Ministers untersuchen und sehen, mit welcher Treue er mir gedient hat."

Als er in den Palast zurückgekehrt war , rief er seine Sekretäre und forderte sie auf, die Register zu bringen, in denen die Konten des Königreichs geführt wurden. Als diese Register geöffnet wurden, sah er, dass sie nur den Namen des Ministers Rassat Rouchin erwähnten und solche Aussagen enthielten wie: „Fürsprache von Rassat Rouchin zugunsten von Fürsten so und so, Ministern so und so und Granden dies und das, wer." Bitten Sie um Vergebung für ihre Fehler. Rassat Rouchin nahm ihre Schätze und gewährte ihnen Gnade. In den Registern stand nichts anderes. Als der König dies sah , sagte er:

„Wer seinen Glauben auf einen Namen gründet, geht oft ohne Brot aus, während derjenige, der sich als Ungläubiger für Brot erweist, stattdessen seine Seele verlieren wird."

Diese Worte ließ der König in goldene Buchstaben eingravieren und am Tor befestigen. Und an diesem Tor ließ er den falschen Geistlichen hängen, wie die Hunde an der Hüttentür gehängt wurden.

Ein König von Persien befahl seinem Premierminister, sie und ihr stillendes Kind in einem Wutanfall gegen seine Frau wegen eines bestimmten Fehlers, den sie begangen hatte, zu töten. Wegen der wütenden Wut des Königs wagte der Minister nicht, sich für die Sache der Königin einzusetzen, sondern brachte sie zum Haus seiner Mutter. Der Minister fand eine andere Frau, die zum Tode verurteilt worden war, ließ sie hinrichten und teilte dem König mit, dass es die Königin sei, die enthauptet worden sei. Das Kind des Königs wuchs und ernährte sich, bis es ein hübscher junger Mann geworden war.

Doch der König wurde immer mürrischer und melancholischer und schloss sich im Palast ein. Der Minister bemerkte die anhaltende Traurigkeit des Königs und sagte:

„Oh König der Welt, was ist über das Herz Deiner Majestät gekommen? Bitte, sag mir die Ursache Deines Kummers."

Und der König sagte: „Oh Minister, wie sollte ich nicht traurig und beunruhigt sein? Hier werde ich alt und ich habe keinen Sohn, der meinen Namen leben lässt und mein Königreich beschützt. Das ist die Ursache meines Kummers und meines Unglücks."

Als der Pfarrer diese Worte hörte, sagte er: „Oh König der Welt, dein Kummer wird nicht lange anhalten, denn du hast einen Sohn, der in der Lage ist, dein Königreich zu bewahren und zu beschützen. Dieser dein Sohn verfügt über Intelligenz, Bildung, natürliche Begabungen usw von großer persönlicher Schönheit und von ausgezeichnetem Charakter.

Der König sagte: „Wo ist dieser Sohn, von dessen Existenz ich nichts wusste?"

Der Minister antwortete: „Eure Majestät ist sich seiner Existenz nicht bewusst, aber ich weiß, dass er sehr lebendig ist." Der Minister erzählte dann, wie er das Leben der Königin und ihres Kindes gerettet hatte. Der König war vor Freude überwältigt und rief: „Glücklich der König, der einen solchen Minister hat!"

Der Minister verneigte sich tief und sagte: „Wann soll sich Ihr Sohn, der Prinz, präsentieren?"

Der König antwortete: „Geh und suche vierzig junge Männer seines Alters, seiner Statur, Figur und Hautfarbe. Lass sie alle gleich gekleidet sein. Bringe diese vierzig jungen Männer mit meinem Sohn an einen bestimmten Ort in der Ebene. Erwarte mich dort, aber sag es nicht." dieses Geheimnis einer Seele. Wenn ich an der Stelle angekommen bin, dann lass diese vierzig jungen Männer vor mir erscheinen. Wenn mein Sohn unter ihnen ist , werde ich ihn mit Sicherheit erkennen."

Der Minister verabschiedete sich vom König und machte sich mit einem Herzen voller Freude daran, zu tun, was der König befohlen hatte. Als der König am gewählten Ort angekommen war, trat sein Minister vor, gefolgt von einundvierzig Jünglingen, alle gleich gekleidet. Sobald der König sie gesehen hatte , erkannte er seinen Sohn und rief ihn an seine Seite. Dann ging er mit ihm und allen Großen zurück in die Stadt. Am nächsten Tag lud er diese zu einem großen Fest ein und überreichte jedem von ihnen ein prächtiges Geschenk. Er übergab sein Königreich seinem Sohn und achtete darauf, ihn und seine Regierung unter die Vormundschaft des guten

Ministers zu stellen, der seine Frau gerettet und großgezogen hatte. Dann begab sich der König in einen religiösen Rückzug und beschäftigte sich sein Leben lang mit dem Dienst Gottes.

Der Sultan Alexander, genannt der Zweihörnige, sandte zu Beginn seiner Herrschaft einen Gesandten zu König Darius, der damals auf dem Höhepunkt seiner Größe stand. Bei seiner Rückkehr erstattete dieser Botschafter König Alexander Bericht. Letzterer las es, hatte aber Zweifel an einem bestimmten darin enthaltenen Wort. Er befragte seinen Botschafter zu dem Wort und sagte: „Haben Sie genau dieses Wort aus dem Mund von König Darius gehört?"

Der Botschafter antwortete: „Ich habe es mit meinen eigenen Ohren gehört."

Da König Alexander es nicht glauben konnte, schrieb er einen zweiten Brief, in dem er dieses Wort erwähnte, und sandte einen weiteren Gesandten zu König Darius mit dem Auftrag, es zu überbringen. Als König Darius beim Lesen des Briefes von König Alexander auf dieses besondere Wort stieß, nahm er ein Messer, schnitt es aus und schrieb dann einen Brief an König Alexander, in dem er sagte: „Die Aufrichtigkeit der Seele des Königs ist das Grundlage seines Reiches und seiner Größe. Seine Worte sollten daher von seinem Botschafter getreu übermittelt und wiedergegeben werden. Ich habe ein bestimmtes Wort aus Ihrem Brief herausgeschnitten, weil es von mir nie ausgesprochen wurde. Und wenn Ihr ehemaliger Botschafter nur hier wäre Ich würde seine Lügenzunge herausschneiden, so wie ich das Wort aus deinem Brief herausgeschnitten habe.

König Alexander überbracht wurde, las er sie und rief den treulosen Gesandten vor sich. „Warum", sagte er, „waren Sie bereit, mit einem Wort den Verlust vieler Menschen und Länder herbeizuführen?"

„Weil sie mir wenig Respekt entgegenbrachten und mich nicht gut behandelten."

König Alexander sagte: „Du dummer Mann! Und du dachtest, wir hätten dich geschickt, um deine eigenen persönlichen Interessen zu wahren und die der Nation zu vernachlässigen?" Er befahl, ihm die Zunge herauszureißen, und verkündete: „Dies ist das Schicksal der Verräter, die die Worte der Könige falsch verbreiten."

Im Kitab Tarykh wird Folgendes berichtet: Der Sultan Homayoun schickte einen Botschafter zum König von Khorassan. Als dieser Botschafter bei seiner Ankunft im Land den Brief des Sultans dem König überbrachte, fragte dieser:

„Wie verhält sich Ihr König gegenüber seinen Untertanen? Wie regiert er sie?"

„Die Verhaltensregeln und die Regierungsform meines Königs", antwortete der Botschafter, „zielen darauf ab, sich bei allen seinen Untertanen beliebt zu machen."

Der König fragte: „Welcher Natur ist die Zuneigung Ihres Königs zu seinen Untertanen?"

„Das einer Mutter und eines Vaters für ihre Kinder und Enkel."

„Wie verhält sich Ihr König in schweren und katastrophalen Zeiten?"

„Er zeigt, dass ihm Reichtum egal ist, denn die Tür zu seiner Schatzkammer steht immer offen."

„Wie verhält sich Ihr König bei den täglichen Empfängen?"

„Die Empfänge meines Königs ähneln den Gärten des Paradieses, die von süßen Brisen erfrischt und mit dem milden Atem süß duftender Pflanzen duftet werden, oder wie ein Meer voller Perlen und Korallen."

Der König fragte erneut: „Und wie spricht Ihr König im Rat?"

Der Botschafter antwortete: „Alle, die meinen König im Rat hören, werden weise, wenn es ihnen an Weisheit mangelt, und mutig, wenn es ihnen an Mut mangelt."

Der König von Khorassan war von den Antworten des Botschafters entzückt, überhäufte ihn mit Geschenken und sagte zu ihm: „Der Geist und das Urteilsvermögen deines Königs spiegeln sich in der Person seines Botschafters wider. Sie sollten alle wie du sein." Als Antwort richtete er an den Sultan einen Brief voller Komplimente und Glückwünsche.

Im Kitab Tarykh wird berichtet, dass Sultan Mahmoud seinen Diener Ayaz wegen seines hervorragenden Witzes und seines Urteilsvermögens liebte. Die anderen Diener des Sultans waren eifersüchtig auf Ayaz und murrten gegen ihn. Eines Tages befanden sich die Minister und Würdenträger in der Gegenwart des Sultans Mahmud, und Ayaz stand respektvoll vor ihm. Jemand brachte dem Sultan eine Gurke als Geschenk. Der Sultan schnitt es in Scheiben und aß ein Stück davon. Er fand es sehr bitter, ließ sich davon aber nichts anmerken. Er reichte Ayaz ein Stück davon und sagte: „Iss etwas von dieser Gurke und sag mir, wie sie schmeckt, damit die anderen Anwesenden auch etwas davon essen können, und sag uns, ob sie jemals so etwas gegessen haben." Ayaz salutierte und aß mit einem Anschein von Vergnügen von der Gurke.

"Es ist sehr gut."

Der König ließ die anderen davon essen. Sie fanden es bitter, waren wütend auf Ayaz und fragten, wie er es wagen könne, auf solche Weise zu lügen.

„Es ist wahr", sagte der Sultan; „Wie konntest du sagen, dass es gut war?"

Ayaz antwortete respektvoll: „Möge der Herr den König der Welt segnen! Wie viele Gefälligkeiten hast du mir erwiesen! Wie viele süße und herzhafte Leckereien! Wie könnte ich dann über einen bitteren Bissen ein schiefes Gesicht machen? im Gegenteil, um zu erklären, dass die Bitterkeit dieses Bissens durch die köstliche Süße der anderen völlig aufgehoben wird, so dass Eure Majestät mich weiterhin mit Leckereien beschenken wird wie zuvor."

Ein gewisser König, der seine königliche Macht vergeblich nutzte, hatte einen Diener, der sehr fromm und wahrhaft gläubig war und seine religiösen Pflichten sehr gewissenhaft ausübte. Der König zeichnete ihn vor allen anderen als jemanden aus, dem er aufgrund der Integrität seines Herzens vertrauen konnte. Er hatte ihm diesen Befehl gegeben: „Entferne dich nicht weit von hier, Tag und Nacht. Pass gut auf und vernachlässige meinen Dienst nicht." Nachdem der Diener seine religiösen Pflichten erfüllt hatte, übernahm er seinen Posten, wohin der König ihn von Zeit zu Zeit holen ließ. Aber der König brauchte ihn und er war nicht zu finden. Sie schickten ihn los, um nach ihm zu suchen, aber vergebens, und der König wurde sehr wütend auf ihn. Schließlich kam der Diener und warf sich vor dem König nieder. Dieser forderte voller Zorn:

„Warum bist du zu spät? Warum achtest du nicht auf meine Befehle?" Und er befahl, den Mann zu bestrafen, um ihn aufmerksamer für den Dienst des Königs zu machen.

Aber der Diener antwortete: „Wenn ich zu spät komme, liegt das nur an der großen Verlegenheit, in die ich mich befinde."

„Was für eine Peinlichkeit? Sag es mir."

Der Diener verneigte sich tief und sagte wie folgt: „Meine Verlegenheit rührt von der Tatsache her, dass ich zwei Herren dienen muss. Der erste ist der wahre Meister, der das Universum und die Kinder Adams erschaffen hat, dessen Strafen sehr streng sind Der zweite ist nur der Diener des ersteren und nicht der wahre Meister. Ich bin verpflichtet, mich vor dem Dienst des zweiten um den Dienst des wahren Meisters zu kümmern. Das ist die Verlegenheit, in der ich mich befinde.

Als der König diese Worte hörte, vergoss er reichlich Tränen und sagte: „Von diesem Tag an bist du frei. Folge dem Dienst des Herrn und vergiss nicht, für mich zu beten."

Die Diener des Königs sollten ihren König mehr lieben als ihr eigenes Leben, ihre Mutter, ihren Vater, ihre Kinder, ihre Enkel, ihre Familie, ihren Reichtum und alles, was ihnen gehört. Mit einem Wort, für sie sollte die Person ihres Königs an erster Stelle stehen, damit man sie wahre Diener des

Königs nennen kann, und damit man sie in aller Wahrheit seine Günstlinge nennen kann. Sie erzählen die Geschichte, dass eines Tages Sultan Mahmoud Ghazi (möge Gnade auf ihm sein!) auf seinem Thron saß, umgeben von seinen Ministern und Offizieren, darunter auch Ayaz. Der Sultan sagte zu seinem Schatzmeister:

„Gehen Sie zur Schatzkammer. Bringen Sie Gold, Silber, Edelsteine und andere Gegenstände von großem Wert an einen bestimmten Ort. Denn wir gehen dorthin, um uns zu amüsieren, und präsentieren diese Schätze denen, die uns begleiten werden."

Eines Tages begann der Sultan, sich an diesem Ort zu vergnügen, und sobald sich die Nachricht im Ausland verbreitete, folgte ihm eine große Anzahl von Menschen dorthin. Als er ankam, blieb er auf einer sauberen und gut beleuchteten Stelle stehen und sagte zu seinem Schatzmeister:

„Lege meine Schätze hier, an diesem Ort, frei, damit alle, die glücklich sind, ein Geschenk erhalten, das ihrem Glücksgrad entspricht, und damit man weiß, wer das meiste und wer das geringste Glück hat."

Alle, die diese Worte hörten, kamen schnell näher, drängten mit weit geöffneten Augen und auf den Schatzmeister gerichteten Blicken nach vorn und beteten ihn, die Geschenke am vorgesehenen Ort auszustellen. In diesem Moment trieb der Sultan sein Pferd zum Galopp an und ritt vor ihnen davon. Als er weit weg und außer Sichtweite war, blieb er stehen und blickte sich um. Dort sah er Ayaz, den einzigen, der ihm gefolgt war. Die anderen, die damit beschäftigt waren, ihren Anteil an den Schätzen zu bekommen, ahnten nicht, dass der Sultan gegangen war und sich bereits weit von ihnen entfernt hatte. Der Sultan hielt einen Moment inne und kehrte in die Stadt zurück.

Die Minister und Granden ihrerseits kehrten, nachdem sie die wertvollsten Gegenstände in Besitz genommen hatten, freudig in ihre Häuser zurück. Unterwegs tauschten sie miteinander Notizen über ihre Anteile am Schatz aus. Einer sagte: „Ich hatte das größte Glück"; und ein anderer: „Nein, ich hatte das Beste." Und alle, wer auch immer sie waren, sagten dasselbe, denn alle außer Ayaz hatten ihren Anteil an den Geschenken des Königs. So sagten sie untereinander: „Es ist klar, dass Ayaz derjenige ist, der kein Glück hat."

Einige Neider fügten hinzu: „In Wahrheit hat Meister Ayaz überhaupt kein Glück. Aufgrund seines Mangels an Intelligenz und gutem Urteilsvermögen hat er keines der Geschenke des Sultans erhalten."

Ayaz hörte all diese Bemerkungen, schwieg jedoch. Einige Tage später verließ der Sultan seinen Palast und setzte sich auf den Thron. Alle Großen kamen in seine Gegenwart. Ayaz stand vor ihm. Der Sultan fragte:

„Wer von euch hatte kein Glück?"

Die Minister antworteten: „Es ist Ayaz! Er hat kein einziges der vielen Geschenke Eurer Majestät bekommen. Es ist klar, dass er kein Glück hat, denn er hat all diese kostbaren Gegenstände zurückgelassen und ist mit leeren Händen zurückgekommen."

Der Sultan sagte: „O Ayaz, sind unsere Geschenke in deinen Augen wertlos, dass du sie verachtest? Ich weiß nicht, warum du nichts genommen hast, was in deiner Reichweite war. Du hättest sie daran gehindert, zu sagen, dass du kein Glück hast." Was war Ihr Beweggrund, etwas zu tun, das von niemandem gebilligt wird?"

Ayaz antwortete: „Mögen die Tage und der Wohlstand des Königs zunehmen! Mögen die Geschenke, die er seinen Dienern gegeben hat, niemals trüben. Was mich betrifft, ich habe mehr Glück als diejenigen, die die Geschenke Ihrer Majestät erhalten haben."

Der Sultan sagte: „O Ayaz, beweise mir die Wahrheit deiner Worte."

Ayaz antwortete: „Wenn sie einen Anteil an den Großzügigkeiten fanden, die ihnen gegeben wurden, fand ich den Urheber dieser großen Gaben selbst. Wenn sie Gold fanden, fand ich den Meister des Goldes. Wenn andere Silber fanden, fand ich den Meister." Silber. Wenn andere Edelsteine fanden, fand ich den Meister der Edelsteine. Wenn andere noch einige Perlen fanden, fand ich den Ozean der Perlen. Wer also, oh König der Welt, unter all denen, die sich rühmen, Glück zu haben, hat mehr als ich?"

Der Sultan antwortete: „O Ayaz, sag mir, was deine Worte bedeuten. Wo ist alles, was du angeblich gefunden hast?"

Ayaz antwortete: „Möge der Allerhöchste die Person des Königs der Welt beschützen, die für mich wertvoller ist als all diese kostbaren Gegenstände! An welchem Ort auch immer seine erhabene Person sein mag, dort bin ich, und so erhalte ich alles, was mein Herz begehrt." Wünsche. Wenn ich bei Eurer Majestät bin und Eure Majestät bei mir ist, was fehlt mir dann? Wer hat dann mehr Glück als ich?"

Eines Tages war Sultan Alexander in Trauer versunken und hielt sich in seinem Palast ein. Der weise Aristoteles trat vor ihn, und als er sah, dass er in traurige Gedanken versunken war, fragte er ihn:

„Warum ist der Sultan so traurig und was hält ihn davon ab, seinen Palast zu verlassen?"

Der Sultan Alexander antwortete: „Ich trauere bei dem Gedanken an die Kleinheit dieser Welt und an all die Mühen, die ich mir und anderen mache, um über eine Welt zu herrschen, die so wenig Wert ist. Es ist meine Eitelkeit." Werke, die mich traurig machen.

Aristoteles antwortete: „Das Spiegelbild des Sultans ist gerecht, denn was ist in Wahrheit die Welt? Sicherlich ist es für sich genommen nicht wichtig genug, dass sich der Sultan mit einem eitlen Königreich beschäftigen sollte. Aber die Regierung dieser Welt ist ein Zeichen." des erhabenen und ewigen Königreichs der anderen Welt, und dieses Königreich kann der Sultan erlangen, indem er diese gegenwärtige Welt mit Gerechtigkeit regiert. Eure Majestät muss daher alle seine Sorgen der Regierung dieser Welt widmen, um schließlich in der anderen Welt ein Königreich zu erlangen dessen Größe unermesslich ist und deren Dauer ewig ist."

Der Sultan Alexander hörte mit Vergnügen die Worte seines weisen Ratgebers.

Für Könige sind zwei Eigenschaften von wesentlicher Bedeutung: Großzügigkeit und Großmut. Wenn ein Minister in seinem König Gefühle äußert, die seines Ranges unwürdig sind, sollte er ihn vor dieser Tatsache warnen und ihn von unwürdigen Handlungen abhalten. Sie erzählen , dass ein König, nachdem er 500 Dirhem geschenkt hatte, sein Minister zu ihm sagte: „Ich habe aus dem Mund weiser Männer gehört, dass es Königen nicht erlaubt ist, weniger als 1.000 Dirhem zu schenken!"

Eines Tages schenkte Haroun-er-Raschid 500 Tahil. Sein Minister namens Yahya bemühte sich durch Zeichen und Gesten, ihn davon abzuhalten. Als alle Anwesenden verschwunden waren, sagte Haroun-er-Raschid:

„O Yahya! Was wolltest du mit all deinen Zeichen machen?"

Dieser antwortete: „O Fürst der wahren Gläubigen! Ich wollte sagen, dass Könige niemals den Anschein erwecken sollten, dass sie in der Lage sind, Geschenke von weniger als 1.000 Dirhem zu machen."

Eines Tages hörte König Mamoun-er-Raschid, wie sein Minister namens Abbas zu einem Diener sagte: „Geh zum Basar und kaufe etwas von diesem halben Tahil."

Mamoun-er-Raschid war wütend auf ihn und sagte: „Sie sind in der Lage, einen Tahil in zwei Teile zu teilen! Das ist für einen Minister nicht angemessen; Sie sind dieses Namens nicht würdig", und er entließ ihn sofort aus dem Amt.

Im Kitab Sifat-el-Molouk wird berichtet, dass König Chabour, als er seinem Sohn seine letzten Anweisungen gab, wie folgt sagte: „O mein Sohn! Wann immer du jemandem ein Geschenk machst, überreiche es nicht mit deinen eigenen Händen." Untersuchen Sie die Geschenke, die Sie machen, nicht einmal und lassen Sie sie auch nicht in Ihre eigene Gegenwart bringen. Wenn

Sie ein Geschenk überreichen, achten Sie darauf, dass der Wert mindestens dem Äquivalent der Einnahmen einer Stadt entspricht, damit es den Empfänger bereichert und etwas bringt Befreie sie und ihre Kinder und Enkel von Widrigkeiten. Darüber hinaus, mein Kind, hüte dich dein ganzes Leben lang davor, dich den Geschäften in deinem Königreich hinzugeben. Denn solche Geschäfte sind eines Königs unwürdig, der einen großartigen Charakter, Wohlstand und Herkunft hat ."

König Harmuz erhielt eines Tages einen Brief von seinem Minister, in dem er sagte: „Da es viele Händler in der Stadt gab, die eine große Menge an Juwelen, Perlen, Hyazinthen, Rubinen, Diamanten und anderen Edelsteinen hatten, kaufte ich alles, was sie hatten, für Eure Majestät. Ich zahlte 200.000 Tahil. Gleich darauf trafen einige Händler aus einem anderen Land ein, die diese kaufen wollten und mir einen Gewinn von 200.000 Tahil anboten. Wenn der König zustimmt, werde ich die Juwelen verkaufen und später andere kaufen.“

König Harmuz schrieb an seinen Minister die folgende Antwort: „Was sind 200.000 Tahil? Was sind 400.000 Tahil, einschließlich des Gewinns? Lohnt es sich, darüber zu reden und so viel Aufhebens zu machen? Wenn Sie in den Handel einsteigen, wer wird sich um die Regierung kümmern?“ „Wenn du kaufst und verkaufst, was wird dann aus den Kaufleuten? Es ist offensichtlich, dass du damit unseren guten Ruf zerstören würdest und dass du der Feind der Kaufleute unseres Königreichs bist, denn deine Absichten würden sie ruinieren. Deine Gefühle sind unwürdig.“ ein Minister.“ Und dafür enthob er ihm seines Amtes.

Im Kitab Sifat-el-Houkama heißt es: „Unter den Menschen gibt es eine große Vielfalt an Neigungen. Jeder hat seine eigene Neigung In dieser Welt sind die Launen der Menschen so vielfältig, dass sie sich alle in ihrer Natur unterscheiden. Unter dieser unendlichen Vielfalt an Seelenveranlagungen passt die Größe des Charakters am besten zu Königen und Ministern, denn diese Eigenschaft ist der Schmuck des Königtums.

„Eines Tages kehrte der Minister des Sultans Haroun-er-Raschid vom Staatsrat in sein Haus zurück, als er von einem Bettler angesprochen wurde, der sagte: ‚O Yahya! Das Elend bringt mich zu dir. Ich bete, dass du mir etwas gibst.‘ '

Haus angekommen war, ließ er den Bettler sich an die Tür setzen und rief einen Diener, der zu ihm sagte: ‚Gib diesem Mann jeden Tag 1.000 Dinar und gib ihm für seine Nahrung seinen Anteil an den Vorräten, die du in deinem Haus verzehrst.‘ .'

„Sie sagen, dass der Bettler einen Monat lang jeden Tag kam und an Yahyas Tür saß und die Summe von 1.000 Dinar erhielt. Als er sie am Ende des

Monats, 30.000 Dinar, erhalten hatte, ging der Bettler weg. Als er darüber informiert wurde Beim Abschied sagte Yahya: „Bei Gott! Wenn er nicht weggegangen wäre und für den Rest seines Lebens an meine Tür gekommen wäre, hätte ich ihm die gleiche Tagesration geben sollen."

Im Kitab Tarykh wird Folgendes erzählt: „Es war einmal ein persischer König namens Khrosrou, der unter allen Königen Persiens wegen seiner Macht, seiner Charakterstärke, seiner Güte und der Reinheit seiner Moral bemerkenswert war. Seine Frau." , namens Chirine, war von seltener Schönheit, und zu dieser Zeit konnte niemand mit ihr verglichen werden, denn sie besaß alle Tugenden. Khrosrou liebte Chirine leidenschaftlich und unter den weltberühmten Büchern, die von liebenden Paaren sprechen, Es gibt eines namens „Khrosrou und Chirine". Eines Tages saß Khrosrou mit seiner Frau Chirine im Palast, als ein Fischer Khrosrou einen schönen Fisch als Geschenk brachte. Dieser befahl ihnen, ihm ein Geschenk von 4.000 Dirhem zu machen.

„„Du liegst falsch', sagte Chirine.

"'Und warum?' fragte der König.

„„Wenn Sie einem Ihrer Diener in der Zukunft ein Geschenk von 4.000 Dirhem machen, wird er nicht umhin, sofort zu sagen: „Ich bin einem Fischer ebenbürtig." Wenn Ihr Geschenk weniger als 4.000 Dirhem beträgt, dann unbedingt er wird sagen: „Ich werde für weniger als einen Fischer gehalten", und deine Taten werden sein Herz traurig machen."

„Khrosrou sagte: ‚Ihre Beobachtung ist berechtigt. Aber ich habe gesprochen, und ich kann nicht rückgängig machen, was ich gesagt habe, denn es ist eine Schande für einen König, sein Wort nicht zu halten.'

„Chirine antwortete: ‚Macht nichts, ich kenne einen Weg, und niemand kann sagen, dass du dein Versprechen gebrochen hast.'

„„Was ist dieser Weg?' fragte Khrosrou.

„Chirine antwortete: ‚Stellen Sie dem Fischer die Frage: „Ist das ein Süßwasser- oder ein Salzwasserfisch?"

„Wenn er antwortet: „Es ist ein Süßwasserfisch", sagen Sie: „Ich möchte einen Salzwasserfisch" und das Gegenteil. Dann wird er verschwinden und Sie werden von Ihrem törichten Versprechen befreit."'

„Khrosrou, der aus Liebe zu Chirine nicht umhin konnte, ihren Rat zu hören und ihm zu folgen, richtete die Frage an den Fischer. Aber dieser, der eine Falle vermutete, sagte: ‚Es ist beides.' König Khrosrou begann zu lachen und gab ihm zusätzlich 4.000 Dirhem.

„Nachdem der Fischer seine 8.000 Dirhem erhalten hatte, steckte er sie in einen Sack und ging weg. Auf der Reise fiel ein Dirhem zu Boden, und der Fischer ließ seinen Sack sinken und begann, nach dem gefallenen Dirhem zu suchen. Als er Als er es fand, legte er es zu den anderen und nahm seinen Marsch wieder auf.

„Khrosrou und Chirine waren beide Zeugen seiner Tat. Chirine sagte zu Khrosrou: ‚Sehen Sie sich die Niedrigkeit und den Mangel an Urteilsvermögen des Fischers an. Er ermüdete sich, nach einem Dirhem zu jagen, als er einen Sack voll davon hatte. Erinnern Sie sich an ihn und beschäme ihn.'

„Khrosrou, der aus Liebe zu Chirine ihren Worten nicht widerstehen konnte und ihnen immer gehorchte, erinnerte sich an den Fischer und sagte zu ihm: „In Wahrheit hast du eine niedrige Seele und besitzt weder Urteilsvermögen noch Würde. Was! Eins.“ „Wenn einer deiner 8.000 Dirhem verloren ging und du deine Reise aufschiebst, bis du ihn gefunden hast? Das zeigt die Niedrigkeit deiner Seele und deinen Mangel an Urteilsvermögen.“

„Der Fischer verneigte sich und antwortete: ‚Möge der Wohlstand des Königs der Welt zunehmen! Ich suchte den Dirhem nicht wegen seines Geldwerts, sondern nur wegen der Größe und Bedeutung der auf der Münze eingravierten Worte. On Auf einer Seite steht der Name des höchsten Gottes. Auf der anderen Seite steht der Name des Königs. Hätte ich den Dirhem nicht gefunden und auf dem Boden gelassen, dann wären die Vorübergehenden darauf getreten, und Die beiden darauf eingravierten Namen, die von allen Menschen verherrlicht werden sollten, wären verachtet und in Ungnade gefallen, und ich wäre der Komplize aller Vorübergehenden gewesen, die darauf getreten sind. Deshalb habe ich mir die Mühe gemacht finde den Dirhem.'

„Khrosrou war mit dieser Antwort zufrieden und gab ihm noch weitere 4.000 Dirhem. Der Fischer nahm voller Freude seine 12.000 Dirhem und kehrte nach Hause zurück.“

Ein Mann hatte ein schweres Vergehen gegen König Haroun-er-Raschid begangen. Als er zum Tode verurteilt wurde, gelang ihm die Flucht. Aber er hatte einen Bruder. Der König rief diesen herbei und sagte zu ihm: „Finde deinen Bruder, damit ich ihn töten kann. Wenn du ihn nicht findest, werde ich dich an seiner Stelle töten.“ Da dieser Mann seinen Bruder nicht finden konnte, befahl König Haroun-er-Raschid einem seiner Diener, ihn zum Tode zu bringen. Aber dieser Diener sagte: „O Fürst der Gläubigen! Wenn derjenige, der den Befehl erhalten hat, diesen Mann zu töten, ihn zu diesem Zweck bringt und gleichzeitig ein Bote von Deiner Majestät mit dem Befehl kommt, ihn nicht zu töten, sollte er das tun.“ ihn nicht freizulassen?“

König Haroun-er-Raschid antwortete: „Er sollte ihn aufgrund meines Befehls auf jeden Fall freilassen."

„O Fürst der Gläubigen", antwortete der Diener, „der Koran sagt: ‚Wer eine Last hat, soll die eines anderen nicht tragen.'"

Dann sagte der König: „Lassen Sie den Mann frei, denn dies muss seinen Fall decken und bedeutet, dass die Unschuldigen nicht für die Schuldigen sterben."

Sie erzählen, dass ein Gelehrter eines Tages vor Sultan Ismail Samani, dem König des Landes Khorassan, erschien. Der Sultan empfing ihn mit großer Ehre, grüßte ihn bei seiner Abreise äußerst respektvoll und begleitete ihn zur Tür, wobei er sieben Schritte hinter ihm ging .

In der nächsten Nacht träumte er, dass der glorreiche Prophet (mit dem Friede sei!) so zu ihm sprach: „O Ismail, weil du einen meiner Gelehrten geehrt hast, werde ich zu Gott beten, dass nach dir sieben deiner Kinder und Enkel groß und groß werden." glorreiche Könige." Man sagt, dass das Königreich Khorassan viele Jahre lang unter der väterlichen Regierung der Nachfolger dieses Sultans florierte.

Der Sultan Abdallah Tlahir empfing, sobald er den Thron von Khorassan in Besitz genommen hatte, die Huldigung einer großen Zahl seiner Untertanen. Am Ende mehrerer Tage fragte er: „Gibt es jemanden von Ansehen im Land, der nicht gekommen ist, um sich vor mir zu präsentieren?" Sie sagten ihm: „Es gibt zwei Personen, die nicht gekommen sind, einer namens Ahmed Arab und der andere namens Mahomet Islam. Aber diese beiden Männer treten niemals vor Königen und Ministern auf."

Der Sultan antwortete: „Da sie nicht kommen werden, um Könige und Minister zu finden, muss ich zu ihnen gehen." Eines Tages begab sich der Sultan zum Haus von Ahmed Arab. Dieser erhob sich sofort und blieb lange Zeit vor dem Sultan stehen. Dann blickte er ihn fest an und sagte zu ihm: „O Sultan, ich hatte von deiner Schönheit gehört, und jetzt sehe ich, dass sie die Wahrheit gesagt haben. Mache aus diesem Körper nicht die Glut der Hölle." Mit diesen Worten wandte er sich wieder seinen Gebeten zu. Der Sultan Abdallah Tlahir verließ weinend das Haus des Scheichs.

Dann begab er sich zum Haus des Mohammed Islam. Als der Scheich erfuhr, dass der Sultan ihn besuchen würde, schloss er die Tür seines Hauses und sagte: „Ich sollte ihn nicht sehen. Ich sollte nicht mit ihm sprechen."

Der Sultan ging unter Tränen und sagte: „Wenn der Scheich am Freitag in die Moschee geht, werde ich zu ihm gehen."

Als der Freitag kam, saß er zu Pferd, umgeben von Soldaten, und wartete auf die Ankunft des Scheichs. Sobald er ihn bemerkte, stieg er ab, näherte sich ihm zu Fuß und grüßte ihn. Der Scheich fragte: „Wer bist du? Was willst du von mir?"

Der Sultan antwortete: „Ich bin es, Abdallah Tlahir. Ich bin gekommen, um den Scheich zu sehen."

Dieser wandte sein Gesicht ab und sagte zum Sultan: „Welche Verbindung besteht zwischen dir und mir?"

Der Sultan fiel dem Scheich weinend mitten auf der Straße zu Füßen und sprach, indem er Gott, den Allerhöchsten , anrief: „O Herr, vergib mir meine Fehler wegen der vielen Tugenden dieses treuen Scheichs." ." Und ihm wurde vergeben und er wurde ein guter Mann.

Der Imam El-Chafei (möge Barmherzigkeit mit ihm sein!) reiste von der Stadt Jerusalem in das Land Ägypten und machte in einer Stadt namens Ramla Halt. Einer der Einwohner dieser Stadt nahm ihn in sein Haus auf und bewirtete ihn mit vielen Aufmerksamkeiten. Die Gefährten des Imams El-Chafei bemerkten, dass er eine gewisse Unruhe verspürte, aber keiner von ihnen kannte den Grund dafür. Je mehr der Hausherr seine Aufmerksamkeiten und Höflichkeiten zeigte, desto verstörter schien der Imam zu sein. Schließlich, in dem Moment, als der Imam sein Pferd bestieg, um seine Reise fortzusetzen, kam der Hausherr und drückte ihm eine Schrift in die Hände. Als der Imam dies las, verlor er seine besorgte Miene und befahl, dem Mann dreißig Dinar zu zahlen, und machte sich jubelnd auf den Weg. Einer seiner Begleiter fragte ihn:

„Warum waren Sie so verstört? Was stand in der Schrift? Und warum zeigten Sie beim Lesen so viel Freude?"

Der Imam El-Chafei antwortete: „Als unser Gastgeber uns zu sich nach Hause brachte, bemerkte ich, dass seinem Gesicht die charakteristischen Zeichen von Ehrlichkeit fehlten. Aber da er uns so gut behandelte, begann ich zu glauben, dass ich mich vielleicht geirrt hatte, als ich ihn beurteilte. Aber als ich... Als ich das Schreiben las, das er mir reichte, sah ich, dass es wie folgt lautete: „Während der Imam hier war, habe ich zehn Dinar für ihn ausgegeben. Er sollte mir daher zwanzig Dinar zurückzahlen." Da wusste ich, dass ich bei der Lektüre seines Charakters keinen Fehler gemacht hatte, und war mit meinem Können zufrieden."

Die Geschichte erzählt, dass eines Tages, als der Prophet Salomo auf seinem königlichen Thron saß, umgeben von Männern, Geistern und Vögeln, zwei Frauen vor ihn traten, von denen jede den Besitz eines Kindes beanspruchte. Diese beiden Frauen sagten immer wieder: „Es ist mein Kind", aber keine konnte einen Beweis dafür liefern. Als alle ihre Argumente ins Leere gingen, befahl der Prophet Salomo, das Kind in zwei Teile zu schneiden und jede Frau solle die Hälfte davon nehmen. Als der Henker vorrückte und sein

Schwert zog, schrie eine der Frauen in Tränen aus: „O Prophet Salomo, töte das Kind nicht. Gib es dieser Frau, das ist alles, worum ich bitte!"

Da die Ermordung des Kindes weder eine Träne noch einen Anflug von Angst bei der anderen Frau hervorrief, befahl Salomo ihnen, es der Frau zu geben, die geweint hatte, denn ihre Tränen bewiesen, dass sie die wahre Mutter war und dass das Kind ihr gehörte ihr und nicht der anderen Frau. So zeigte König Salomo seine Weisheit bei der Beurteilung des Charakters.

O du, der du großartig bist! Hören Sie zu, ich bitte Sie, und hören Sie, bis zu welchem Grad die Großzügigkeit gehoben wird. Im Kitab Adab-is-Selathin heißt es, dass zwei Eigenschaften von Gott in ihrer ganzen Vollkommenheit zwei Männern verliehen wurden: Gerechtigkeit gegenüber Sultan Nouchirvau, dem König von Persien, und Großzügigkeit gegenüber einem Untertanen eines arabischen Sultans namens Hatim-Thai. Der Autor dieses Werkes sagt, dass es zur Zeit von Hatim-Thai drei Könige gab, die auf der ganzen Welt gefeiert wurden und Rivalen darin waren, die Vollkommenheit der Großzügigkeit zu zeigen – den König von Rom, den König von Syrien und den König von Jemen. Aber da keiner von ihnen so berühmt war wie Hatim-Thai, wurden sie eifersüchtig auf ihn und vereinten sich in Feindseligkeit ihm gegenüber. Sie sagten: „Wir sind die Könige riesiger Länder, und sollen wir zulassen, dass ein einfacher Untertan eines arabischen Sultans als großzügiger angesehen wird als wir?" Und jeder dieser Könige dachte daran, Hatim-Thai vor Gericht zu stellen und ihn zu vernichten.

Der erste der drei, die das Unternehmen wagten, war der König von Rom. Dieser König sagte zu einem seiner Minister: „O Minister, ich habe gehört, dass es unter den Arabern einen Mann namens Hatim-Thai gibt, und dass er als der großzügigste Mann der Welt gilt. Ich bin unzufrieden, dass mein Name nicht so ist." ebenso bekannt für seine Großzügigkeit wie er. Ich möchte einen Beweis erbringen und sehen, ob sein Ruhm wahr oder falsch ist. Ich habe gehört, dass Hatim-Thai ein Pferd besitzt, das er genauso liebt wie seine eigene Seele. Nun, wir werden ihn darum bitten Gib uns dieses geliebte Pferd.

Der Minister schickte einen Gesandten mit passenden Geschenken und einem Brief für Hatim-Thai. Er kam in einem heftigen Sturm aus Wind und Regen an, der es niemandem erlaubte, sich um seine Angelegenheiten im Ausland zu kümmern. Es war schon Nacht, und Hatim-Thai hatte keine Vorbereitungen getroffen, um einen Gast zu empfangen, aber er empfing den Fremden mit den Zeichen höchsten Respekts und größter Herzlichkeit.

„Was für ein Bedürfnis führt dich heute Abend hierher?" er hat gefragt.

„Nichts anderes als Sie zu besuchen", antwortete der Gesandte, und er erwähnte an diesem Abend nie seine Mission vom König von Rom.

Da es im Haus nichts zu essen gab, tötete Hatim-Thai sein Lieblingspferd und servierte es seinem Gast zum Abendessen. Sobald es Tag war, überreichte der Gesandte die Geschenke und den Brief des Königs von Rom. Als er die Passage im Brief las, in der der König um das Pferd bat, das gerade getötet worden war, wurde Hatim-Thai blass und konnte kein Wort sagen. Der Gesandte, der ihn in diesem Zustand beobachtete, bildete sich ein, dass er die Schenkung seines Pferdes bereute, und sagte:

„O Hatim-Thai, wenn es dir kein Vergnügen ist, mein Pferd meinem Herrn zu übergeben, dann denk nicht weiter darüber nach und lass mich in mein Land zurückkehren."

Hatim-Thai antwortete: „O Gesandter des Königs von Rom! Wenn ich tausend Pferde wie dieses hätte, würde ich sie alle ohne einen Moment zu zögern geben. Aber letzte Nacht habe ich dich nach dem Beweggrund gefragt, der dich hierher geführt hat, und du hast es gesagt." Es ging mir lediglich darum, mich zu besuchen. Deshalb habe ich das Pferd für eure Nahrung getötet, und deshalb schmerzt mich mein Mangel an Voraussicht." Er schickte den Gesandten mit vielen anderen Pferden als Geschenk nach Hause.

Der Gesandte erzählte die ganze Geschichte und der König von Roum sagte: „Der Ruf von Hatim-Thai ist verdient; er ist der großzügigste aller Männer." Mit ihm schloss er ein Freundschaftsbündnis und der Ruhm von Hatim-Thai wuchs rasant.

Der zweite, der Hatim-Thais Großzügigkeit auf die Probe stellte, war der König von Syrien. Er sagte: „Wie kann Hatim-Thai, der in den Wäldern und auf den Ebenen lebt und Ziegen, Kamele und Pferde weidet, großzügiger sein als ein so großer König wie ich? Ich werde ihn auf die Probe stellen. Das werde ich." Bitte um reiche Geschenke, die er nicht geben kann, und er wird vor Königen und Völkern beschämt und gedemütigt werden.

Also schickte der König von Syrien einen Gesandten nach Hatim-Thai, um 100 rote Kamele mit langen Mähnen, schwarzen Augen und sehr großer Größe anzufordern. Kamele dieser Art sind schwer zu finden, nur Könige haben vier oder fünf. Als der Gesandte angekommen war, erzählte er Hatim-Thai, was der König von Syrien von ihm verlangte. Hatim-Thai war voller Freude, als er die Worte des Gesandten hörte, und beeilte sich, ihn reichlich mit Essen und Trinken zu verwöhnen. Dann suchte er unter seinen Kamelen, fand aber keines, das dem König von Syrien gefiel. Er ordnete eine Suche unter den Völkern seiner Nation, Arabern und Beduinen, an und bot dafür einen hohen Preis an. Durch den Willen Gottes gelang es einem Beduinen, 100 zu finden, und Hatim-Thai verlangte lediglich einen Zahlungsaufschub von einem Monat. Der Gesandte kehrte mit den roten Kamelen und vielen anderen Geschenken nach Hause zurück. Als der König von Syrien sie sah, war er erstaunt und rief: „Siehe, wir wollten Hatim-Thai nur auf die Probe stellen, und jetzt hat er Schulden gemacht, um unseren Wunsch zu befriedigen. Ja, wahrlich, er ist der großzügigste Mann der Welt.".“

Er befahl ihnen, die 100 roten Kamele, beladen mit prächtigen Geschenken, nach Hatim-Thai zurückzuschicken. Sobald sie ankamen, rief Hatim-Thai den Besitzer herbei und gab ihm die Kamele mit all ihrer Last an Reichtümern, ohne etwas für sich zu behalten. Als der Gesandte, als er wieder nach Hause zurückkehrte, all diese Dinge erzählte, staunte der König von Syrien und rief aus: „Niemand kann Hatim-Thai erreichen. Er ist die Großzügigkeit selbst in all ihrer Vollkommenheit.“

Der dritte König, das heißt der König von Jemen, war sehr großzügig und wollte, dass ihm in dieser Hinsicht niemand Konkurrenz machte. Als er von Hatim-Thais Ruhm für seine Großzügigkeit hörte, war er verärgert und voller Trauer. Er sagte: „Wie kann dieser arme Hatim an Großzügigkeit einem großen König wie mir ebenbürtig sein? Ich gebe den Armen Almosen, ich speise sie und jeden Tag gebe ich ihnen Kleidung. Wie ist es möglich, dass irgendjemand es wagen kann, den Namen zu erwähnen?“ Hatim-Thai in meiner Gegenwart als der großzügigste aller Männer?“

Zu dieser Zeit traf ein Botschafter des Königs von Maghreb am Hofe des Königs von Jemen ein und sprach von der wunderbaren Großzügigkeit von Hatim-Thai. Es war ihm, als würde ihm das Herz brennen, aber er ließ seinen Kummer nicht erkennen und sagte zu sich selbst:

„Jeder wiederholt das Loblied auf Hatim, einer nach dem anderen, ohne genau zu wissen, wer er ist, von welcher Herkunft und mit welchen Mitteln er auf diese Weise Gastfreundschaft gewähren kann. Ich werde ihn umbringen lassen.“

Der König von Jemen rief einen Beduinen herbei, einen Banditen, der für seine Wildheit gefeiert wurde und kein Mitleid mit dem Leben eines Mannes hatte. Der Beduine kam und der König gab ihm Gold, Silber und Kleidung. „O Beduine“, sagte er zu ihm, „wenn du eine Angelegenheit für uns erledigst, werden wir dir alles geben, was du verlangst.“

Der Beduine antwortete: „O mein Herr, König der Welt, was ist der Wille Eurer Majestät?“

Der König von Jemen antwortete: „Es gibt einen Mann namens Hatim-Thai vom Stamm der Thai an der Grenze zu Syrien. Gehe in dieses Land und wende alle Tricks an, die du kannst, um ihn zu töten. Wenn du ihn getötet hast, bring ihn her." mir seinen Kopf. Wenn es dir gelingt, zu tun, was ich will, wird dir alles, worum du bittest, gegeben.“

Diese Worte des Königs erfüllten das Herz des Beduinen mit Freude. Er sagte sich: „Das ist ein gutes Stück Arbeit. Für einen alten, zerfetzten Umhang werde ich einen Mann töten. Warum sollte ich dann einen Moment zögern, um einen prächtigen scharlachroten Umhang zu kaufen?"

Der Beduine verabschiedete sich vom König, machte sich sofort auf den Weg und machte sich auf die Suche nach Hatim-Thai nach Syrien. Nach einer Weile kam er in ein Dorf in der Nähe von Syrien und traf dort einen jungen Mann von seltener Schönheit. Sein Gesicht trug die Zeichen der Tugend, seine Sprache war voller Sanftheit und Freundlichkeit, seine Seele war gerecht und sein Herz mitfühlend. Er fragte den Beduinen, wohin er gehe. Dieser antwortete: „Ich komme aus dem Land Jemen und gehe nach Syrien."

Der junge Mann antwortete: „O mein Bruder! Ich wünschte, du würdest mir den Gefallen tun, einen Tag und eine Nacht in meinem Haus auszuruhen, und ich werde mein Bestes tun, um dich zu unterhalten. Danach wirst du deine Reise antreten, wenn du Wunsch."

Der Beduine hörte diese Worte mit Freude und ging in das Haus des jungen Mannes. Dort wurde er großartig behandelt und so großzügig bewirtet, dass er glaubte, noch nie so viel gesehen und gegessen zu haben. Er hat die ganze Nacht friedlich geschlafen. Im Morgengrauen verabschiedete er sich, begierig darauf, das Ende seiner Reise zu erreichen. Der junge Mann sagte zu ihm: „O mein Bruder, wenn es möglich ist, bleibe noch zwei oder drei Tage länger, ich bitte dich, damit ich durch meine Gastfreundschaft all die aufrichtige Zuneigung zeigen kann, die mein Herz für dich empfindet."

Der Beduine antwortete: „O mein Bruder, ich würde wirklich noch einige Zeit hier bleiben, wenn ich nicht eine äußerst wichtige und heikle Mission zu erfüllen hätte. Es ist mir unmöglich, hier zu bleiben und mich zu amüsieren, solange ich meinen Auftrag noch nicht erledigt habe.".".

Der junge Mann antwortete: „O mein Bruder, was ist das für eine schwierige und heikle Angelegenheit, die dich davon abhält, hier zu bleiben? Wenn du es mir sagst, werde ich zweifellos einen Weg finden, dir zu Hilfe zu kommen und die Last zu erleichtern, die so schwer ist." auf deinem Herzen. Aber was kann ich jetzt tun, da du mir nichts sagst?"

Als der Beduine diese Worte hörte, schwieg er. Er sagte sich: „Diese Angelegenheit ist nicht einfach durchzuführen. Es könnte für mich von Nutzen sein, einen umsichtigen und diskreten Begleiter zu haben, der mit ihm darüber spricht. Vielleicht sollte ich gut daran tun, mit diesem jungen Mann darüber zu sprechen und ihn zu fragen." Sein Rat."

Und dennoch wagte er es noch nicht, seinem Geheimnis zu vertrauen, und seine Ratlosigkeit war auf seinem Gesicht geschrieben. Er konnte kein einziges Wort hervorbringen und blieb sehr besorgt.

Der junge Mann, der den Zustand des Beduinen beobachtete, sagte zu ihm: „O Diener Gottes, deine Verlegenheit ist offensichtlich; du hast Angst, mir dein Herz zu öffnen. Gott allein kennt in Wahrheit die Geheimnisse seiner Diener. Aber in deinem In der gegenwärtigen Situation kann es sein, dass ich Ihnen von Nutzen sein kann.

Als der Beduine diese Worte des jungen Mannes hörte, sagte er zu ihm: „O mein treuer Freund, wisse dann, dass ich ein arabischer Beduine aus dem Land Jemen bin; dass es unter allen Beduinen Arabiens keinen gibt, der so böse ist." Ich war ein so großer Dieb wie ich, und mein Ruhm als Bandit wird im ganzen Jemen gefeiert. Der König, der sich zu einer bösen Tat entschloss, befahl seinem Minister, einen Mann zu finden, der dazu fähig war. Da ich den Ruf hatte, der zu sein Als größter Bandit des Landes Jemen wurde ich vor den König gerufen. Sobald Seine Majestät mich sah, belud er mich mit Geschenken und sagte: „Wenn Sie tun, was ich möchte, werde ich Ihnen noch viele weitere Geschenke aus Gold und Gold geben." Silber und andere prächtige Dinge.' Ich antwortete: „O mein Herr, König der Welt, was ist das für eine Angelegenheit?" „Sie müssen gehen und einen Mann namens Hatim-Thai töten, der an den Grenzen Syriens lebt." Darauf antwortete ich: „O mein Herr, König der Welt, ich bin nur ein Beduine, ein armer Räuber, der in den Wäldern und Ebenen umherirrt. Als Getränk habe ich nur das Brackwasser der Sümpfe. Als Nahrung habe ich nur." Ratten und Heuschrecken.' Aufgrund meines Elends gehorchte ich den Wünschen des Königs und versprach, diese Angelegenheit auszuführen. Aber hier befinde ich mich in einer sehr peinlichen Situation, denn ich kenne dieses Hatim-Thai nicht und weiß nicht einmal wo Sein Stamm sind die Ben-Thai.

Als der junge Mann diese Worte hörte, begann er zu lachen und sagte: „O mein Bruder, störe dich nicht. Ich kenne diesen Hatim-Thai und ich werde ihn dir zeigen." Diese Worte freuten den Beduinen. Der junge Mann fuhr fort: „O mein Bruder, wisse, dass der Stamm der Ben-Thai in diesem Dorf lebt und dass der Mann namens Hatim-Thai selbst zu diesem Stamm gehört. Wenn du genau befolgst, was ich dir zeige, wirst du es mit Sicherheit tun." Erfülle deine Mission.

Der Beduine antwortete: „O mein Bruder, ich lege mein Leben in deine Hände.
Was muss getan werden?"

Der junge Mann antwortete: „O mein Bruder, es gibt einen Ort, an den Hatim-Thai geht, um sich zu erholen. Es ist ein äußerst verlassener Ort, den niemand jemals besucht. Wenn er dort ankommt, isst und trinkt er und schläft dann, seins . " Der Kopf ist mit einem Tuch bedeckt, und sein Pferd ist in der Nähe festgebunden. Du wirst in diesem Moment ankommen, du wirst den Wunsch des Königs umgehend ausführen, du wirst auf das Pferd springen und von diesem Ort wegrennen und gehen, wohin du willst."

Der junge Mann ging dann, um dem Beduinen den Ort zu zeigen, gab ihm einen gut geschärften Dolch mit zwei Schneiden und sagte: „O mein Bruder, morgen wird Hatim-Thai an diesen Ort kommen. Vergiss nichts, was du tun musst." Tun."

Alle Anweisungen des jungen Mannes wurden von den Beduinen befolgt. Früh am Morgen begab sich Hatim-Thai zum vorgesehenen Ort. Er aß, er trank, und als er seine Mahlzeit beendet hatte , band er sein Pferd in der Nähe fest. Dann bedeckte er seinen Kopf mit einem Tuch und schlief tief und fest ein. In diesem Moment traf der böse Beduine ein. Durch den Willen Gottes kam ihm gerade, als er den jungen Mann ermorden wollte, ein Gedanke ins Herz. „Hatim-Thai wird auf der ganzen Welt für seine Großzügigkeit und sein Wohlwollen gefeiert. Bevor ich ihn töte, möchte ich, solange er noch lebt, sein Gesicht sehen." Und er hob das Tuch, das seinen Kopf bedeckte. Als er das Gesicht des schlafenden jungen Mannes sah, fiel er ihm zu Füßen, bedeckte sie mit Küssen und sagte: „O mein Freund! Was hast du getan? Du solltest nicht so handeln!"

Als der junge Mann diese Worte des Beduinen hörte, sagte er: „Was könnte ich tun? Denn derjenige namens Hatim-Thai bin ich. Der Kopf, den der König von Jemen will, gehört mir. Welche anderen Mittel könnte ich anwenden?" Er führte den Beduinen zu seinem Haus, bewirtete ihn erneut und gab ihm alles, was er brauchte.

Dann verabschiedete sich der Beduine und kehrte in sein Land zurück. Sobald er im Jemen ankam, ging er zum König und schilderte ihm alle Umstände im Zusammenhang mit Hatim-Thai.

Als der König die Geschichte hörte, vergoss er Tränen und sagte: „Tatsächlich
ist Hatim-Thai liberal, wohlwollend und edel, mutig und großzügig." Danach schloss der König von Jemen eine Freundschaft mit Hatim-Thai, die genauso lange währte wie seine Leben.

Als Sultan Yakoub in Khorassan einmarschierte und die Hauptstadt belagerte, leistete der in der Stadt eingeschlossene Sultan Mohammed einen so starken Widerstand, dass es lange Zeit unmöglich war, den Ort einzunehmen. Aber seine Minister verrieten ihn, indem sie Briefe an Sultan Yakoub schickten, die zeigten, wie man damit umgehen könnte. Nur einer dieser Minister, namens Ibrahim Hadjib, verzichtete darauf, verräterische Briefe zu verschicken und blieb seinem Herrn treu. Nach einer Weile wurde die Stadt eingenommen und Sultan Yakoub bestieg den Thron. Dann kamen alle wichtigen Persönlichkeiten des Landes, um ihm zu huldigen. Die

Minister, die den ehemaligen Sultan verraten hatten, fielen durch ihre Freudenbekundungen auf. Der Sultan Yakoub bereitete den Besuchern einen angenehmen Empfang und machte ihnen passende Geschenke.

Danach fragte er: „Wer ist nicht gekommen, um sich an diesem Tag der Freude vor mir zu präsentieren?"

Die Minister antworteten sofort: „Ibrahim Hadjib ist der Einzige, der nicht gekommen ist, um seine Glückwünsche zu überbringen."

Dann fragte der Sultan: „Warum hat er das nicht getan? Ist er krank?"

„Nein", antworteten sie, „er ist nicht krank."

Der Sultan rief Ibrahim Hadjib zu sich, und dieser betrat die königliche Gegenwart. Der Sultan, der auf seinem Gesicht deutliche Zeichen der Sorge und des Kummers bemerkte, sagte zu ihm: „Ibrahim Hadjib, sind Sie der Minister, dem der Sultan Mohammed sein Vertrauen schenkte?" Er antwortete mit Ja.

„Aus welchem Grund, Ibrahim Hadjib, hast du geschwiegen und mir keinen Rat geschickt, während die Minister von Sultan Mahomet, die jetzt hier sind, viele Briefe schickten, um mir zu zeigen, wie ich die Stadt erobern könnte? Warum hast du es unterlassen, vor mir zu erscheinen? heute bei Hofe, zur gleichen Zeit mit den Ministern und Granden? Warum sind Sie jetzt, wo Sie hier sind, der Einzige, der ein trauriges und trauriges Aussehen und ein langes Gesicht trägt, während alle anderen ihre Freude zeigen? An Auf alle diese Fragen müssen Sie wahrheitsgemäß antworten. Und wenn Sie nicht die Wahrheit sagen, werden Sie mit dem Tod bestraft."

„Wenn der Sultan die Sprache der Wahrheit hören möchte und sich nicht darüber ärgern möchte, werde ich auf jede seiner Fragen antworten. Auf die erste Frage, warum ich keinen Brief geschickt habe, in dem ich meinen König verraten habe, werde ich sagen: Wissen Sie, Sultan, dass der Sultan Mohammed der König dieses Landes war; dass er mir viele Geschenke machte und volles Vertrauen in mich hatte, weil er dachte, dass ich im Moment der Gefahr sein Gefährte und sein Ratgeber sein würde. Wie könnte ich ihn dann verraten? I Ich kannte dich nicht und hatte keine Vorteile von dir erhalten. Wäre es gerechtfertigt gewesen, dass ich dir Briefe geschickt hätte und den Fall von jemandem herbeigeführt hätte, der so großzügig zu mir gewesen war?"

„Ihre Worte sind gerecht und wahr", sagte der Sultan Yakoub.

Ibrahim Hadjib fuhr fort: „Auf die Frage, warum ich heute davon Abstand genommen habe, vor Gericht zu erscheinen, und warum ich ein so trauriges Gesicht hatte, antworte ich: Wisse, dass ich mich nicht vor dem Sultan präsentieren konnte, weil er der Feind von war." Mein Herr und Wohltäter, und habe den Untergang meines Herrn herbeigeführt. Deshalb hatte ich in deiner Gegenwart ein trauriges Gesicht. Außerdem sind die Kinder und Enkel meines Herrn in Kummer und Angst versunken, und wie könnte ich in deiner Nähe glücklich sein Präsenz, wie diese Heuchler, die anderswo ganz anders sind? Ich habe die Wahrheit gesagt.

Als der Sultan Yakoub diese Worte von Ibrahim Hadjib hörte, rief er: „Gott sei gelobt! Bis zu diesem Zeitpunkt habe ich von Ministern gehört, ich habe viele Arten gesehen, aber noch nie habe ich einen solchen Minister gesehen oder gehört." . Jetzt habe ich erst zum ersten Mal einen wahren Pfarrer gesehen und den Worten der Wahrheit zugehört." Der Sultan Yakoub überhäufte Ibrahim Hadjib mit Gefälligkeiten, ernannte ihn zum Premierminister und gab ihm den Namen seines Vaters. Was die anderen Geistlichen betrifft, so ließ er sie mit ihren ganzen Familien umkommen. Dann veröffentlichte er diese Proklamation:

„Seht das Schicksal derer, die ihren Versprechen nicht treu bleiben und Verrat an ihrem König begehen, denn sie können nicht als Menschen gezählt werden."